CONTRATO DE DOAÇÃO

www.editorasaraiva.com.br/direito
Visite nossa página

Pablo Stolze Gagliano

Juiz de Direito. Professor de Direito Civil da Universidade Federal da Bahia. Mestre em Direito Civil pela PUCSP – Pontifícia Universidade Católica de São Paulo. Especialista em Direito Civil pela Fundação Faculdade de Direito da Bahia. Membro da Academia Brasileira de Direito Civil, da Academia de Letras Jurídicas da Bahia e do Instituto Brasileiro de Direito Contratual. Membro da Comissão de Juristas da Reforma do Código Civil.

CONTRATO DE DOAÇÃO

ANÁLISE CRÍTICA DO ATUAL SISTEMA JURÍDICO E OS SEUS EFEITOS NO DIREITO DE FAMÍLIA E DAS SUCESSÕES

6ª edição

2024

Av. Paulista, 901, Edifício CYK, 4º andar
Bela Vista – São Paulo – SP – CEP 01310-100

SAC sac.sets@saraivaeducacao.com.br

Diretoria executiva	Flávia Alves Bravin
Diretoria editorial	Ana Paula Santos Matos
Gerência de produção e projetos	Fernando Penteado
Gerência de conteúdo e aquisições	Thais Cassoli Reato Cézar
Gerência editorial	Livia Céspedes
Novos projetos	Aline Darcy Flôr de Souza
	Dalila Costa de Oliveira
Edição	Daniel Pavani Naveira
Design e produção	Jeferson Costa da Silva (coord.)
	Camilla Felix Cianelli Chaves
	Lais Soriano
	Rosana Peroni Fazolari
	Tiago Dela Rosa
Planejamento e projetos	Cintia Aparecida dos Santos
	Daniela Maria Chaves Carvalho
	Emily Larissa Ferreira da Silva
	Kelli Priscila Pinto
Diagramação	Fabricando Ideias Design Editorial
Revisão	Rita Sorrocha
Capa	Lais Soriano
Produção gráfica	Marli Rampim
	Sergio Luiz Pereira Lopes
Impressão e acabamento	Gráfica Paym

DADOS INTERNACIONAIS DE CATALOGAÇÃO NA PUBLICAÇÃO (CIP)
VAGNER RODOLFO DA SILVA – CRB-8/9410

G135c   Gagliano, Pablo Stolze
         Contrato de doação / Pablo Stolze Gagliano. – 6. ed. – São Paulo : SaraivaJur, 2024
         352 p.
         ISBN: 978-85-5362-345-7 (impresso)

         1. Direito. 2. Direito Civil. 3. Direito Contratual. 4. Direito de Família. 5. Sucessões. 6. Doação. I. Título

2023-1897   CDD 347
         CDU 347

Índices para catálogo sistemático:

1. Direito Civil   347
2. Direito Civil   347

Data de fechamento da edição: 14-9-2023

Dúvidas? Acesse www.saraivaeducacao.com.br

Nenhuma parte desta publicação poderá ser reproduzida por qualquer meio ou forma sem a prévia autorização da Saraiva Educação. A violação dos direitos autorais é crime estabelecido na Lei n. 9.610/98 e punido pelo art. 184 do Código Penal.

CÓD. OBRA	5686	CL	608621	CAE	840665

Dedicamos este trabalho a Deus, nosso Pai Todo-Poderoso, que nos ensinou a confiar Nele em todos os momentos da vida. Obrigado, Pai!

Agradecimentos

Agradeço, de coração, ao Professor Francisco Cahali, ser humano de dotes morais e intelectuais imbatíveis, notável por sua afabilidade e competência. Na mesma linha, registro minha profunda gratidão ao Professor Arruda Alvim, o jurista mais completo do Brasil, sempre disposto a repartir a sua sabedoria com seus discípulos e amigos. Finalmente, meu abraço agradecido à Professora Giselda Hironaka, pessoa humana de uma grandeza espiritual cuja dimensão não posso descrever, nacionalmente conhecida por seus belíssimos trabalhos doutrinários e pelo coração imenso.

Meu muito obrigado, também, aos meus pais, Fred e Virginia (pela paciência e dedicação), aos meus amados irmãos Fred e Camila (não ajudaram muito, mas também não me atrapalharam enquanto eu escrevia...), à minha esposa Kalline (pela pronta disposição em auxiliar na revisão e por todo o carinho), às minhas duas estrelinhas Nana e Bibi, à minha sobrinha Larinha ("seu dindo lhe ama tanto..."), ao irmão querido Geraldo Vilaça (pela amizade e incansável ajuda na pesquisa de jurisprudência), ao Adriano "Asa de Águia da Bahia" (por ter-me acolhido em Sampa), à Futri (Bena Mutim), ao Zicão (taxista fantástico e amigo muito querido), aos sinceros amigos Francisco Fontenele, Guilherme e Chiquinho (do Podivm), ao amigo Nunis, à Mônica Couto, à Ma e Bi (minhas doces amigas de Sampa), ao Antonio Luiz de Toledo Pinto e a toda a equipe da Editora Saraiva pelo apoio sempre presente, ao Rodolfo Pamplona (meu sempre querido irmão), ao Saló Viana (irmão mais velho, companheiro de todas as horas), à Carol Viana (pela torcida), ao Fredão Didier (pelo incentivo constante), ao Des. Carlos Alberto Dultra Cintra e ao Ministro Carlos Ayres Britto (pelo sincero e irrestrito apoio para a realização do sonho do meu mestrado), à Pat Motta e ao Gustavo Wiggers (estimados amigos, pela ajuda na coletânea de material de doutrina nacional e estrangeira), ao Daniel Boulos (querido amigo paulistano), à Célia Arruda de Castro, à dedicada Aline Flôr ("Super Aline"), a Daniel Pavani e toda a equipe da Editora Saraiva.

E se não consignei o nome de alguém, saibam que o meu coração tem todos os nomes eternamente registrados.

A todos vocês, o meu muito obrigado!

Sumário

Agradecimentos... 7
Nota do Autor à Sexta Edição 13
Prefácio 15
Apresentação à Sexta Edição 17
Apresentação 19
Algumas linhas sobre o Autor e sua criação 23

1 – Introdução 25

2 – Visão Geral do Contrato de Doação 31

   2.1. Escorço histórico 34

   2.2. Esclarecimento terminológico e o elemento "liberalidade" como integrante causal do conceito de doação (breves reflexões sobre a causa) 36

3 – Conceito e Características 45

   3.1. Unilateralidade 46
   3.2. Formalismo 48
   3.3. Ânimo de doar (*animus donandi*) 59
   3.4. Gratuidade 63

4 – Aceitação da Doação (e a peculiar situação da doação *intuitu familiae*) 71

5 – Doação *Mortis Causa* (e reflexões sobre a conversão substancial da doação) 81

6 – Doação Inoficiosa 91
   6.1. Introdução 91
   6.2. Tratamento legal 100
   6.3. Invalidade do ato de disposição patrimonial 101
   6.4. Aspectos processuais 112
   6.5. Partilha em vida: analisando o art. 2.018 do Código Civil 114
   6.6. Aspectos sucessórios especiais envolvendo a doação inoficiosa: da colação (e a polêmica atinente ao cálculo do valor da liberalidade) 119
   6.7. Distinção entre o tratamento jurídico dispensado à doação inoficiosa e a venda de ascendente a descendente 148

7 – Doação Universal 159

8 – Promessa de Doação (*Pactum de Donando*) 171

9 – Espécies Comuns de Doação 185
   9.1. Doação pura 185
   9.2. Doação condicional e a termo 186
   9.3. Doação modal, onerosa ou com encargo 188
   9.4. Doação contemplativa 190
   9.5. Doação remuneratória 190
   9.6. Doação conjuntiva 193
   9.7. Doação em contemplação a casamento futuro 195
   9.8. Doação com cláusula de reversão 197
   9.9. Doação mista (*negotium mixtum cum donatione*) . 200
   9.10. Doações mútuas 203
   9.11. Doação sob a forma de subvenção periódica 203
   9.12. Doação indireta e doação disfarçada 205

9.13. Doação com reserva de usufruto 208
9.14. Doação famélica 219
10 – Espécies de Doação com Impacto no Direito de Família 223
   10.1. Doação entre cônjuges 223
      10.1.1. Introdução 223
      10.1.2. Tratamento jurídico da doação entre cônjuges 229
   10.2. Doação entre companheiros e concubinos 237
   10.3. Doação entre companheiros do mesmo sexo 258
   10.4. Doação feita ao nascituro e ao embrião 260
11 – Extinção do Contrato de Doação 269
   11.1. Meio natural de extinção 269
   11.2. Revogação da doação 269
      11.2.1. Revogação por inexecução do encargo 272
      11.2.2. Revogação da doação por ingratidão 276
         11.2.2.1. Homicídio doloso consumado ou tentado 287
         11.2.2.2. Ofensa física 291
         11.2.2.3. Delitos contra a honra (calúnia, injúria e difamação) 292
         11.2.2.4. Recusa de alimentos 294
         11.2.2.5. Ingratidão cometida contra pessoa próxima do doador 299
      11.2.3. Ação revocatória: características, condições, prazos, efeitos 300
12 – Doações não Sujeitas à Revogação 303
   12.1. Doações puramente remuneratórias 303
   12.2. Doações oneradas com encargo já cumprido 304

12.3. Doações feitas em cumprimento a obrigação natural 304
12.4. Doações feitas para determinado casamento 304
12.5. A peculiar situação da revogação da doação por superveniência de filho... 305
13 – Doação por Procuração 315
14 – O Contrato de Doação e o Estatuto da Pessoa com Deficiência... 321
15 – Conclusões 333

Referências.. 339

Nota do Autor à Sexta Edição

Recebemos, com imensa alegria, a notícia de que a nossa obra, dedicada ao estudo do *contrato de doação*, chegava a sua sexta edição.

De fato, a doação, no fascinante universo dos contratos, é um *mundo à parte*, não apenas pelos instigantes desafios apresentados pela sua própria concepção e estrutura, mas pelos seus impactos e efeitos, especialmente no âmbito do Direito de Família e das Sucessões, em uma sociedade cada vez mais preocupada com o planejamento sucessório.

Esta edição está, não apenas revista, mas ampliada e atualizada com diversos julgados, inclusive do Superior Tribunal de Justiça, além de conter referências a enunciados da *IX Jornada de Direito Civil* e da *I Jornada de Direito Notarial e Registral*.

Fizemos mais imersões teóricas, a exemplo da ampliação do estudo da causa e da conversão substancial do negócio, sempre tendo em vista a utilidade prática dos institutos.

Esperamos que a obra, concebida com tanto cuidado e carinho, seja de grande utilidade para os nossos estimados leitores!

Pablo Stolze
@pablostolze
pablostolze@gmail.com

Prefácio

Foi com imensa satisfação que recebemos o convite para redigir algumas linhas em torno do excelente trabalho de Pablo Stolze (*Contrato de doação – análise crítica do atual sistema jurídico e os seus efeitos no direito de família e das sucessões*), a título de uma suposta apresentação. Mas, o que devemos desde logo consignar é que estas linhas não têm o objetivo de apresentar a obra – e muito menos o seu autor, professor brilhante e verdadeiramente adorado por seus alunos, e que já possui uma Coleção de Direito Civil, com várias edições publicadas –, mas indicar alguns pontos que nos pareceram mais relevantes. Deve-se, por justiça, consignar que é bastante incomum alguém como Pablo Stolze Gagliano, já conhecido, e, mais do que isso, genuinamente consagrado como autor e como professor, que encanta plateias, neste vasto Brasil, porquanto ministra aulas que atingem o país todo.

O trabalho, que agora vem a lume, de autoria de nosso estimado amigo Pablo, resulta de sua dissertação de mestrado, com a qual obteve o título de Mestre em Direito pela PUCSP, após defesa realizada com muito brilho, valendo-lhe a nota máxima, distinção e louvor. Esse trabalho foi orientado pelo Prof. Francisco José Cahali, sendo que nós tivemos o privilégio de integrar a banca examinadora, ao lado da professora Giselda Hironaka.

Esse resultado já era, por todos nós, mais do que esperado. Pablo, como disse, é um jovem e brilhante professor, autor de uma Coleção de Direito Civil editada pela mesma Saraiva*, e, pode-se dizer, já pode ser reconhecido como um jurista.

---

* Em coautoria com Rodolfo Pamplona.

A excelência do trabalho agora apresentado, aliás, não resulta apenas do talento do autor, efetivamente ímpar, mas também de sua larga pesquisa e do amplo entendimento do autor para com o assunto tratado e, pode-se dizer, com o Direito Civil.

Aqui, como em todos os trabalhos de Pablo Stolze, despertam a atenção a sistematização da obra e a linguagem empregada, sempre clara, direta e precisa. O monografista selecionou criteriosamente ampla e relevante bibliografia, nacional e estrangeira.

O assunto – *Contrato de Doação* – recebeu, pelo autor, uma nova roupagem, com uma visão nova, especialmente focada em seus efeitos no campo do direito de família e de sucessões.

O ilustre jurista aborda a temática a partir de uma visão constitucional – a partir de uma perspectiva, aliás, que está a merecer todo o Direito Civil contemporaneamente – abordando questões espinhosas e não menos atuais, tais como a doação entre cônjuges e companheiros e, também, a doação realizada a nascituro e a embrião concebido e mantido em laboratório.

Felicito, portanto, não apenas o autor e a Editora Saraiva, pelo excelente lançamento, mas especialmente toda a comunidade jurídica, que passa a contar com essa importante obra.

Arruda Alvim
Professor Titular do Mestrado e Doutorado
na Pontifícia Universidade Católica de São Paulo.
Desembargador aposentado do Tribunal de Justiça de São Paulo.

Apresentação à Sexta Edição

Como muita honra apresento a sexta edição desta grande obra do amigo, professor e magistrado Pablo Stolze Gagliano, sobre o Contrato de Doação. O livro é fruto de sua dissertação de mestrado brilhantemente defendida na Faculdade de Direito da PUCSP e é um dos mais completos sobre a temática, sempre citado pela doutrina e pela jurisprudência, lembrando outros livros clássicos sobre o tema, como o de autoria do grande Agostinho Alvim.

O livro é composto por quinze capítulos com a análise de temas como: Visão Geral do Contrato de Doação; Conceito e Características da Doação; Aceitação da Doação – e a peculiar situação da doação *intuitu familiae*, tema incluído nesta edição –, Doação *Mortis Causa*; Doação Inoficiosa; Doação Universal; Promessa de Doação; as Várias Espécies Comuns de Doação, incluindo as modalidades com impacto no Direito de Família; Extinção do Contrato; Doações não Sujeitas à Revogação; Doação por Procuração; o Contrato de Doação e o Estatuto da Pessoa com Deficiência.

Para esta edição, todo o texto foi revisto, ampliado e atualizado, com a inclusão de novos acórdãos, reflexões doutrinárias inéditas e dos enunciados aprovados na *IX Jornada de Direito Civil* e na *I Jornada de Direito Notarial e Registral*, eventos promovidos pelo Conselho da Justiça Federal e pelo Superior Tribunal de Justiça em 2022.

Como se pode perceber pelos assuntos tratados, o contrato de doação envolve temas interdisciplinares dentro do próprio Direito Civil, caso do Direito de Família e das Sucessões. E somente um civilista completo como Pablo Stolze tem condições de enfrentá-los, de forma profunda e didática ao mesmo tempo, como é realizado neste trabalho.

No tema da doação inoficiosa, aliás, esta obra tem sido constantemente citada pelos Tribunais, não só nos principais precedentes de debate sobra a questão no âmbito do Superior Tribunal de Justiça como, igualmente, pelas Cortes Estaduais.

No meu caso, apresentar mais uma vez um livro de Pablo Stolze é motivo de grande júbilo, alegria e realização, pois ele me inspira como professor, como civilista, como autor e como pessoa. Como sempre afirmo, o seu exemplo, ao escrever o *Novo Curso de Direito Civil*, em coautoria com Rodolfo Pamplona Filho, serviu-me como norte para desenvolver a minha coleção de Direito Civil. Todas as suas obras, como esta, são, para mim, de consulta obrigatória, para os meus escritos, artigos, livros, pareceres e sentenças arbitrais.

Espero, assim, que este livro sobre o Contrato de Doação continue sendo um dos mais destacados do Direito Civil Brasileiro. E que Pablo Stolze continue nos presenteando com trabalhos como este.

Uma Boa Leitura! E boas Reflexões! É o que eu sempre desejo.

Rio de Janeiro, julho de 2023.

Flávio Tartuce
Um *irmão civilista*.

Apresentação

Ter sido convidada a fazer parte da banca examinadora do exame de arguição e defesa de mestrado de Pablo Stolze Gagliano, na Faculdade de Direito da Pontifícia Universidade Católica de São Paulo, foi, para mim, razão de grande honra e júbilo. Afinal, conheço-o e admiro-o desde muito tempo, e poder participar dos degraus acadêmicos que ratificam a sua já tão bem esculpida vida científico-jurídica só poderia mesmo ter me deixado assim, feliz e orgulhosa. Como uma mãe ficaria, pois, de alguma forma, sou um pouco *mãe-acadêmica* de Pablo.

No dia 9 de junho de 2006, num final de tarde tipicamente paulistano, em sala plena de pessoas – amigos e parentes de Pablo que vieram de todos os cantos brasileiros para assisti-lo em defesa –, tivemos a oportunidade de examiná-lo, Professores Francisco José Cahali, seu orientador ilustre, e o caríssimo Professor José Manoel de Arruda Alvim Netto, além de mim mesma, os componentes daquela banca. Seu belo trabalho denominado *Contrato de doação: análise crítica do atual sistema jurídico e os seus efeitos no Direito de Família e das Sucessões* foi pontualmente analisado pela banca examinadora e Pablo acompanhou cada uma das objeções e/ou dúvidas, defendendo com galhardia, elegância e inteligência aguçada todos os aspectos que lhe foram endereçados, tornando memorável aquela sessão. Sem dúvida nenhuma, foi aprovado com a nota máxima, acrescida de todas as distinções disponíveis, por força do regimento daquela nobre Instituição.

Esta dissertação de mestrado é que dá origem ao livro que agora tenho a alegria de apresentar, publicado pela Editora Saraiva.

No meu entender, esta publicação passa a fazer parte da biblioteca obrigatória de todos aqueles – estudantes, advogados, juízes, estudiosos das letras jurídicas e aplicadores da lei – que têm o louvável hábito da melhor literatura, pois a pesquisa e as conclusões de Pablo Stolze Gagliano nesta obra trafegam por todos os aspectos do tema, esgotando-o com a análise e esclarecimentos mais que adequados, em resposta à busca que lhe tenha sido endereçada. A obra, enfim, satisfaz o leitor e o investigador do direito, passando por todos os subtemas que são fundamentais, essenciais e correlatos ao assunto da doação.

No que diz respeito à interface do contrato de doação com o Direito de Família e com o Direito das Sucessões, posso pessoalmente afiançar esta completude a que me referi antes. Pablo não encontrou restrições em sua alma – aberta, flexível e porosa à percepção do pensamento contemporâneo quanto ao conceito socioafetivo que hoje permeia e identifica as relações familiares – para dar o matiz pós-moderno a seu belo estudo, tratando questões complexas sob este prisma. Uma decisão assim permitiu ao autor que suas conclusões se revestissem deste caráter alinhado com a realidade familiar dos dias atuais, para dar a questões como *doação entre cônjuges, entre companheiros, entre concubinos* ou *entre pessoas do mesmo sexo que estejam em união afetiva*, um tratamento consentâneo com a contemporaneidade. O direito não pode mais prescindir desta revisão do pensamento jurídico, desta reconstrução das estruturas jurídicas, para conferir, às soluções (judiciais principalmente), uma adequação que afaste definitivamente o ranço anacrônico da visão novecentista.

Coragem, portanto, não faltou ao autor, que além destes aspectos já mencionados – polêmicos sempre e por si sós – enfrentou também as questões mais que complexas e difíceis das liberalidades feitas ao *nascituro* e ao *embrião concebido e mantido em laboratório*. A ousadia do pesquisador retrata e reflete o seu compromisso com a ciência jurídica, mostrando que, mesmo nas vezes em que não lhe foi possível estabelecer respostas definitivas e conclusivas, o pensamento brilhantemente registrado na obra desenhou a sua determinação de caminhar bem rente ao fato, trazendo sua colaboração e crítica para a construção de um direito atualizado e justo, numa perspectiva totalmente coerente com o valor constitucional máximo da dignidade da pessoa humana.

A obra em questão encontra-se na prateleira de meus livros prediletos e, por todas as razões, sinto-me confortável e segura no sentido de recomendá-la à comunidade científico-jurídica brasileira.

São Paulo, 10 de julho de 2006.

Giselda Maria Fernandes Novaes Hironaka
Doutora e Livre-Docente pela USP.
Professora Associada do Departamento de Direito Civil da Faculdade de Direito da USP.

Algumas linhas sobre o Autor e sua criação

Fomos enaltecidos com o convite de Pablo Stolze Gagliano para lhe acompanhar no desenvolver da dissertação de Mestrado, na qualidade de seu orientador.

Desconfiamos que a tarefa seria das mais fáceis, pois Pablo, já há muito autor consagrado, fértil intelectual do Direito, saberia com virtuosidade desenvolver o trabalho.

E esta conclusão restou confirmada ao se ver a brilhante defesa perante a banca examinadora, composta pelo Ilustre Professor José Manoel de Arruda Alvim Netto, e pela Caríssima Professora Giselda Maria Fernandes Novaes Hironaka, além de nossa participação, quando então foi o autor consagrado Mestre, com nota máxima e obtenção de todos os créditos para já de imediato habilitar-se à orientação no Doutorado.

A bem da verdade, Pablo nos honrou com o privilégio de, por primeiro, conhecer e aprender com este seu proveitoso estudo sobre *Contrato de doação: análise crítica do atual sistema jurídico e os seus efeitos no Direito de Família e das Sucessões*, agora apresentado ao cenário jurídico como livro para que todos possam desfrutar uma vez mais de seus alentados conhecimentos.

Mantendo a sua tradição em diversos escritos, este livro, sem dúvida, representa obra de leitura obrigatória ao profissional ou estudioso, e certamente receberá a acolhida de nossos Tribunais, como já tem sido rotina ao Autor, ao ver suas reflexões como base para várias decisões.

Enfim, a defesa foi apenas o necessário ritual de passagem para confirmar a excelência do trabalho que ora se apresenta.

Quanto ao Autor, nosso amigo Pablo Stolze, sua apresentação igualmente é fácil.

Quem desconhece suas obras, dentre elas uma Coleção de Direito Civil editada pela Saraiva*, além de inúmeros artigos publicados em diversas revistas, Coletâneas e trabalhos coletivos? Quem desconhece seu talento, simpatia, capacidade, inteligência e responsabilidade de Mestre, seguido e admirado por alunos em todo o Brasil? Professor brilhante e completo!

Na sua já conhecida trajetória acadêmica e criação científica, orienta julgados, influencia Tribunais, faz seguidores de sua Doutrina, e forma uma legião de qualificados bacharéis, como respeitado formador de opinião.

E assim, só nos resta render as homenagens ao Autor e sua prestigiosa obra por ultrapassar com louvor mais esta etapa de seu caminho no Cenário Jurídico.

Como todos que chegam à Excelência, passa e ainda passará por etapas de amadurecimento, mas já prenuncia neste seu caminhar que ocupará com justo merecimento a Galeria dos Grandes do Século XXI, ao lado dos Civilistas do Século XX que já nos deixaram, como Silvio Rodrigues, Caio Mário, Orlando Gomes, Washington de Barros Monteiro, e daqueles que ainda nos alimentam com seus ensinamentos.

Francisco José Cahali
Professor-Doutor da Pontifícia Universidade
Católica de São Paulo

---

* Em coautoria com Rodolfo Pamplona Filho.

1

Introdução[1]

Conceituar não é tarefa fácil.

Aliás, apresentar um conceito é missão das mais intrincadas na doutrina, uma vez que aquele que se arrisca a realizá-la poderá pecar por presunção, por imaginar que a sua definição é a mais perfeita de todas ou simplesmente uma verdade jurídica absoluta; ou por omissão, acreditando que a enunciação simples demais seja mais didática, quando, em verdade, não passa de uma concepção simplória.

Sem pretender incorrer nesses erros, entendemos que o contrato é *um negócio jurídico por meio do qual as partes declarantes, limitadas pelos princípios da função social e da boa-fé objetiva, autodisciplinam os efeitos patrimoniais que pretendem atingir, segundo a autonomia das suas próprias vontades.*

Não se poderá falar em contrato, de fato, sem que se tenha por sua pedra de toque a *manifestação de vontade*.

Sem *querer humano*, pois, não há negócio jurídico.

E, não havendo negócio, não há contrato.

---

[1] Texto baseado em reflexões a respeito do contrato, constantes de nossa obra *Novo curso de direito civil*: contratos (3. ed. São Paulo: Saraiva, 2020, v. 4), escrito em parceria com Rodolfo Pamplona Filho.

Ocorre que toda essa manifestação de vontade deverá fazer-se acompanhar pela necessária responsabilidade na atuação do contratante, derivada do respeito a normas superiores de convivência, com assento na própria Constituição da República.

Em uma perspectiva civil-constitucional, devemos ter em conta que o contrato, espécie mais importante de negócio jurídico, apenas se afirma socialmente se entendido como um instrumento de conciliação de interesses contrapostos, manejado com vistas à pacificação social e ao desenvolvimento econômico. Isso sem menosprezar, claro, a autonomia privada e a livre-iniciativa.

Não podemos, dessa forma, considerá-lo um instrumento de *opressão*, mas sim de *realização*.

Lamentavelmente, não é raro um dos contraentes pretender utilizá-lo como açoite, visando a subjugar a parte economicamente mais fraca, em franco desrespeito à sua *função social*.

E todo contrato deve observar uma função social.

Ora, se já constatamos que esse negócio jurídico serve como inegável veículo de manifestação do direito de propriedade, e este último foi, na Carta Magna de 1988, devidamente socializado, por consequência, o contrato também acabará por sofrer o mesmo processo.

Nesse diapasão, com propriedade, JOÃO HORA NETO preleciona:

> Em verdade, se é certo que a Carta Magna de 1988, de forma explícita, condiciona que a livre iniciativa deve ser exercida em consonância com o princípio da função social da propriedade (art. 170, III), e, uma vez entendido que a propriedade representa o segmento estático da atividade econômica, não é desarrazoado entender que o contrato, enquanto segmento dinâmico, implicitamente também está afetado pela cláusula da função social da propriedade, pois o contrato é um instrumento

poderoso da circulação da riqueza, ou melhor, da própria propriedade[2].

Em outras palavras, conclui com maestria ARRUDA ALVIM, o contrato passou a ser *legitimado* pela sociedade:

> Mas o contrato deixou de ficar estritamente atrelado ao *interesse individual* do contratante, dado que, formado dentro de um ambiente de quase absoluta liberdade, *fortaleceu o forte e prejudicou o fraco*. E, o direito de propriedade passou a ser visto, também, como devendo respeitar, além do interesse do proprietário, os interesses da sociedade. Vale dizer, tanto o contrato quanto o direito de propriedade, passaram a ser legitimados também em face da sociedade, e, deixaram de gravitar, exclusivamente, em torno do *indivíduo*[3].

Esse fenômeno de socialização de institutos jurídicos de Direito Privado não é novo, contudo. O próprio CLÓVIS BEVILÁQUA, ao tratar da matéria, ainda que sob um enfoque de cunho historicista, já ressaltava esse aspecto, em sua clássica obra *Direito das obrigações*, consoante deflui da análise deste trecho:

> Pode-se, portanto, considerar o contracto como um conciliador dos interesses collidentes, como um pacificador dos egoísmos em lucta. É certamente esta a primeira e mais elevada funcção social do contrato. E para avaliar-se de sua importância, basta dizer que, debaixo deste ponto de vista, o contracto corresponde ao direito, substitue a lei no campo restricto do negocio por elle regulado. Ninguem dirá que seja o contracto o único factor da pacificação dos interesses, sendo o direito mesmo o principal delles, o mais geral e o mais forte, mas impossível será desconhecer que também lhe cabe essa nobre função

---

[2] HORA NETO, João. O princípio da função social do contrato no Código Civil de 2002. *Revista de Direito Privado*, São Paulo: Revista dos Tribunais, n. 14, p. 44, abr./jun. 2002.

[3] ALVIM NETTO, José Manoel de Arruda. A função social dos contratos no novo Código Civil. Disponível em: <http://www.novodireitocivil.com.br>. Acesso em: 26 mar. 2006.

socializadora. Vêde uma creança em tenra edade. Appetece um objecto, com que outra se diverte; seu primeiro impulso é arrebata-lo, num ímpeto de insoffrido egoísmo, das mãos frágeis, que o detêm. A experiência, porém, pouco e pouco, lhe ensina que encontrará resistência, sempre que assim proceder. Seu proceder vae amoldando-se às circumstancias e, em vez de apoderar-se à força, pede, solicita, propõe trocas, seduz com promessas capitosas e, esgotados os meios brandos, passará, então, à violência, ou aos gritos, ultimo recurso dos fracos. Assim foi o homem primitivo, assim seria o homem civilizado, se não o contivessem os freios do direito, da religião, da opinião pública, de todas as disciplinas sociaes empenhadas na tarefa de trazer bem enjaulada a fera, que cada homem traz dentro de si[4]. (sic)

A dimensão da *socialização do contrato*, entretanto, não se limita à ideia de "harmonização de interesses contrapostos".

Não só nesse aspecto centra-se a denominada função social.

Em nosso sentir, na medida em que o processo de constitucionalização do Direito Civil conduziu-nos a *repensar a função social da propriedade*, toda a ideologia assentada acerca do contrato passou a ser revista, segundo um panorama de respeito à dignidade da pessoa humana.

Em um Estado verdadeiramente democrático de direito, o contrato somente atenderá à sua função social desde que, *sem prejuízo ao livre exercício da autonomia privada*:

1) respeite *a dignidade da pessoa humana* – traduzida sobretudo nos direitos e garantias fundamentais;

2) admita a *relativização do princípio da igualdade das partes contratantes*, somente aplicável aos contratos verdadeiramente paritários, que atualmente são minoria;

---

[4] BEVILÁQUA, Clóvis. *Direito das obrigações*. Campinas: RED, 2000, p. 211.

3) consagre uma *cláusula implícita de boa-fé objetiva*, ínsita em todo contrato bilateral, e impositiva dos deveres anexos de lealdade, confiança, assistência, confidencialidade e informação;

4) respeite o *meio ambiente*;

5) respeite o valor social do trabalho.

Enfim, todas essas circunstâncias, reunidas, moldam o princípio da *função social do contrato*, assentado no art. 421 do Código Civil.

Mas há um importante aspecto que deve ser ressaltado: *o reconhecimento desse princípio não significa negação da autonomia privada e da livre iniciativa*. Ao contrário, significa sua reeducação. Nesse sentido, ensina NELSON NERY JUNIOR:

> A função social do contrato não se contrapõe à autonomia privada, mas com ela se coaduna e se compatibiliza. À conclusão semelhante se chegou na "Jornada de Direito Civil", como se pode verificar da Jornada 23: "A função social do contrato, prevista no art. 421 do novo Código Civil, não elimina o princípio da autonomia contratual, mas atenua ou reduz o alcance desse princípio, quando presentes interesses metaindividuais ou interesse individual relativo à dignidade da pessoa humana"[5].

E lapidar é a advertência feita por ARRUDA ALVIM a esse respeito: "A função social vem fundamentalmente consagrada na lei, mas não é, nem pode ser entendida como destrutiva da figura do contrato, dado que, então, aquilo que seria um valor, um objetivo de grande significação (função social), destruiria o próprio instituto do contrato"[6].

---

[5] NERY JUNIOR, Nelson. Contratos no Código Civil. In: *Estudos em homenagem ao Prof. Miguel Reale*. Domingos Franciulli Netto, Gilmar Ferreira Mendes e Ives Gandra da Silva Martins Filho (Coords.). São Paulo: LTr, 2003, p. 421.

[6] Citado por HENTZ, André Soares. O sistema das cláusulas gerais no Código Civil de 2002 e o princípio da função social do contrato. *Jus Navigandi*, Teresina, a. 8, n. 317, 20 maio 2004. Disponível em: <http://jus2.uol.com.br/doutrina/texto.asp?id=5219>. Acesso em: 24 mar. 2006.

À vista do exposto, poderíamos redefinir o contrato, genericamente, como sendo um negócio jurídico bilateral, por meio do qual as partes, visando a atingir determinados interesses patrimoniais, convergem as suas vontades, criando um dever jurídico principal (de dar, fazer ou não fazer), e, bem assim, deveres jurídicos anexos, decorrentes da boa-fé objetiva e do superior princípio da função social.

Apresentado, assim, o panorama introdutório, passemos à análise do contrato de doação.

2

Visão Geral do Contrato de Doação

Para que possamos abordar, com o devido rigor científico, os efeitos do contrato de doação, especialmente no Direito de Família e das Sucessões, torna-se imperioso o aprofundamento das noções fundamentais dessa especial figura jurídica.

Em clássica obra, o professor da Faculdade de Direito de Lisboa JOSÉ DE OLIVEIRA ASCENSÃO pondera:

> Agindo, negocialmente ou não, o homem adquire. Surge-nos assim a figura da "propriedade", que o Código de Seabra identificava com o gozo dos direitos. De "propriedade" fala-se em sentido muito amplo, que é o constitucional (garantia da propriedade), o filosófico (fundamento da propriedade) e o econômico.

E mais adiante arremata: "O exercício da autonomia no campo patrimonial acarreta necessariamente direitos sobre os bens"[1].

Tais lúcidas assertivas guardam íntima conexão com o contrato de doação.

Isso porque, sem dúvida nenhuma, a doação é o negócio jurídico em que mais nitidamente identificamos a *faculdade real de*

---

[1] ASCENSÃO, José de Oliveira. *Direito civil*: teoria geral. 2. ed. Coimbra: Coimbra Ed., 2000, v. I.

disposição, inerente ao direito de propriedade. O proprietário, quando "doa", exerce em grau máximo o seu direito sobre a coisa, ao transferi-la gratuitamente a outra pessoa, que apenas é beneficiada.

Qualquer investigação, pois, no âmbito negocial, dessa especial figura de contrato deve partir, metodologicamente, mais do que qualquer outra, da noção fundamental do direito de propriedade.

E a liberalidade ínsita ao contrato de doação é tão relevante que já houve, em tempos remotos, juristas que sustentavam a impossibilidade de subsumi-lo no conceito de contrato.

Argumentavam que, por meio desse ato negocial, a parte beneficiária (donatário) não manifestaria vontade contraposta (formadora do consentimento), razão por que teria natureza simplesmente *unilateral*.

Nesse sentido, confira-se a observação de CLÓVIS BEVILÁQUA:

> Algumas vezes, porém, acontecia, no direito antigo, que a doação se realizava, eficazmente, sem que viesse fecundar a aceitação: a lei a pressupunha, enquanto não houvesse manifestação positiva em contrário. SAVIGNY, para demonstrar a possibilidade desta hipótese, recorda a doação em forma de pagamento de uma dívida do donatário[2].

Prevalece, entretanto, o entendimento de que a doação *tem natureza contratual*, uma vez que, por mais que sobreleve a figura do doador, o donatário *deve aceitar*, sob pena de não se formar o consentimento e o contrato ser considerado juridicamente inexistente.

Mas note-se que o móvel subjetivo, a pedra de toque desse contrato, é, sem dúvida, o *animus donandi*, ou seja, a intenção de beneficiar ou favorecer o donatário, por mera *liberalidade*. Diferentemente, pois, da compra e venda, em que as partes são animadas por interesses antagônicos que se contemporizam, na

---

[2] BEVILÁQUA, Clóvis. *Direito das obrigações*, cit., p. 289-290.

doação prevalece o interesse do doador, convergente com a vontade do donatário.

Muito incisiva, nesse particular, é a dicção do Código Civil de Portugal, em que se pode observar, nitidamente, esse *animus*, típico da doação:

> Art. 940º 1. Doação é o contrato pelo qual uma pessoa, *por espírito de liberalidade* e à custa do seu patrimônio, dispõe gratuitamente de uma coisa ou de um direito, ou assume uma obrigação, em benefício do outro contraente. (grifamos)

Em sentido semelhante, o Código Civil italiano:

> Art. 769. Definizione. La donazione è il contratto col quale, *per spirito di liberalità*, una parte arriscchisce l'altra, disponendo a favore di questa di un suo diritto o assumendo verso la stessa un'obbligazione. (grifamos)

Nesse mesmo diapasão, mas com redação mais concisa, o nosso Código Civil:

> Art. 538. Considera-se doação o contrato em que uma pessoa, *por liberalidade*, transfere do seu patrimônio bens ou vantagens para o de outra. (grifamos)

Vale salientar, nesse ponto, que o nosso legislador, diferentemente do português, não considerou doação a "assunção de uma obrigação" – acertadamente a nosso ver –, já que, em nosso sistema, tal situação jurídica subsume-se melhor em outras categorias jurídicas, típicas da teoria geral das obrigações, como *a assunção de dívida ou a novação subjetiva passiva*, cuja finalidade diz mais respeito à ideia de adimplemento (*animus solvendi*) do que à de mera liberalidade.

A nossa meta, pois, ao longo deste trabalho, é não apenas aprofundar a análise do contrato de doação, mas também, e especialmente, investigar os seus reflexos jurídicos no Direito de Família e das Sucessões, tomando como especial referência, embora não única, o Código Civil de 2002.

Antes, entretanto, o rigor técnico aconselha-nos a tecer considerações históricas e de Direito Comparado sobre o contrato de doação.

2.1. Escorço histórico

A importância da pesquisa histórica do contrato de doação traz, em seu bojo, a instigante controvérsia acerca da sua própria natureza jurídica.

No Direito Romano, anotou o jurisconsulto PAULO que *donatio* (etimologicamente *doni, datio*) *"dicta est a dono quase dono datum"* (Digesto, Livro XXXIX, Título VI, fragmento 35, parágrafo primeiro).

Em verdade, não existia, nos textos romanos, clareza e precisão quanto à natureza jurídica da doação, e, consequentemente, a sua origem. As Institutas de Justiniano tratavam-na simplesmente como um modo de adquirir propriedade (Título VII, Livro II)[3].

Os romanistas mais modernos, por sua vez, a exemplo de PUCHTA, SAVIGNY, ARNDTS, KELLER, BRINZ, UNGER, sustentavam tratar-se a doação de uma "causa genérica de atos e relações jurídicas diversas", para somente *a posteriori* a corrente pandectista, representada por WINDSCHEID e DERNBURG, sustentar a natureza contratual da doação[4].

Entre nós, em bela e poética linguagem, WASHINGTON DE BARROS MONTEIRO lembra-nos que "o contrato de doação, cuja origem se perde na noite dos tempos, logrou sobreviver e é assim figura obrigatória em todas as legislações contemporâneas"[5].

---

[3] CASTÁN TOBEÑAS, J. *Derecho civil español común y foral*: derecho de obligaciones. 10. ed. Madrid: Ed. Reus, 1977, t. 4, p. 210.

[4] CASTÁN TOBEÑAS, J. *Derecho civil español común y foral*, cit., t. 4, p. 211.

[5] MONTEIRO, Washington de Barros. *Curso de direito civil*: direito das obrigações – 2ª parte. São Paulo: Saraiva, 2005, v. V, p. 134.

No Direito brasileiro, é interessante anotar que o grande TEIXEIRA DE FREITAS, em sua *Consolidação das Leis Civis*, edição de 1876[6], comparava a doação à *alforria gratuita*, consoante podemos observar deste trecho de sua clássica obra (*sic*):

Como a alforria gratuita tem analogia com a doação, considerada esta como acto unilateral antes de aceita pelo donatario, e como acto bilateral depois de acceita; segue-se, que as cartas de alforria por falecimento do senhor, achadas entre seus papeis, sem que dellas tivessem conhecimento os escravos libertados, não produzem effeito senão depois do fallecimento.

Os filhos pois de uma escrava libertada nestas circumstancias, nascidos antes de ter a carta de alforria produzido seus effeitos, antes de sêr conhecida, como se tivesse in mente reposta, são escravos.

A despeito do interesse histórico dessa passagem, escrita por um dos mais brilhantes juristas brasileiros, já não havia, desde o final do século XIX, mais espaço para comparação dessa natureza.

O Código Civil de 1916, finalmente, tratou da doação no âmbito do Direito Contratual, diferentemente do que se deu em outros sistemas[7], a teor dos arts. 1.165 a 1.187, hoje revogados pelos arts. 538 a 564 do Código Civil de 2002.

---

[6] FREITAS, Augusto Teixeira de. *Consolidação das leis civis*. Prefácio de Ruy Rosado de Aguiar. Ed. fac-similar. Brasília: Senado Federal, 2003, v. 2, p. 285.

[7] "Os Códigos, que seguiram a distribuição das matérias do francês, colocaram a doação ao lado dos testamentos, entre os vários modos de se adquirir a propriedade. Outros, porém, como o português, o argentino, o alemão, o suíço das obrigações, deram à doação o seu posto verdadeiro entre as diversas figuras de contratos. O brasileiro seguiu esta corrente mais conforme às normas de uma boa classificação, e destacou a doação, logo em seguida à venda, por ser o contrato benéfico *typo* (*sic*), em contraposição ao contrato oneroso por excelência" (BEVILÁQUA, Clóvis. *Código Civil dos Estados Unidos do Brasil*. 4. ed. Rio de Janeiro: Francisco Alves, 1934, v. 4, p. 340). Fizemos a opção de atualizar a língua portuguesa neste trecho, eis que a obra consultada, do grande jurista cearense, datada de 1934, ainda seguia regras antigas no emprego do vernáculo.

2.2. Esclarecimento terminológico e o elemento "liberalidade" como integrante causal do conceito de doação (breves reflexões sobre a causa)

Antes de avançar em nossa pesquisa, cumpre-nos tecer importante consideração de cunho terminológico.

Não se deve empregar como sinônimas as expressões "contrato de doação" e "cessão de direitos".

A *doação* tem por objeto coisas, ou seja, bens materializados, corpóreos, passíveis de alienação, ao passo que a *cessão* versa sobre direitos.

Evitamos, assim, utilizar o verbo *alienar* para caracterizar a cessão gratuita ou onerosa de direitos, uma vez que, para a boa técnica, *direitos não são vendidos nem doados, mas sim cedidos*. Em outras palavras, "reputamos mais apropriada a utilização da palavra alienação para caracterizar a transferência de coisas de um titular para o outro, reservando a expressão cessão para os direitos em geral"[8].

Mais adequado se nos afigura falar em *cessão de direitos hereditários* ou *quotas de uma sociedade* que em *doação ou venda desses mesmos direitos*.

Ademais, outra importante diagnose diferencial que deve ser traçada, para o correto entendimento do tema, é a diferença entre *liberalidade* e *motivo*.

Nesse ponto, ingressamos nos domínios de um tema complexo e fascinante: a causa do negócio jurídico.

Trata-se de tema desafiador, sobretudo pelas dissensões doutrinárias, como bem observa MARIANA SANTIAGO:

---

[8] GAGLIANO, Pablo Stolze. *Código Civil comentado*: direito das coisas, superfície, servidões, usufruto, uso, habitação, direito do promitente-comprador. Obra escrita em homenagem ao Prof. Dr. José Manoel de Arruda Alvim Netto. São Paulo: Atlas, 2004, v. XIII, p. 38.

Nos negócios jurídicos, sob a perspectiva do seu conteúdo, é possível distinguir um regulamento de interesses e, materializada neste, uma razão típica, de ordem prática, que lhe é imanente. Trata-se do que a doutrina denomina como "causa", um interesse objetivo e socialmente verificável, ao qual o negócio deve corresponder (BETTI, 2008, p. 252).

O problema da causa é, no campo da dogmática, fonte de inúmeras e profundas divergências, envolvendo adeptos de todas as teorias sobre o negócio jurídico, havendo quem a aponte ora como elemento do ato (subjetivo ou objetivo), ora razão justificativa ou função, ora como algo existente de forma exterior ao ato, e, ainda, vinculando-a ou não aos negócios jurídicos em geral (RÁO, 1961, p. 100-101).

Ocorre que, ao indicar os elementos do negócio jurídico no direito brasileiro, o atual Código Civil, em seu art. 104, diferentemente do que se observa em outros países quanto ao assunto, não enumera a causa ou sequer faz referência à existência de qualquer outro componente que não esteja ali elencado[9].

Sem pretendermos longa digressão, pois escaparia do objetivo desta obra, a reflexão sobre a causa do contrato de doação é necessária.

A liberalidade, tantas vezes mencionada, é a verdadeira pedra de toque do contrato de doação, a sua causa.

Segundo ANA FILIPA MORAIS ANTUNES, "A causa do negócio jurídico identifica-se com a ideia de função correspondente a um dado negócio e que deve ser merecedora de tutela pelo Direito. Nesta aceção, a causa pode ser definida como o fundamento de juridicidade; a razão da vinculação jurídica; identificando-se com a função que o negócio é chamado a exercer. É neste sentido

---

[9] SANTIAGO, Mariana Ribeiro. *A repercussão da causa na teoria do negócio jurídico: um paralelo com a função social dos contratos.* Disponível em: https://revistas.ufpr.br/direito/article/download/34869/21637. Acesso em: 16 jun. 2023.

que a causa releva enquanto instrumento de controlo da autonomia privada, com base no postulado de que nem todas as regulamentações de interesse são merecedoras de tutela jurídica"[10].

Podemos dizer, nessa linha, que a liberalidade é a razão típica, objetivada, da doação, ou seja, a sua causa.

A causa seria, em outras palavras, a *razão determinante, a motivação típica do ato que se pratica*, ou, como quer RÁO[11], "o fim imediato que determina a declaração de vontade". Ou, na linha acima apontada, a própria função do contrato de doação[12].

JOAQUÍN DUALDE levanta dúvidas quanto ao enquadramento da liberalidade como a causa da doação[13]:

> Si la liberalidad por sí sola no produce la donación, cómo puede decirse que es la causa de lo que no produce? Por eso digo que las palabras son claras, pero el concepto, incomprensible. Siempre tropezamos com el mismo inconveniente. Se habla de la causa sin pensar em el principio de causalidade. (...)
>
> Se repite el error antes apuntado de no tomar em cuenta más que uma rama del contrato y de fijar la atencion tan sólo em uma parte contratante. La donación es una liberalidad por parte del donante, pero no lo es por parte del donatario. La realización de la liberalidad es uma cara del contrato y la adquisición provechosa, la otra. Por qué prescindir de ésta? Por qué em la obra de dos atener-se al pensamento de uno?.

---

[10] ANTUNES, Ana Filipa Morais. *A causa do negócio jurídico no direito civil*. Lisboa: Universidade Católica Editora, 2016, p. 19.

[11] RÁO, Vicente. *Ato jurídico*. 4. ed. São Paulo: Revista dos Tribunais, 1999, p. 92.

[12] Claro está que se poderia abrir discussão acerca da diagnose diferencial entre a *finalidade* e a *função*. Todavia, muito dificilmente haverá unanimidade doutrinária quanto à possibilidade de um enquadramento categorial definitivo.

[13] DUALDE, Joaquín. *Concepto de la causa de los contratos (la causa es la causa)*. Barcelona: Bosch Casa Editorial, 1949, p. 159.

Os argumentos são interessantes e muito bem postos, mas, com o devido respeito, não convencem, especialmente diante da compreensão doutrinária acerca da diferença entre a "causa eficiente" (o título, o fundamento, do efeito jurídico pretendido) e a "causa final" (o fim, a finalidade, o resultado do negócio)[14].

Nesse contexto, ainda que o ato de beneficência patrimonial, de fato, provenha do doador, o fundamento e o fim do próprio ato, na perspectiva de qualquer das partes, é a própria "liberalidade".

E o próprio DUALDE, em sua excelente obra, reconhece que "la mayoría sostiene que la causa de la donación es la liberalidade"[15].

Feitas tais considerações, é fundamental assentar a premissa de que a causa não se confunde com o motivo.

O *motivo (móvel subjetivo) da prática do ato* está relegado ao plano psíquico do agente, não sendo relevante para o Direito.

Com precisão, ensina ANA FILIPA ANTUNES:

A causa não deve ser reconduzida à noção de motivos.

Os motivos são as razões subjetivas, individuais, acidentais ou ocasionais, que influenciam a celebração de um negócio jurídico. Consistem, numa palavra, nas representações psicológicas ou subjetivas determinantes da conduta das partes.

Os motivos são, em regra, juridicamente irrelevantes. Enquanto elementos puramente subjetivos e correspondentes a interesses individuais dos sujeitos, a respectiva relevância jurídica depende da verificação de requisitos suplementares, estabelecidos pelo legislador.

A assimilação entre causa e motivos deve ser liminarmente rejeitada: a causa é um elemento estrutural do negócio, de natureza objetiva, e consiste na função característica correspondente a um dado negócio jurídico. Diversamente, os moti-

---

[14] ANTUNES, Ana Filipa Morais, cit., p. 17.
[15] DUALDE, Joaquín, cit., p. 158.

vos, tendo a natureza de elemento subjetivo, atuam fora do perímetro negocial e são, como tal, normalmente extrínsecos ao negócio[16].

A diagnose diferencial entre causa e motivo já havia sido percebida por LINO DE MORAIS LEME:

Realmente, o assunto se presta a controvérsias, mais de interesse teórico do que prático, visto que o problema surge apenas nos contratos bilaterais.

Mas, se não houvesse uma *causa*, distinta dos *motivos*, podia-se confessar que ela se confunde, nesse caso, com eles, como fazem a doutrina e a jurisprudência francesa, desde Domat. Ou então se poderia restringir o conceito de causa aos negócios bilaterais.

A nosso ver, no entanto, a explicação é a seguinte: O direito tutela os escopos jurídicos, que podem ser o propósito de obter um correspectivo, ou o de exercer um ato de liberalidade. E aí esta: em uma doação, há uma causa – exercer um ato de liberalidade; e há um ato impulsivo – o afeto, a gratidão; e há um motivo final – o enriquecimento de patrimônio alheio, sem correspectivo[17].

Assim, se resolvo presentear minha noiva doando-lhe um perfume, a causa do contrato é a liberalidade, enquanto o motivo é o amor que sinto por ela. Não se confundem.

Pode-se, quem sabe, até mesmo doar movido pelo sentimento de desprezo: doarei o dinheiro ao meu vizinho, para me sentir superior...

Por isso, não concordamos *in totum*, e com a devida *data venia*, com o ilustre JOSÉ DA SILVA PACHECO, quando pontifica:

---

[16] ANTUNES, Ana Filipa Morais, cit., p. 80-81.
[17] LEME, Lino de Morais. *A causa nos contratos*. Disponível em: https://edisciplinas.usp.br/pluginfile.php/5601472/mod_resource/content/1/causa%20e%20contrato.pdf. Acesso em: 8 jun. 2023.

(...) o contrato de doação, tal como caracterizado pelo artigo 538 do novo Código Civil, pressupõe ânimo de generosidade do doador, no sentido de fazer uma liberalidade, transferindo bens do patrimônio do doador para o do donatário, que se enriquece em detrimento daquele, que empobrece, sem qualquer contrapartida. Trata-se de contrato benéfico, em que o doador visa a contemplar o donatário com uma liberalidade[18].

Como vimos, diversas *razões de ordem psicológica ou emocional* podem motivar o doador, e não apenas a generosidade, escapando tal investigação da órbita eminentemente jurídica.

Nesse ponto, cumpre-nos transcrever belíssima lição de AGOSTINHO ALVIM, em obra clássica a respeito da doação:

> Em regra, o doador, levado por sentimento de amor, ou de amizade, transfere algo do seu patrimônio para o de outra pessoa, que aceita o benefício, sem nenhuma vantagem patrimonial para o primeiro, que apenas deu expansão a um daqueles sentimentos, ou a um sentimento de religião ou de ética.

Mas o sentido exato de liberalidade exige a sua diferenciação para o simples motivo, já que este não é elemento integrante do contrato:

> Com efeito, devemos admitir que o *animus donandi*, a vontade de bem-fazer, possa não existir interiormente em certos casos; e poderá até mesmo ocorrer que nem mesmo na aparência haja esse ânimo.
>
> Assim, p. ex., no caso em que algumas pessoas façam doação a um parente que está mal de vida. Um deles pode se aborrecer por ter de doar, não o escondendo mesmo aos estranhos. Não obstante e como *noblesse oblige*, a pessoa, por não querer ser exceção, acaba contribuindo. Nesta hipótese, não há von-

---

[18] PACHECO, José da Silva. *Do ato formal da doação e da dispensa da colação em face do novo Código Civil*. Disponível em: <http://www.gontijo-familia.adv.br/tex182.htm>.

tade de bem-fazer, mas a doação existirá, de onde dizerem alguns que a verdadeira característica da doação é a gratuidade e não a liberalidade.

E conclui, com maestria, AGOSTINHO ALVIM:

O motivo, porém, que tiver levado o doador a doar, se é amor, amizade, vaidade, ou temor da censura alheia, isso não importa, porque não constitui elemento da doação, que se contenta com o rótulo da liberalidade[19].

Por esses argumentos, especialmente por considerar que a esfera psíquica em que se encontra encerrado o motivo é por demais profunda, entendemos que certas referências feitas pelo legislador civil ao "motivo" podem traduzir, em verdade, a "causa" do próprio negócio. Talvez pela forte influência anticausalista em nosso sistema.

É o que verificamos da análise do art. 166 do Código Civil:

É nulo o negócio jurídico quando:

(...)

III – o *motivo determinante*, comum a ambas as partes, for ilícito[20]. (grifamos)

Inequivocamente, a expressão "motivo determinante", nesse dispositivo, traduz a ideia de causa.

Nessa mesma linha, o art. 140, reformulando os termos do art. 90 do CC-16, dispõe que:

Art. 140. O falso motivo só vicia a declaração de vontade quando expresso como *razão determinante*. (grifamos)

---

[19] ALVIM, Agostinho. *Da doação*. 3. ed. São Paulo: Saraiva, 1980, p. 9-10.
[20] Semelhante ao nosso, mas especificamente aplicado à doação, existe dispositivo no Código Civil italiano: "Art. 788. Motivo Illecito. Il motivo illecito rende nulla la donazione quando risulta dall'atto ed è il solo che ha determinato il donante allá liberalittà".

Observamos que, também neste artigo de lei, existe referência à causa do negócio jurídico:

> No caso, se as partes fizerem constar no negócio falso motivo, tal elemento converte-se em verdadeira finalidade negocial típica, de forma que o seu descumprimento poderá levar à anulabilidade da avença. Imagine-se a hipótese de uma falsa sociedade filantrópica propor a compra de um imóvel, convencendo o alienante a reduzir o valor da venda, sob o argumento de que a finalidade precípua da aquisição é a instalação de um asilo. As partes cuidaram, inclusive, de consignar, no contrato, a finalidade típica da compra e venda (a instalação do asilo). Posteriormente, verifica-se que a sociedade adquirente atuou dolosamente, fazendo constar a falsa causa apenas para obter a redução do preço, desvirtuando a expressa razão determinante do negócio jurídico pactuado[21].

Em conclusão, forçoso convir que a liberalidade se encarta perfeitamente no conceito de *causa* do negócio jurídico, não se podendo confundi-la com a diversa noção de *motivo*, mais afeita ao plano psicológico.

---

[21] GAGLIANO, Pablo Stolze; PAMPLONA FILHO, Rodolfo. *Novo curso de direito civil*: parte geral. 25. ed. São Paulo: SaraivaJur, 2023, v. 1, p. 366-367.

3

Conceito e Características

Anota, com absoluta propriedade, RAFAEL DE PINA que "el concepto de donación es generalmente considerado como uno de los más dificiles de construir, en el campo del derecho, entre otros motivos, por la variedad de manifestaciones de que es susceptible esta figura jurídica"[1].

O culto CAIO MÁRIO DA SILVA PEREIRA, por sua vez, lembra-nos que o Código Civil francês não alinha a doação entre as modalidades de contratos, encarando-a como simples forma de aquisição da propriedade:

> A razão desta orientação foi o fato de se ter insurgido Napoleão Bonaparte, quando das discussões do projeto no seio do Conseil d'Etat, contra a concepção contratualista, impressionado pela ausência da bilateralidade das prestações, a seu ver imprescindível para caracterizar o negócio contratual[2].

E, de fato, no Código Civil da França, a doação encontra assento no "Livre Troisième – Des Différentes Manières Dont On Acquiert La Propriété Dispositions Générales".

---

[1] PINA, Rafael de. *Elementos de derecho civil mexicano (contratos en particular)*. 4. ed. México: Porrúa, 1982, v. 4, p. 74.

[2] PEREIRA, Caio Mário da Silva. *Instituições de direito civil*. 10. ed. Rio de Janeiro: Forense, 2001, v. III, p. 151.

No Brasil, todavia, a doação foi tratada como figura contratual típica, ao lado da compra e venda e de outros contratos nominados.

A doação, nessa linha, é um negócio jurídico firmado entre *doador* e *donatário*, por força do qual o primeiro transfere bens, móveis ou imóveis, para o patrimônio do segundo, que os aceita, animado pelo propósito de beneficência ou liberalidade como elemento causal da avença.

Não se trata, outrossim, de um contrato real, a despeito da polêmica existente a esse respeito. Isso porque, diferentemente do mútuo, depósito ou comodato, a doação se torna perfeita antes mesmo da entrega da coisa ao donatário[3].

No Código Civil brasileiro, esse contrato vem regulado, como já vimos, no art. 538:

> Art. 538. Considera-se doação o contrato em que uma pessoa, por liberalidade, transfere do seu patrimônio bens ou vantagens para o de outra.

Tal definição, entretanto, somente será bem compreendida se aprofundarmos a análise estrutural do instituto, apontando os seus elementos caracterizadores.

3.1. Unilateralidade

Como se vê, a principal característica desse contrato é a *unilateralidade*, uma vez que impõe obrigação apenas para o doador.

---

[3] São exemplos de *contratos reais* o comodato, o mútuo, o depósito e o penhor. Como ensina MARIA HELENA DINIZ, "antes da entrega efetiva da coisa, ter-se-á mera promessa de contratar e não um contrato perfeito e acabado. Todavia, autores há, como Osti, Colin e Capitant, Josserand, Baudry-Lacantinerie, Carrara e Planiol, que rejeitam essa noção de contrato real, fundando-se na ideia de que a entrega da coisa seria mero pressuposto de exigibilidade da obrigação de restituir" (*Tratado teórico e prático dos contratos*. 5. ed. São Paulo: Saraiva, 2003, v. 5, p. 107).

Sobre essa característica, contrapondo-a à bilateralidade, já tivemos oportunidade de anotar:

> Toda relação contratual pressupõe a existência de duas ou mais manifestações de vontade. Todavia, isso não quer dizer que produza, necessariamente, efeitos de natureza patrimonial para todas as partes. Assim, na medida em que o contrato implique direitos e obrigações para ambos os contratantes ou apenas para um deles, será bilateral (ex.: compra e venda) ou unilateral (ex.: depósito).
>
> Nessa classificação, é possível falar, por certo, em uma visão *plurilateral* (ou *multilateral*), na medida em que haja mais de dois contratantes com obrigações, como é o caso do contrato de constituição de uma sociedade ou de um condomínio. Nessa linha, quando o contrato estabelecer apenas uma "via de mão única", com as partes em posição estática de credor e devedor, pelo fato de se estabelecer uma prestação pecuniária apenas para uma das partes, como na doação simples, falar-se-á em contrato unilateral. Já no contrato bilateral (ou no plurilateral), tem-se a produção simultânea de prestações para todos os contratantes, pela dependência recíproca das obrigações (sendo uma a causa de ser da outra), o que é chamado de sinalagma, motivo pelo qual tais contratos também são, em geral, conhecidos como sinalagmáticos ou de prestações correlatas.
>
> Há quem defenda a existência de um *tertium genus* entre a unilateralidade e a bilateralidade dos efeitos do contrato. Seria a figura do contrato bilateral imperfeito, o qual, na sua origem, seria unilateral, mas, durante a sua execução, converter-se-ia em bilateral. É o caso mesmo do contrato de depósito, em que o depositante pode ser obrigado a pagar ao depositário as despesas feitas com a coisa, bem como os prejuízos que provierem do depósito (art. 643 do CC/2002), em virtude de circunstância superveniente[4].

---

[4] GAGLIANO, Pablo Stolze; PAMPLONA FILHO, Rodolfo. *Novo curso de direito civil*. 6. ed. São Paulo: SaraivaJur, 2023, v. 4, p. 113.

Nesse diapasão, podemos afirmar que o contrato de doação é essencialmente unilateral, mesmo quando se trate de *doação onerosa* – aquela gravada com um encargo – uma vez que o ônus que se impõe ao donatário não tem o peso de uma contraprestação, a ponto de desvirtuar a natureza do contrato.

A título exemplificativo, é o caso do sujeito que doa uma grande fazenda a outrem, impondo a este o encargo (não a contraprestação) de pagar determinada pensão a uma senhora idosa, tia do doador, até que ela complete 85 anos.

Note-se que, nesse caso, o ônus assumido pelo donatário *deverá ser cumprido em benefício dele mesmo*, e não tem o matiz de uma contraprestação obrigacional, ou seja, ele (donatário) não está pagando a pensão como pressuposto para o recebimento da coisa (nota típica da bilateralidade sinalagmática). E tanto é assim que – a despeito de o doador poder revogar o negócio se o encargo for descumprido[5] –, desde o dia da celebração do ato, *o donatário já adquire a propriedade da coisa*, ainda que não tenha efetivado o pagamento devido (art. 136 do CC).

Temos, assim, que o contrato de doação somente impõe *obrigação* (no sentido técnico estrito do termo), para uma das partes – o doador –, não desvirtuando essa unilateralidade a existência de onerosidade (doação com encargo)[6].

Nesse mesmo sentido, conclui SÍLVIO VENOSA que, "quando imposto encargo à doação, não se desvirtua a unilateralidade"[7].

3.2. Formalismo

Regra geral, os negócios jurídicos, no Direito brasileiro, têm forma livre, podendo, entretanto, o legislador prescrever

---

[5] Essa faculdade revocatória opera-se, em nosso sentir, como uma sanção legalmente prevista para o donatário ingrato.
[6] Teríamos, então, aqui, a existência de outro exemplo de contrato unilateral oneroso, como ocorre com o mútuo a juros (mútuo feneratício).
[7] VENOSA, Sílvio de Salvo. *Direito civil:* contratos em espécie. 3. ed. São Paulo: Atlas, 2003, p. 114.

determinada forma como requisito de validade para o ato (forma *ad solemnitatem*).

Sobre esse aspecto, pedimos permissão para transcrever trecho de nossa obra dedicada ao estudo da Parte Geral:

No direito positivo brasileiro, por expressa determinação legal consagrou-se o princípio da liberdade da forma:

Art. 107. A validade da declaração de vontade não dependerá de forma especial, senão quando a lei a exigir expressamente.

Observa-se, com isso, que os negócios jurídicos, como regra geral, podem ser realizados de acordo com a conveniência da forma preferida pelas partes.

Tal orientação, aliás, é a nota característica das sociedades contemporâneas, segundo já anotava, brilhantemente, CLÓVIS BEVILÁQUA: "princípio aceito pelo direito moderno que as declarações de vontade não estão sujeitas a uma forma especial, senão quando a lei expressamente a estabelece. É até um dos resultados da evolução jurídica, assinalado pela história e pela filosofia, a decadência do formalismo, em correspondência com o revigoramento da energia jurídica imanente nos atos realizados pelos particulares, a expansão da autonomia da vontade e a consequente abstenção do Estado que se acantoa, de preferência, na sua função de superintendente, pronto a intervir, quando é necessário restabelecer coativamente o equilíbrio de interesses".

Mas é bom que se não confunda a forma, enquanto elemento existencial do negócio, com a adequabilidade da forma, pressuposto de validade, de que ora se trata.

E mais adiante, na mesma obra, acrescentamos:

Note-se, ainda, que, por força do princípio da liberdade da forma, os negócios formais ou solenes não são a regra em nosso Direito.

Em tais casos, quando a norma legal impõe determinado revestimento para o ato, traduzido em uma forma especial ou em uma indispensável solenidade, diz-se que o negócio é *ad solemnitatem*. É o caso do testamento (negócio jurídico unilateral), para o qual a lei impõe determinada forma (pública, cerrada ou particular), não reconhecendo liberdade ao testador para elaborá-lo de acordo com a sua vontade. Também servem de exemplo *os contratos constitutivos ou translativos de direitos reais sobre imóveis acima do valor consignado em lei*, uma vez que a forma pública é indispensável para a validade do ato, consoante acima se demonstrou[8].

Nesse diapasão, podemos afirmar que a doação, excepcionado o princípio da liberdade da forma, caracteriza-se por ser essencialmente *formal*.

Segundo CARLOS EDUARDO ELIAS DE OLIVEIRA:

> O fato de a liberalidade somente trazer ônus ao generoso exige que ela se exteriorize por uma forma que assegure, ao máximo, certeza do seu ânimo. O beneficiário da liberalidade não é prestigiado do ponto de vista formal, razão por que a legislação se inclina – há exceções! – a considerar os negócios jurídicos gratuitos como solenes, a exemplo da fiança e da doação, que devem ser escritas (arts. 541 e 819, CC)[9].

Cumpre-nos advertir, contudo, que a exigibilidade da forma não ofusca ou minimiza a liberalidade como *pedra de toque* desse contrato, porquanto a doação caracteriza-se muito mais pela sua própria *natureza* do que pelo *revestimento exterior* do ato, como sabiamente observam GEORGES RIPERT e JEAN BOULANGER, na clássica obra *Tratado de direito civil*, comentando o art. 931 do Código francês[10]:

---

[8] GAGLIANO, Pablo Stolze; PAMPLONA FILHO, Rodolfo. *Novo curso de direito civil*: parte geral. 25. ed. São Paulo: SaraivaJur, 2023, v. 1, p. 382.
[9] OLIVEIRA, Carlos Eduardo Elias de. *O princípio da proteção simplificada do luxo, o princípio da proteção simplificada do agraciado e a responsabilidade civil do generoso*. Brasília: Núcleos de Estudos e Pesquisas/CONLEGG/Senado, dez./18 (Texto para Discussão n. 254). Disponível em <http://www.senado.leg.br/estudos>.
[10] Código francês, art. 931: "Tous actes portent donation entre vifs seront passes devant notaries, dans la forme ordinaire des contrats; et il en restera minute, sous peine de nullité".

El Código civil exige que la donación sea hecha por instrumento público, en presencia de un segundo notario o de dos testigos (art. 931). La solemnidad es exigida bajo pena de nulidad. La regla de forma parece, pues, imperativa. Sin embargo, no lo es. El Código prescribe el empleo de la forma solemne para el acto destinado a verificar el contrato de donación; pero la donación no es necesariamente un acto jurídico determinado. Una donación puede resultar de cualquier operación jurídica en la que una persona, movida por una intención de realizar una liberalidad, transmite a otra un elemento de su patrimonio. En este sentido, la donación es, como hemos visto, un fenómeno económico. Esto enquadra, además, dentro de la más antigua tradición. En Roma no hubo, durante mucho tiempo, formas especiales para la donación; podia resultar de cualquier transferencia de propiedad o de cualquier remisión de deuda. En la actualidad sigue siendo así. La donación se caracteriza por su naturaleza, no por su forma[11].

Tecidas tais considerações, vejamos como o Direito Positivo brasileiro trata da matéria:

Art. 541. A doação far-se-á por *escritura pública ou instrumento particular.*

Parágrafo único. A doação verbal será válida, se, versando sobre bens móveis e de pequeno valor, se lhe seguir incontinenti a tradição. (grifamos)

Vemos que, em nosso sistema, sem olvidar as precisas observações de RIPERT e BOULANGER, memoráveis professores da Faculdade de Direito de Paris, o *contrato de doação é negócio jurídico formal ou solene.*

Nesse ponto, confira-se julgado do STJ:

RECURSO ESPECIAL. DIREITO CIVIL. PROCESSUAL CIVIL. AÇÃO DE OBRIGAÇÃO DE FAZER. JULGAMENTO *EXTRA PETITA*. NÃO OCORRÊNCIA. LITISCONSÓRCIO NECESSÁRIO. INEXISTÊNCIA.

---

[11] RIPERT, Georges; BOULANGER, Jean. *Tratado de derecho civil – según el Tratado de Planiol*: liberalidades. Buenos Aires: La Ley, 1988, t. XI, p. 43.

CERCEAMENTO DE DEFESA. AFASTAMENTO. DOAÇÃO. INSTRUMENTO PARTICULAR. ALTERAÇÃO CONTRATUAL. CLÁUSULA RESOLUTIVA. INEXISTÊNCIA. CONTRATO VERBAL. FORÇA OBRIGATÓRIA. PARTES ANUENTES.

1. Recurso especial interposto contra acórdão publicado na vigência do Código de Processo Civil de 2015 (Enunciados Administrativos n. 2 e 3/STJ).

2. Cinge-se a controvérsia a definir, preliminarmente, se o processo está eivado de nulidade e, no mérito, se seria possível o reconhecimento da existência de condição resolutiva estabelecida de forma verbal em contrato de doação estabelecido entre pai e filho.

3. A falta de prequestionamento de matéria suscitada no recurso especial impede o seu conhecimento, conforme dispõe a Súmula n. 211/STJ.

4. Não pode ser conhecido o recurso especial que, além de não demonstrar o malferimento da legislação federal invocada, deixa de impugnar os fundamentos do acórdão recorrido. Súmulas n. 283 e 284/STF.

5. A doação é um contrato solene, que, nos termos da legislação de regência, deve ser formalizado por escritura ou instrumento particular.

7. Por ser um negócio jurídico benéfico, a doação deve ser objeto de interpretação restritiva. Precedente.

8. O contrato faz lei entre as partes, mas não produz efeitos na esfera juridicamente protegida de terceiros que não tomaram parte na relação jurídica de direito material.

9. Recurso especial parcialmente conhecido e, nessa extensão, provido.

(REsp n. 1.905.612/MA, relator Ministro Ricardo Villas Bôas Cueva, Terceira Turma, julgado em 29-3-2022, *DJe* de 5-4-2022.) (grifamos)

 Entretanto, a doação poderá ser simplesmente consensual (verbal), caso tenha por objeto bens móveis, de pequeno valor, se lhe seguir, de imediato, a tradição.

Temos, aqui, a denominada *doação manual*.

Em nosso sentir, o fato de a norma brasileira referir a necessidade da tradição imediata da coisa móvel (*in verbis:* "se lhe seguir incontinenti a tradição") não torna o *contrato real*[12].

Contrato real, sabemos, é aquele que somente se torna perfeito e acabado quando da transferência da propriedade da coisa. Em outras palavras, nesse tipo de negócio, a tradição é pressuposto da sua própria existência, a exemplo dos contratos de depósito, penhor, mútuo e comodato.

---

[12] Em Portugal, destacamos o seguinte julgado:
3304/04 JTRC
DR. CARDOSO ALBUQUERQUE
DOAÇÃO DE SALDO DE CONTA BANCÁRIA
PERTENCENTE A TITULAR FALECIDO: SEUS PRESSUPOSTOS
07-12-2004
UNANIMIDADE
TRIBUNAL JUDICIAL DE ALCOBAÇA
APELAÇÃO
CONFIRMADA
ARTS. 940º E 947º DO C. CIV.

I – A *doação* é o contrato pelo qual uma pessoa, por espírito de liberalidade e à custa do seu património, dispõe gratuitamente de uma coisa ou de um direito ou assume uma obrigação em benefício do outro contraente.

II – Podendo considerar-se como um contrato formal, o que é a regra geral – art. 947º C. Civ. –, comporta uma excepção quanto às doações verbais de coisas móveis, casos em que a *doação* está dependente da ocorrência concomitante da tradição da coisa doada – contrato real *quoad constitutionem*.

III – Havendo uma conta bancária em nome do falecido e não havendo documento escrito e assinado por este a fazer *doação* dessa conta, nem o levantamento e entrega do seu saldo em vida daquele, tem de entender--se que não houve qualquer *doação* válida em relação a esse depósito.

Não é o que ocorre, a nosso ver, na doação verbal prevista em nosso sistema[13].

Com a convergência das vontades do doador e do donatário, pela forma oral, forma-se o consentimento, reputando-se perfeito o contrato, de modo que a tradição do bem doado traduz efeito da própria avença firmada.

Observe-se, entretanto, que o legislador não cuidou de estabelecer critérios para a mensuração do conceito de "pequeno valor". Trata-se, pois, de um conceito aberto ou indeterminado, que deverá ser preenchido pelo juiz, no caso concreto.

A título de sugestão doutrinária, poderíamos considerar "pequeno valor" aquele que não suplantasse o teto de um salário mínimo, a exemplo do que sustenta a doutrina penal, quando da previsibilidade do furto privilegiado, embora tal critério pudesse vir a ser relativizado, dadas as vicissitudes do caso[14].

Antigo julgado do STJ, ainda em face do Código Civil de 1916, adotou peculiar posicionamento, ao levar em conta, para o reconhecimento da doação verbal ou manual (mais simplificada e marcada pela informalidade, como vimos) as circunstâncias econômicas do próprio doador:

> Direito Civil e Processual Civil. Doação à namorada. Empréstimo. Matéria de prova.

---

[13] Em sentido contrário, no sentido de ser um contrato real, cf. OLIVEIRA, Carlos E. Elias; COSTA-NETO, João. *Direito civil – volume único*, 2. ed. Rio de Janeiro: Gen-Método, 2023, p. 634.

[14] A ideia de estabelecer um parâmetro não é inédita no Direito Comparado, conforme podemos observar na doutrina de RAFAEL DE PINA, estudando o sistema mexicano, ao observar: "No puede haverse donación verbal más que de bienes muebles. Esta forma de donar solo producirá efectos legales cuando el valor de los muebles no pase de doscientos pesos. Si el valor de ellos excede de doscientos pesos, pero no de cinco mil, la donación debe hacerse por escrito" (*Elementos de derecho civil mexicano*, cit., v. 4, p. 77-78).

I – O pequeno valor a que se refere o art. 1.168 do Código Civil há de ser considerado em relação à fortuna do doador; se se trata de pessoa abastada, mesmo as coisas de valor elevado podem ser doadas mediante simples doação manual (Washington de Barros Monteiro).

II – No caso, o acórdão recorrido decidiu a lide à luz da matéria probatória, cujo reexame é incabível no âmbito do recurso especial.

III – Recurso especial não conhecido.
(REsp n. 155.240/RJ, relator Ministro Antônio de Pádua Ribeiro, Terceira Turma, julgado em 7-11-2000, DJ de 5-2-2001, p. 98.) (grifamos)

Com a devida vênia, pensamos que a dispensa da formalidade instrumental deve levar em conta, objetivamente, o valor do próprio bem, independentemente da condição financeira do doador, não apenas pelo fato de tal aspecto não haver sido expressamente mencionado na norma, mas, também por imperativo de segurança jurídica.

A regra, no contrato de doação, é a formalidade, de maneira que eventual norma que a afaste, como se dá na hipótese da doação manual (parágrafo único, art. 541), deve ser interpretada restritivamente.

A segurança da forma pode ser comprovada em interessante julgado do STJ no qual a Corte afastou a possibilidade de se presumir doação de vultosa quantia, especialmente pela ausência do instrumento negocial respectivo (forma escrita):

RECURSO ESPECIAL. AÇÃO DE RESSARCIMENTO. VIOLAÇÃO DO ART. 557 DO CPC/73. NÃO OCORRÊNCIA. PREQUESTIONAMENTO. AUSÊNCIA. SÚMULA 282/STJ. INADMISSIBILIDADE. ÔNUS DA PROVA. NATUREZA DO NEGÓCIO JURÍDICO CELEBRADO ENTRE AS PARTES. DOAÇÃO. CONTRATO SOLENE. AUSÊNCIA DE PROVA. TRANSFERÊNCIA DE VULTOSA QUANTIA. LEGÍTIMA EXPECTATIVA DE RESTITUIÇÃO. MÚTUO GRATUITO VERBAL. JULGAMENTO: CPC/73.

1. Ação de ressarcimento ajuizada em 21-11-2012, de que foi extraído o presente recurso especial, interposto em 25-5-2015 e distribuído ao gabinete em 31-3-2017.

2. O propósito recursal é decidir, primordialmente, sobre o ônus da prova e a natureza do negócio jurídico celebrado entre as partes: se empréstimo, como defende a recorrente em sua petição inicial; ou doação, como afirma o recorrido em sua defesa.

3. A confirmação de decisão unipessoal do Relator pelo órgão colegiado sana eventual violação do art. 557 do CPC/73.

4. A ausência de decisão acerca dos dispositivos legais indicados como violados impede o conhecimento do recurso especial (Súmula 282/STF).

5. O contrato de doação é, por essência, solene, exigindo a lei, para sua validade, que seja celebrado por escritura pública ou instrumento particular, salvo quando tiver por objeto bens móveis e de pequeno valor (art. 1.168 do CC/16).

6. No particular, a par de não haver qualquer documento que ateste expressamente o ato de liberalidade, não se pode considerar como de pequeno valor, para que se dispense a solenidade, a quantia de R$ 45.000,00 (quarenta e cinco mil reais), sobretudo porque à época do depósito o montante representava quase 83 salários mínimos vigentes.

7. A transferência de vultosa quantia da recorrente para o recorrido, sem a expressa estipulação de que se tratava de uma doação, induz à conclusão da existência da obrigação de restituí-la, e não o contrário, pois essa é a conduta ordinariamente esperada de quem a recebe por quem a entrega.

8. A legítima expectativa da recorrente de receber, ainda que sem a cobrança de juros, o montante que havia transferido, aliada à ausência de prova escrita da alegada doação, evidencia que o contrato estabelecido entre as partes se trata, em verdade, de um mútuo gratuito verbal.

9. Recurso especial parcialmente conhecido e, nessa extensão, provido.

(REsp n. 1.758.912/GO, relatora Ministra Nancy Andrighi, Terceira Turma, julgado em 27-11-2018, *DJe* de 6-12-2018.)(grifamos)

Vale lembrar ainda que a *informalidade* admitida para o contrato de doação verbal não é verificada quando o contrato versar sobre bem imóvel de valor superior a trinta salários mínimos, pois em tal caso considera-se indispensável a lavratura do ato em escritura pública, sob pena de *nulidade absoluta*.
Nesse sentido, o art. 108 do Código Civil brasileiro:

Art. 108. Não dispondo a lei em contrário, a escritura pública é essencial à validade dos negócios jurídicos que visem à constituição, transferência, modificação ou renúncia de direitos reais sobre imóveis de valor superior a trinta vezes o maior salário mínimo vigente no País.

No Superior Tribunal de Justiça:

EMBARGOS DE DECLARAÇÃO NO RECURSO ESPECIAL. AÇÃO DE REVOGAÇÃO DE DOAÇÃO. SUPOSTA INEXECUÇÃO DO ENCARGO. DOAÇÃO DE IMÓVEL. INDISPENSÁVEL A ESCRITURA PÚBLICA. FORMA PREVISTA EM LEI. CARÁTER PURO E SIMPLES DA DOAÇÃO EVIDENCIADO. DESCABIMENTO DO PEDIDO DE REVOGAÇÃO. INTERPRETAÇÃO DO NEGÓCIO JURÍDICO CONFORME A REAL VONTADE DAS PARTES E A BOA-FÉ OBJETIVA. INEXISTÊNCIA DOS VÍCIOS ENSEJADORES À OPOSIÇÃO DOS DECLARATÓRIOS. EMBARGOS DE DECLARAÇÃO REJEITADOS.

1. Nos termos do que dispõe o art. 1.022 do CPC/2015, os embargos de declaração são cabíveis apenas quando amparados em suposta omissão, contradição, obscuridade ou erro material na decisão embargada, não se caracterizando via própria ao rejulgamento da causa.

2. No presente caso, não se evidencia a existência da contradição apontada, porquanto decididas, clara e devidamente fundamentadas, as questões submetidas a julgamento pela parte embargante, sobretudo no que diz respeito à inexistência de encargo em relação à doação de imóvel realizada entre as partes, à luz, precipuamente, do teor da respectiva escritura pública, que previa expressamente se tratar de doação pura e simples.

3. Em interpretação sistemática dos arts. 107, 108, 109 e 541 do CC, a doação – por consistir na transferência de bens ou

vantagens do patrimônio do doador para o do donatário –, quando recair sobre imóvel cujo valor supere o equivalente a 30 (trinta) salários mínimos, deve observar a forma solene, efetivando-se, com isso, mediante escritura pública.
4. Embargos de declaração rejeitados.
(EDcl no REsp n. 1.938.997/MS, relator Ministro Marco Aurélio Bellizze, Terceira Turma, julgado em 22-2-2022, DJe de 3-3-2022.) (grifamos)

Aliás, tal dispositivo não ostenta ineditismo, pois encontra eco no Direito Comparado, consoante podemos constatar da análise do art. 1.801 do Código Civil do Chile, em norma referente ao contrato de compra e venda:

Art. 1.801. *La venta se reputa perfecta desde que las partes han convenido en la cosa y en el precio; salvas las excepciones siguientes. La venta de los bienes raíces, servidumbre y censos, y la de una sucesión hereditaria, no se reputan perfectas ante la ley, mientras no se ha otorgado escritura pública.* Los frutos y flores pendientes, los árboles cuya madera se vende, los materiales de un edificio que va a derribarse, los materiales que naturalmente adhieren al suelo, como piedras y sustancias minerales de toda clase, no están sujetos a esta excepción. (grifamos)

O nosso dispositivo, por sua vez, encartado na Parte Geral, é mais genérico, atingindo não apenas as alienações onerosas, mas também as gratuitas e as constituições de garantia real imobiliária.

Por fim, acrescente-se ser possível, em doação de imóvel, a estipulação de cláusula de impenhorabilidade, o que não impede a alienação do bem, na linha do Enunciado 27 da I Jornada de Direito Notarial e Registral.

ENUNCIADO 27 – A cláusula de impenhorabilidade, imposta em doação ou testamento, não obsta a alienação do bem imóvel, nem a outorga de garantia real convencional ou o oferecimento voluntário à penhora, pelo beneficiário.

Segue trecho da justificativa do enunciado:

"Nesse caso, as cláusulas não implicam a inalienabilidade do bem, salvo disposição expressa, nem tornam o bem fora do comércio. Em sendo o bem gravado alienável a título oneroso, pode ser naturalmente objeto de garantia real, que não é prejudicada pela cláusula de impenhorabilidade, cuja finalidade é a proteção contra a constrição involuntária. Desse modo, o proprietário de bem impenhorável não poderá involuntariamente sofrer penhora em processo de execução, mas não perde a faculdade de dispor de seu bem, a qualquer título, podendo constituir garantia real ou mesmo de oferecê-lo, voluntariamente, à penhora".

3.3. Ânimo de doar (*animus donandi*)

Outra importante nota característica da doação é a ocorrência do *animus donandi*, que pode ser entendido como o ânimo ou propósito de beneficiar patrimonialmente o destinatário da vontade do doador.

Esse *animus donandi* não pode ser confundido com a simples renúncia abdicativa, ou seja, aquela manifestação negocial por meio da qual o declarante simplesmente se despoja de um bem do seu patrimônio, sem beneficiário certo ou determinado. Nota-se, assim, que, nesse tipo de declaração de vontade, opera-se a extinção de um direito, como na hipótese em que "o proprietário abandona o móvel, quando o credor remite o crédito, quando o credor renuncia à fiança, ou à hipoteca, quando o devedor renuncia ao prazo concedido ao seu favor, quando o devedor renuncia à prescrição (...)"[15]. Em todas essas situações não existe uma transferência patrimonial voluntária benéfica a determinada pessoa[16].

---

[15] PEREIRA COELHO, Francisco Manuel de Brito. A renúncia abdicativa no direito civil, *Boletim da Faculdade de Direito – Stvdia Ivridica 8*. Coimbra: Coimbra Ed., 1995, p. 14.

[16] Caso, entretanto, se trate de renúncia translativa (figura esdrúxula vista adiante), posto guarde distinção ontológica com o contrato sob exame,

Nessa mesma linha, não se deve confundir o *animus donandi* com o *animus solvendi*, já que, neste último, o propósito da parte é solver uma obrigação a que está patrimonialmente vinculada.

Aí está, pois, a diagnose diferencial entre a *doação* e a *dação em pagamento* (arts. 356 a 359 do CC-02; arts. 995 a 998, CC-16), forma especial de pagamento:

> São requisitos dessa forma de extinção das obrigações:
>
> (...)
>
> d) o ânimo de solver (*animus solvendi*) – o elemento anímico, subjetivo, da dação em pagamento é, exatamente, o *animus solvendi*. Sem esta intenção de solucionar a obrigação principal, o ato pode converter-se em mera liberalidade, caracterizando, até mesmo, a doação[17].

Em síntese, o *animus donandi* é a intenção, o propósito, de doar, razão por que, no dizer de CARLOS ELIAS DE OLIVEIRA e JOÃO COSTA-NETO, "não há doação nos seguintes atos: (i) inação do proprietário de imóvel que deixa completar-se o prazo de usucapião e (ii) concessão de garantia real ou fidejussória"[18].

Logicamente, a intenção de doar pressupõe uma livre manifestação da vontade, vale dizer, sem que ocorrem vícios de consentimento passíveis de invalidar o próprio negócio jurídico em questão.

O TJDFT concluiu, no julgado abaixo, por exemplo, que o *animus donandi* não emanou de uma vontade inteiramente livre:

> sua semelhança em face da doação é muito grande, pois, nesse caso, há pessoas que se beneficiam do ato, hipótese muito frequente em processos de inventários, quando os filhos "renunciam em favor de outro herdeiro, a exemplo do cônjuge supérstite".

[17] GAGLIANO, Pablo Stolze; PAMPLONA FILHO, Rodolfo. *Novo curso de direito civil*: obrigações. 25. ed. São Paulo: SaraivaJur, 2023, v. 2, p. 186.

[18] OLIVEIRA, Carlos E. Elias; COSTA-NETO, João. *Direito civil – volume único*, 2. ed. Rio de Janeiro: Gen-Método, 2023, p. 633.

APELAÇÃO CÍVEL. AÇÃO INDENIZATÓRIA. DOAÇÃO. INSTITUIÇÃO RELIGIOSA. PREJUDICIAL DE MÉRITO. DECADÊNCIA. INOCORRÊNCIA. MÉRITO. NEGÓCIO JURÍDICO. INEXISTÊNCIA DE FORMALIDADE PREVISTA EM LEI. DOAÇÕES DE VALORES CONSIDERÁVEIS. NULIDADE. COAÇÃO MORAL. VULNERABILIDADE PSICOLÓGICA. RECONHECIMENTO. SENTENÇA MANTIDA. 1. Afasta-se a prejudicial de mérito de decadência quando verificado que os atos de disposição de bens de considerável valor não observaram as formalidades previstas no art. 541, caput, do Código Civil, quais sejam, realização de doações por escritura pública ou instrumento particular, por se tratar de negócio jurídico nulo, não passível de confirmação pelo decurso do tempo, nos termos do art. 169 do CC. 1.1. Quanto aos bens de reduzido valor, nos termos do parágrafo único do art. 541 do CC, e amparados na alegação de que foram doados sob coação moral, restou constatado que entre a data do afastamento da instituição religiosa – cessação da coação – e a data do ajuizamento da presente demanda decorreu período inferior a 04 (quatro) anos, nos termos do art. 178, inciso I, do CC, de modo que não há se falar em decadência do direito de pleitear a anulação dos atos de disposição dos bens. 2. Apesar da garantia constitucional voltada às instituições religiosas quanto à criação de seus regulamentos e instituição de cultos religiosos, seu âmbito de atuação não se mostra irrestrito, devendo qualquer tipo colisão com outro direito fundamental ser combatida à luz do ordenamento jurídico vigente, já que nenhum direito constitucional é absoluto, a exemplo das limitações impostas à emissão de sons durante a realização de cultos. 3. Tanto o dízimo como a oferta, apesar da acentuada representação ideológica no contexto religião professada, não podem ser tratados como institutos de liberdade de consciência que estariam à margem do ordenamento jurídico, razão pela qual devem ser equiparados à efetiva doação nos termos do código Civil, sem que se cogite desrespeito à consagrada liberdade constitucional de consciência e de crença. 4. Caso não observadas as formalidades exigidas pela lei, o negócio jurídico não é suscetível de confirmação, nem convalesce pelo decurso do tempo, nos termos do art. 169 do CC. Assim, considerando os bens/valores doados – que variaram de R$ 1.107,00 a R$ 4.500,00, incluindo um veículo no valor de R$ 26.000,00 –, constata-se a não observância da formalidade prescrita para a validade dos atos de disposição de bens, nos termos do art. 541 do CC, razão pela qual se faz necessário manter o reconhecimento da nulidade das doações, não podendo tais valores serem qualificados como de pequena monta em relação à condição financeira da autora à época dos fatos. 5. Ainda que invocados os princípios da segurança jurídica e da boa-fé, o argumento da ré de que implicaria ônus excessivo exigir forma escrita para ato de disposição de bem carece de plausibilidade principalmente quando evidenciado que as doações de bens de valores consideráveis foram capazes, inclusive, de influenciar no estado de miserabilidade da doadora – que chegou a depender de benefício social –, de modo que a não observância da formalidade legal pela instituição religiosa atrai a incumbência ao Poder Judiciário de resguardar núcleo essencial de proteção de direitos fundamentais, em observância à dignidade da pessoa humana, nos termos do art. 548 do CC, razão pela qual se mostra imperiosa a manutenção da sentença. **6. Quanto à tese de coação moral exercida pela instituição na denominada "fogueira santa", não se ignora a idoneidade da doutrina difundida pela ré, todavia, a propagação da ideologia concernente ao ato de disposição de bens deve ser tratada com ressalvas, principalmente quando o pretenso donatário está acometido com patologia psiquiátrica capaz de influenciar em seu *animus donandi*.** 7. Assim, sendo incontestável a ciência pelos pastores da patologia preexistente da autora, tem-se que a conduta de incitá-la e estimulá-la à disposição de bens, diante das particularidades do caso, pode ser equiparada à coação moral, pois o discurso apresentado de forma reiterada à autora mostrou-se essencial para viciar sua vontade, sendo suficiente para lhe incutir sentimento de que, caso não fosse realizado o sacrifício da forma esperada pela Igreja, permaneceria na situação de crise afetiva e financeira pela qual estaria passando. 8. Nesse contexto, apesar de as doações às instituições religiosas serem componentes essenciais da liberdade de consciência e de crença garantida pelo artigo 5º, inciso VI, da Constituição Federal, constata-se que eventual interferência do donatário no ânimo do doador, a ponto de incutir-lhe medo de permanecer na difícil situação que experimentava, ainda que exclusivamente em âmbito religioso, transborda o mero exercício regular, configurando abuso de direito, nos termos do art. 187 do CC, razão pela qual se mostra adequada a manutenção da sentença, cujos fundamentos prevalecem. 9. Quanto ao prequestionamento, frise-se que, após manifestação do Tribunal sobre a matéria controvertida, pode-se cogitar eventual violação a dispositivo federal ou constitucional via recurso próprio, mostrando-se a decisão de mérito sobre a temática suficiente para os fins pretendidos, principalmente pelo fato de a Turma não estar obrigada a se manifestar sobre todas as alegações apresentadas no recurso, tampouco sobre os dispositivos legais que a apelante entende aplicáveis ao caso concreto, mas somente sobre os pontos relevantes para fundamentar o decisum. 10. Recurso conhecido, rejeitada a prejudicial de decadência e, no mérito, desprovido. Sentença mantida. (TJDFT – 07040349020198070017 – 0704034-90.2019.8.07.0017 – Res. 65 CNJ – j. 19-4-2023 – Publicado no DJE: 8-5-2023 – 1ª Turma Cível Rel. CARLOS PIRES SOARES NETO) (grifamos)

Em conclusão, o *animus donandi* pressupõe a ausência de vícios de consentimento, sob pena de não se considerar válida, na forma da lei civil, a própria declaração negocial.

3.4. Gratuidade

A doação, quando pura, caracteriza-se, ainda, pela gratuidade, visto que uma das partes apenas experimenta um benefício patrimonial em decorrência da liberalidade.

Cuidamos de indicar esse elemento mesmo sabendo que não se trata de um aspecto verificado em todo contrato de doação, uma vez que não é aplicável à doação onerosa (com encargo). E assim o fizemos sem violação ao rigor científico que deve orientar este trabalho, haja vista ser a forma pura da doação a sua manifestação mais comum e socialmente mais difundida[19].

---

[19] A gratuidade no contrato de doação é característica que pode realçar eventual fraude contra credores, como bem anota HELENO VERECHIA:

É comum, pois, os autores brasileiros enumerarem essa característica:

> Contrato que é, por definição legal e conceituação doutrinária, exibe desde logo os seus caracteres jurídicos: A – Contrato gratuito, porque gera benefício ou vantagem apenas para o donatário (CAIO MÁRIO DA SILVA PEREIRA)[20].
>
> (...) é gratuito, uma vez que ao acréscimo patrimonial do contemplado não corresponde o ingresso de vantagem patrimonial alguma para o doador (CARLOS ALBERTO BITTAR)[21].
>
> É contrato peculiarmente gratuito, pois traz benefício ou vantagem apenas para uma das partes, o donatário (SÍLVIO DE SALVO VENOSA)[22].

Entretanto, consoante anotamos, caso seja imposto encargo ao contrato de doação, a característica da gratuidade perde espaço, cedendo lugar à onerosidade.

No dizer de GUILLERMO BORDA:

> La transferencia debe ser a título gratuito. Es decir, hay un desprendimiento de bienes, sin compensación por la otra parte. Pero ésta no es una regla absoluta. Es posible que el con-

---

"A doação, vista sob a ótica do instituto da fraude contra credores, pode ser considerada um ato a título gratuito. Sendo este a título gratuito, há um empobrecimento do doador e, como efeito deste, o enriquecimento do donatário, isto é, haverá a saída de bens do patrimônio do doador e entrada daquele bem no patrimônio do donatário, caracterizando a certeza do prejuízo do doador, e a do lucro pelo donatário" (*Fraude contra credores através da doação com reserva de usufruto*. Dissertação apresentada no Curso de Pós-Graduação da UNAERP, em 1992, p. 181). Ademais, não olvidemos que, nesse tipo grave de fraude, considera-se absoluta a presunção de má-fé do devedor.

[20] PEREIRA, Caio Mário da Silva. *Instituições*, cit., v. III, p. 152.
[21] BITTAR, Carlos Alberto. *Contratos civis*. 2. ed. Rio de Janeiro: Forense Universitária, 1991, p. 42.
[22] VENOSA, Sílvio de Salvo. *Direito civil*: contratos em espécie, cit., p. 114.

trato de donación obligue al donatario a hacer o pagar algo, sea en beneficio del donante o de un tercero[23].

Pode, inclusive, a gratuidade vir a ser sufocada, como se verifica no *negotium mixtum cum donatione*[24], estudado linhas abaixo.

A gratuidade também está presente no contrato de comodato, embora se trate, logicamente, de figura contratual distinta, com características próprias, conforme já salientado em julgado do STJ, em decisão do Ministro Paulo de Tarso Sanseverino:

(...)
Ademais, salvo estipulação em sentido contrário, o comodato tem natureza personalíssima (*intuitu personae*), pois a condição e as qualidades da pessoa do comodatário, no que diz respeito ao comodante, são relevantes para a celebração do contrato. No dizer de Serpa Lopes, cuida-se de negócio jurídico realizado "em contemplação aos méritos ou à amizade existente entre comodante e comodatário" (in Curso de direito civil. V. IV, p. 321).

Em coerência com tal traço, há doutrinadores que fazem referência expressa à natureza fiduciária do contrato de comodato. Confira-se:

(...) o contrato de comodato traz ínsito, em grau mais sensível do que a média dos outros contratos, o imperativo ético de lealdade e confiança recíprocas, dever jurídico anexo derivado do princípio da boa-fé objetiva (...). A essa conclusão chegamos, com certa facilidade, quando observamos que o comodante, nesta modalidade negocial, despoja-se da posse daquilo que lhe pertence para favorecer a outra parte. Força é convir que não costumamos emprestar algo a quem não nos inspira confiança; (...) (GAGLIANO, Pablo Stolze; PAMPLONA Filho, Rodolfo. *Novo curso de direito civil*: contratos em espécie. Vol. 4. 6. ed. São Paulo: Saraiva, 2013, p. 243.)

---

[23] BORDA, Guillermo. *Manual de contratos*. 19. ed. Buenos Aires: Abeledo-Perrot, 2000, p. 548.
[24] BORDA, Guillermo. Idem, p. 548.

Outra característica estrutural do comodato é a temporariedade, uma vez consabido que a entrega gratuita de bem, sem intenção de restituição, caracteriza o contrato de doação e não o de empréstimo.

Não há, portanto, que se falar em comodato vitalício ou perpétuo. (g.n.)

Por outro lado, também fora destacado pelo Ministro Luis Felipe Salomão no referido julgado que, inexistindo previsão de prazo certo, presume-se que a duração do empréstimo observará o tempo necessário para que o comodatário utilize a coisa conforme sua destinação.

(...)

(REsp n. 1.931.760, Ministro Paulo de Tarso Sanseverino, *DJe* de 20-5-2022) (grifamos)

Ainda no que tange ao aspecto da gratuidade na doação, interessante questão foi ventilada na jurisprudência portuguesa, por ocasião do julgamento do Processo n. 2908/03[25], pelo Tribunal de Relações de Coimbra.

A despeito da intrínseca nota da gratuidade da doação, o que inequivocamente denota o espírito de liberalidade do doador, admitiu, neste julgado, o referido Tribunal que, à luz do sistema jurídico português, *a doação poderia gerar obrigação alimentar a cargo do donatário.*

Versou o processo sobre o caso de uma senhora que doava quase diariamente cheques e dinheiro a determinada organização religiosa, e que posteriormente se viu acometida de leucemia, necessitando de apoio financeiro para o custeio do seu tratamento. Argumentou-se que a donatária se beneficiou dos valores

---

[25] 2ª Secção Cível do Tribunal da Relação de Coimbra, no Recurso de Agravo n. 2.908/03, vindo do 1º Juízo Cível do Tribunal da Comarca de Leiria (alimentos provisórios n. 4.746/03.3). Disponível em: <http://www.dgsi.pt/jtrc.nsf/0/2cbd3b32db17cac680256e38005 55bd?OpenDocument>.

recebidos, multiplicando seus rendimentos, sendo imperioso que amparasse a doadora, em momento de grave necessidade.

Vejamos a ementa do julgado, e, em seguida, excerto da sua fundamentação:

I – Uma doação de dinheiro é fonte da obrigação de prestar alimentos. Além da necessidade do credor e da possibilidade do devedor, é requisito da obrigação que, por um lado, o bem doado servisse para o sustento do doador, se lá estivesse (no património do doador), e, por outro lado, que tivesse gerado riqueza no património do donatário. A doação de bens deterioráveis ainda pode ser fonte da obrigação de alimentos.

11.2.5.1. Pode parecer difícil que a doação de bens deterioráveis ainda seja fonte da obrigação de alimentos. Mas, pense-se que um empresário de roupa doa determinada quantidade dos seus produtos: aumentou o património do donatário, diminuindo o seu, o que poderá vir a mostrar-se necessário para o seu sustento, em determinada altura. E, apesar de não interessar a quantidade doada, porque o *quantum* da obrigação também está por ela limitado, pense-se que esse empresário doe periodicamente produtos do seu comércio, duas vezes por ano, por exemplo, ao longo de vários anos.

11.2.6. Assim, uma doação de dinheiro, que o donatário reteve no banco, gerando juros, ou que gastou na compra de bens, que têm de se inscrever no seu activo, imobiliário ou mobiliário, é fonte da obrigação de prestar alimentos para este em favor do doador, quer por obedecer aos requisitos estabelecidos na lei, quer porque a lei não faz distinções.

Tal solução, em nosso sentir, incabível no Direito brasileiro por falta de previsibilidade legal[26], afigura-se razoável, por incutir

---

[26] No Direito brasileiro, veremos abaixo, optou-se pela possibilidade de revogação da doação, ocorrente na hipótese de o donatário, podendo, negar os alimentos ao doador (art. 557, IV, do CC). Situação peculiar fora enfrentada pelo Tribunal de São Paulo. Não cumprida a promessa feita por pastor da sua Igreja, o doador, que havia transferido em liberalidade o valor do seu carro vendido, conseguiu invalidar o próprio

o princípio do solidarismo na relação negocial derivada da doação,

---

negócio jurídico, reavendo o bem: "*O milagre não veio. Igreja tem de devolver doação a fiel arrependido* – por Fernando Porfírio. A Justiça condenou a Igreja Universal do Reino de Deus a devolver R$ 2 mil, acrescidos de juros e correção monetária, desde janeiro de 1999, para um fiel arrependido da doação. A decisão, inédita, é da 4ª Câmara de Direito Privado do Tribunal de Justiça de São Paulo. Os desembargadores entenderam que o motorista Luciano Rodrigo Spadacio foi induzido em erro, com a promessa de que se entregasse o dinheiro à Igreja sua vida iria melhorar. 'O aconselhamento acabou por induzir o apelante, que vinha a sofrer algum tipo de influência, a praticar ato por ele efetivamente não desejado', decidiu o relator, desembargador Jacobina Rabello. Para o desembargador, a conduta esperada pela sociedade por parte de alguém que se denomina pastor seria aquela de orientação espiritual. O caso de Luciano, hoje com 27 anos, começou em 1º de janeiro de 1999, quando foi abordado por um pastor da Igreja Universal do Reino de Deus. O pastor, de nome Márcio, convenceu Luciano a se desfazer de seus bens materiais e entregar o que arrecadou para a Universal. O motorista caiu na conversa e foi lá vender seu único bem, um Del Rey. Conseguiu R$ 2,6 mil e entregou tudo ao pastor. O sacrifício estava feito, faltava a recompensa. Dias depois, Luciano se arrependeu, percebendo que foi vítima da fragilidade e do desespero por conta das dificuldades financeiras. Correu ao banco e conseguiu sustar um dos cheques (de R$ 600) que entregara ao pastor. A mesma sorte não teve com o segundo, de R$ 2 mil. Alegando ser vítima de gozações e chacotas, o motorista entrou com ação de indenização, por danos morais e materiais. Em primeira instância, a Justiça não reconheceu o direito de Luciano de ter o dinheiro de volta. O juiz Carlos Eduardo Lora Franco, da 1ª Vara de General Salgado (município localizado a 556 quilômetros da capital paulista), entendeu que o motorista não provou que passou por transtornos financeiros, nem que a doação teria ocorrido por força de erro ou por culpa do pastor da Igreja Universal. O motorista bateu às portas do Tribunal de Justiça paulista contestando a sentença. Afirmou que ficou comprovado no processo que a suposta doação não foi espontânea, mas induzida pela promessa de melhoria financeira feita pelo pastor da Universal. O relator, desembargador Jacobina Rabello, destacou, ainda, que não se justifica enriquecimento sem causa de uma parte em desfavor da outra. 'A indução do autor em erro se revelou manifesta no caso, quer pelas condições em que se deu, quer pela extensão do risco a que se expôs', completou. O desembargador Carlos Teixeira Leite, um dos julgadores do recurso, argumentou que se a especialmente considerando que, no caso sob análise, o donatário, segundo o julgado, teria multiplicado o benefício patrimonial recebido.

Aliás, a natureza bastante peculiar desse contrato, que se notabiliza precisamente pelo fato de o donatário experimentar um benefício sem obrigação correspondente, aconselha a adoção da providência lusitana. Assim, caso o doador houvesse se despojado de bens ou valores necessários para a sua sobrevivência, e, de sua parte, o donatário tivesse multiplicado o que recebeu, nada mais justo que se solidarizasse com o seu benfeitor, amparando-o materialmente.

Mas, note-se, em conclusão a tudo que se expôs, que essa solução pretoriana culmina por também relativizar a *gratuidade* da doação, a exemplo do que verificamos na doação onerosa.

---

preocupação da Igreja era a de dar início a uma nova fase na vida do fiel, com a melhora da sua precária situação econômica, melhor seria que a Universal devolvesse logo o dinheiro por conta do arrependimento de Luciano. A 4ª Câmara de Direito Privado, no entanto, não acolheu o pedido de Luciano na parte que reclamava indenização por danos morais. Para os desembargadores, o motorista não conseguiu provas de que por conta do caso sofreu chacotas e gozações. 'Determinadas condutas acabam necessariamente virando causa de comentários', afirmou o relator" (*Consultor Jurídico*, 9 set. 2007, <http://conjur.estadao.com.br/static/text/59271,1#null>).

4

Aceitação da Doação (e a peculiar situação da doação *intuitu familiae*)

Ao apresentar a proposta de doação, espera-se que o donatário expressamente se manifeste, aquiescendo ou repudiando a oferta do doador.

Por ser *negócio bilateral na origem*, somente após a aceitação do donatário o consentimento se forma, dando origem ao contrato.

Pode acontecer que o doador, por cautela, cuide de assinar-lhe prazo de manifestação, a teor do art. 539 do Código Civil, sob pena de o seu silêncio traduzir aceitação, caso se trate de doação pura:

> Art. 539. O doador pode fixar prazo ao donatário, para declarar se aceita ou não a liberalidade. Desde que o donatário, ciente do prazo, não faça, dentro dele, a declaração, entender-se-á que aceitou, *se a doação não for sujeita a encargo*. (grifamos)

Ressalte-se que, cuidando-se de doação sem encargo (pura), estaríamos diante de uma situação peculiar, em que o *silêncio* de uma das partes produzirá efeito aquisitivo de direito. Esse prazo, como se depreende da leitura da norma, ficará a critério do doador, segundo a sua autonomia de vontade.

No que tange ao *silêncio*, é bom que se advirta quanto à falsa perspectiva a que pode ser induzido o jurista, imaginando tratar-se de uma abstenção sem efeitos na órbita do Direito. Claro está que situações existirão em que tal assertiva poderá até ser verdadeira.

Em inúmeras outras, entretanto, o Direito Positivo reconhece efeitos jurídicos ao silêncio:

O Direito Romano, repleto de formalidades e fórmulas sacramentais, em diversos momentos atribuía ao silêncio sentido jurídico. "Normalmente", adverte CAIO MÁRIO, "o silêncio é nada, e significa a abstenção de pronunciamento da pessoa em face de uma solicitação ambiente. Via de regra, o silêncio é a ausência de manifestação de vontade, e, como tal, não produz efeitos." A par desse correto entendimento, há situações em que a abstenção do agente ganha juridicidade. No caso do mandato, por exemplo, o silêncio implicará aceitação, quando o negócio é daqueles que diz respeito à profissão do mandatário, resultando do começo de execução (art. 659 do CC/2002). Também na doação pura, o silêncio no prazo fixado significa aceitação (art. 539 do CC/2002). O Código Civil de 2002 empresta maior valor jurídico ao silêncio, quando, em seu art. 111, elaborado à luz de dispositivos semelhantes dos Projetos de Código de Obrigações de 1941 e 1965, dispõe que: "Art. 111. O silêncio importa anuência, quando as circunstâncias ou os usos o autorizarem, e não for necessária a declaração de vontade expressa". Aproximando-se da intelecção desta regra, SERPA LOPES, citado por SÍLVIO DE SALVO VENOSA, já aconselhava, corretamente, que, em cada caso, deverá o juiz examinar as circunstâncias do silêncio: "é preciso tomar-se em conta a convicção inspirada na outra parte de que a ação negativa do silente foi no sentido de ter querido seriamente obrigar-se". Também no plano da validade do negócio jurídico, o silêncio tem relevância, caracterizando omissão dolosa (causa de anulabilidade do negócio jurídico), quando, nos atos bilaterais, for intencionalmente empregado para prejudicar a outra parte, que, se soubesse da real intenção do agente, não haveria celebrado a avença (art. 147 do CC/2002). Nesse sentido, transcrevemos o art. 147 do CC/2002, para melhor fixação do tema: "Art. 147. Nos negócios jurídicos bilaterais, o silêncio intencional de uma das partes a respeito de fato ou qualidade que a outra parte haja ignorado, constitui omissão dolosa, provado que sem ela o negócio não se teria celebrado"[1].

Não devemos, outrossim, confundir essa modalidade de aceitação presumida, decorrente de uma abstenção do donatário (silêncio), com a hipótese em que, embora não haja expressamente aquiescido, haja realizado atos compatíveis com a ideia de aceitar (providenciou a limpeza do bem doado, pagou tributos referentes ao mesmo, fez orçamentos para a sua melhoria etc.), caso em que estaríamos diante de uma modalidade de *aceitação tácita*, perfeitamente possível, a nosso ver.

Nesse mesmo sentido, DARCY BESSONE:

> Cumpre, inicialmente, ter-se em vista que o silêncio não pode ser confundido com a manifestação tácita ou implícita. Vivante adverte que "a voz silêncio compreende o silêncio de palavras e de fatos, isto é, a inação". Assim, quando Massé diz que quem guarda silêncio, não diz não, mas também não diz sim, deve-se entender que a abstenção de palavras deve ser acompanhada da abstenção de atos ou fatos, porque, de outro modo, a manifestação tácita, isto é, a que se inferisse de atos ou fatos que não comportassem outra explicação, caracterizar-se-ia. Então, o silêncio somente se configura quando haja abstenção completa, tanto de palavras, como de atos ou fatos[2].

Assim sendo, chegamos à conclusão de que a aceitação da doação poderá ser *expressa*, *tácita* ou *presumida* (art. 593).

Note-se, porém, que a lei dispensa a capacidade do aceitante como requisito inafastável de validade.

---

[1] GAGLIANO, Pablo Stolze; PAMPLONA FILHO, Rodolfo. *Novo curso de direito civil:* parte geral. 25. ed. São Paulo: SaraivaJur, 2023, v. 1, p. 393.

[2] BESSONE, Darcy. *Do contrato*: teoria geral. São Paulo: Saraiva, 1997, p. 118-119.

Indiscutível, pois, que o *doador* seja pessoa capaz, não obstante possam concorrer impedimentos específicos, em determinadas situações, caracterizando o que a doutrina chamou de *ilegitimidade,* como a hipótese do sujeito casado que, mesmo dotado de capacidade, pretenda doar um bem à sua concubina.

A lei permite, contudo, especificamente no que tange ao *donatário,* que possam ser beneficiadas pessoas absolutamente incapazes (art. 543), ou, até mesmo, o próprio nascituro (art. 542), o que reforça, neste último caso, a tese sustentada pelos adeptos da *teoria concepcionista,* no sentido de que o nascituro já seria considerado pessoa, e não mero "ente potencial" com expectativa de direitos[3].

Em nosso pensar, entretanto, no caso do absolutamente incapaz, ele deverá estar devidamente representado, no ato da doação[4], o mesmo valendo para o nascituro, sendo que, nesta

---

[3] E ainda que se adote a teoria natalista, não se poderia negar os benefícios, inclusive patrimoniais, previstos pela lei. Aliás, mesmo em outros Estados do mundo, vê-se a preocupação da doutrina no sentido de subministrar meios de efetiva tutela do nascituro, sem prejuízo do desenvolvimento científico. Leia-se, nesse ponto, interessante trecho do pensamento de JAIME VIDAL MARTÍNEZ, comentando aspectos referentes ao nascituro no Direito espanhol: "A nuestro entender, el (ser humano) concebido y no nacido, al que se refiere nuestro Código Civil es, evidentemente, un ser que vive para nacer. Sin olvidar que el nacimiento determina la personalidad, hay que incluir esa posibilidad de nacer entre 'lo favorable' aludido en el texto legal como un presupuesto lógico y ontológico. Y todo ello – conviene tener presente este punto – 'a los efectos civiles', lo qual no excluye posibles consecuencia en otros campos, como el penal o del derecho administrativo" (*Las nuevas formas de reproducción humana*: estudio desde la perspectiva del derecho civil español. Universidad de Valencia: Ed. Civitas, 1988, p. 164).

[4] E se não houver a intervenção do representante, na doação feita ao absolutamente incapaz? Solução bem ponderada e adequada, eis que estamos diante de uma doação pura, é apresentada pelo talentoso jurista

hipótese, poder-se-ia falar também em curatela[5], quando lhe faltar o representante legal.

De referência ao nascituro, ainda, vale notar que, caso não nasça com vida, a estipulação negocial quedará prejudicada e sem efeito, permanecendo o bem no patrimônio do doador.

Vale ainda acrescentar que o Código admite que a doação seja feita em favor de "entidade futura", a teor do seu art. 554:

Art. 554. A doação a entidade futura caducará se, em dois anos, esta não estiver constituída regularmente.

Se a pessoa jurídica beneficiária – imagine, por exemplo, a doação feita a uma futura associação de proteção aos animais – não se constituir no prazo decadencial de dois anos a contar da data da doação, esta perderá eficácia por conta da caducidade.

De fato, há, no caso, uma doação sujeita a condição suspensiva (a constituição do ente beneficiário), como bem observa FLÁVIO TARTUCE:

MAURÍCIO BUNAZAR: "O Código Civil de 2002 manteve a tradição do sistema jurídico brasileiro de qualificar de inválidos (nulos ou anuláveis) os atos jurídicos praticados pelos incapazes sem a intervenção representativa ou assistencial dos representantes legais. Porém, em matéria de doação aos incapazes, a solução alemã fornece alguns subsídios que podemos aproveitar. Isso porque é inegável que, diferentemente dos demais negócios jurídicos, a doação feita ao absolutamente incapaz não será considerada inválida por ausência de participação do representante do incapaz, cabendo a ele, quando muito, pleitear, sempre no interesse do incapaz, o desfazimento da doação no plano da eficácia" (BUNAZAR, Maurício. Interpretação das regras do Código Civil brasileiro sobre a doação para incapazes. In: *Direito civil – estudos em homenagem a José de Oliveira Ascensão*. Direito Privado. José Fernando Simão e Silvio Romero Beltrão (Coords.). São Paulo: Atlas, 2015, v. 2, p. 119-130).

[5] Sobre a curatela do nascituro, dispõe o art. 1.779 do Código Civil: "Art. 1.779. Dar-se-á curador ao nascituro, se o pai falecer estando grávida a mulher, e não tendo o poder familiar. Parágrafo único. Se a mulher estiver interdita, seu curador será o do nascituro".

A lei possibilita a doação a uma pessoa jurídica que ainda não exista, condicionando a sua eficácia à regular constituição da entidade, nos termos do art. 554 do CC em vigor. Se a entidade não estiver constituída no prazo de dois anos contados da efetuação da doação, caducará essa doação. A utilização da expressão "caducará" pelo dispositivo deixa claro que o prazo referido no dispositivo é decadencial. Há, na espécie, uma doação sob condição suspensiva (...)[6].

Por fim, situação peculiar se dá quando realizada a doação "a um santo".

Nesse caso, a interpretação mais razoável – já albergada, inclusive, pelo STJ – é no sentido de se considerar como donatária/beneficiária a própria Igreja:

> CIVIL E PROCESSUAL CIVIL. AÇÃO DE ANULAÇÃO DE RETIFICAÇÃO DE ÁREA.
>
> PRETENSA ANULAÇÃO DE TÍTULO AQUISITIVO DE PROPRIEDADE. DOAÇÃO FEITA A SÃO SEBASTIÃO. PRESUNÇÃO DE DOAÇÃO FEITA À IGREJA. LEGITIMIDADE DE PARTE. MITRA DIOCESANA COMO REPRESENTANTE DA DIOCESE. SENTENÇA PROFERIDA EM PROCEDIMENTO DE JURISDIÇÃO VOLUNTÁRIA. COISA JULGADA FORMAL. DESCABIMENTO DE AÇÃO RESCISÓRIA.
>
> 1. A doação a santo presume-se feita à igreja uma vez que, nas declarações de vontade, atender-se-á mais à intenção nelas consubstanciada do que ao sentido literal da linguagem (inteligência do art. 112 do Código Civil de 2002).
>
> 2. "A Mitra Diocesana é, em face do Direito Canônico, a representante legal de todas as igrejas católicas da respectiva diocese" (RE n. 21.802/ES), e o bispo diocesano, o representante da diocese para os negócios jurídicos em que se envolva (art. 393 do Código Canônico).

---

[6] TARTUCE, Flávio. *Manual de direito civil*. 7. ed. São Paulo: Gen, 2017, p. 788.

3. A sentença prolatada em procedimento de jurisdição voluntária produz coisa julgada meramente formal, tornando descabida a ação rescisória (art. 485 do CPC) para alterá-la.

4. Recurso especial desprovido (REsp 1.269.544/MG, rel. Min. João Otávio de Noronha, 3ª T., j. 26-5-2015, DJe 29-5-2015).

Muito bem-posta a fundamentação do eminente ministro relator, no sentido de se considerar como vetor interpretativo preponderante a **intenção** do doador.

Por fim, merece reflexão a peculiar situação da doação *intuitu familiae*.

A dinâmica comum e natural da doação é no sentido de que, ao aceitar, o próprio donatário é o beneficiário da liberalidade.

Pode-se colher, todavia, na jurisprudência, situação em que fora reconhecido que a doação beneficiaria, globalmente, o próprio núcleo familiar.

Poderíamos, nesse ponto, fazer um paralelo com os alimentos globais do Direito de Família, sobre os quais escreveu FLÁVIO TARTUCE:

> Yussef Said Cahali foi um dos primeiros juristas a analisar a categoria, demonstrando sua origem na criação jurisprudencial brasileira. Pondera o ex-magistrado e professor a respeito do instituto que "a pensão do marido à mulher e aos filhos pode ter sido fixada englobadamente, sem que isto represente óbice à homologação do acordo"1. Em complemento, de acordo com as lições de Rolf Madaleno, "alimentos *intuitu familiae* são aqueles arbitrados, ou acordados de forma global, para todo o grupo familiar, sem pormenorizar e separar as quotas de cada integrante da célula familiar, destinatária coletiva da pensão alimentar. O montante dos alimentos é estabelecido em prol de todos os familiares, e quando um deles deixa de ser credor dos alimentos pode até ocorrer uma pequena redução da pensão, mas não uma divisão proporcional ao número de alimentandos, sucedendo, se for o caso, um ajuste com a simples readequação do valor dos alimentos" 2. Maria Berenice Dias

também aborda o instituto, expondo o caráter global de sua fixação, "sem individualizar a proporção de cada beneficiário. Normalmente são estipulados em benefício da entidade familiar – ex-mulher e filhos –, sem ser indicado o percentual em favor de cada um deles"[7].

Desse modo, na linha da doutrina exposta, a fixação dos alimentos com intuito familiar (*intuitu familiae*) tem como escopo atender às finalidades de determinado grupo de pessoas que compõe a entidade familiar.

Confira-se, pois, nessa linha, acórdão do Tribunal de Justiça de Minas Gerais, que faz expressa menção à doação *intuitu familiae*, ou seja, aquela que, no plano jurídico-contratual, beneficiaria globalmente a entidade familiar:

EMENTA: APELAÇÃO CÍVEL – DIVÓRCIO – IMPOSSIBILIDADE DE PARTILHA DE IMÓVEL OBJETO DE DOAÇÃO – PRINCÍPIO DA NÃO SURPRESA – VIOLAÇÃO AO ARTIGO 10 DO CPC – REJEIÇÃO – DOAÇÃO – *INTUITO FAMILAE* – DIVISÃO DO IMÓVEL – BENFEITORIAS – MEAÇÃO RECONHECIDA – DIREITO REAL DE HABITAÇÃO – MATÉRIA NÃO ARGUIDA ANTERIORMENTE – INOVAÇÃO RECURSAL – NÃO CONHECIMENTO.

– Em atenção ao princípio da não surpresa e confiança materializados pelo art. 10 do CPC, salvo em casos de urgência, o magistrado não pode decidir com base em fundamento do qual as partes não tenham tido oportunidade de manifestar. Contudo, não viola o art.10 do CPC a sentença que se fundamenta em fatos e alegações deduzidas na inicial e na contestação.

– A doação do imóvel por município a famílias carentes, se dá com fundamento no princípio da função social da propriedade, cuja finalidade é de assegurar o direito de habitação e desenvolvimento da entidade familiar, sendo a na-

---

[7] TARTUCE, Flávio. *Da controversa categoria dos alimentos intuitu familae ou globais*. Disponível em: https://www.migalhas.com.br/coluna/familia-e-sucessoes/231517/da-controversa-categoria-dos-alimentos--intuitu-familiae-ou-globais. Acesso em: 26 jun. 2023.

tureza da doação em casos que tais "intuitu familae", isto é, em prol da entidade familiar e não individualmente a um dos cônjuges, o que importa em reconhecimento do direito de partilha em benefício de ambos os cônjuges e não só daquele que formalmente recebeu a doação durante o casamento.

– As benfeitorias erguidas no imóvel doado devem ser partilhadas entre o casal.

– O pedido de concessão do direito real de habitação não foi formulado expressamente e nem fundamentado, com o que a sua formulação em apelação se mostra vedada, sob pena de constituir supressão de instância e inovação recursal.

Recurso conhecido em parte, rejeitada a preliminar e negado provimento (TJMG – Apelação Cível 1.0000.21.195167-8/003, Relator(a): Des.(a) Paulo Rogério de Souza Abrantes (JD Convocado), 4ª Câmara Cível Especializada, julgamento em 15-6-2023, publicação da súmula em 16-6-2023). (grifamos)

Claro que há, no caso, algumas especificidades, a exemplo de a liberalidade provir de um ente público, tendo em vista a função social da propriedade e o próprio direito constitucional à moradia.

Mas, ainda assim, a figura jurídica em questão é um contrato de doação, que, segundo o entendimento do Tribunal, visava a beneficiar o próprio núcleo familiar, globalmente considerado.

Note-se, por fim, que, como mencionado no julgado, a operação negocial poderia ser compreendida, *ultima ratio*, como uma doação em benefício de ambos os cônjuges, embora o seu escopo fosse mais amplo.

5

Doação *Mortis Causa* (e reflexões sobre a conversão substancial da doação)

Delicado problema diz respeito à admissibilidade da doação *mortis causa*, aquela em que o disponente prevê a transferência de bem(ns) do seu patrimônio, a título gratuito, para depois da sua morte.

Analisando detidamente essa figura, somos pela sua *inadmissibilidade*.

Isso porque, se atentarmos para o nosso sistema sucessório de normas, concluiremos que, para o atendimento desse tipo de desiderato, o legislador previu um instituto jurídico específico: o *testamento*.

Trata-se, pois, este último, de negócio jurídico unilateral, essencialmente revogável[1] e solene, pelo qual o autor da herança (testador) dispõe acerca da transmissibilidade dos seus bens para depois da sua morte.

Poderá, fundamentalmente, na forma da lei civil, adotar uma das seguintes formas:

Testamentos ordinários (art. 1.862):

I – público;

---

[1] Poderá, entretanto, conter cláusula irrevogável, a exemplo da que opera o reconhecimento da filiação.

II – cerrado;

III – particular.

Testamentos especiais (art. 1.886):

I – marítimo;

II – aeronáutico;

III – militar.

Observe-se, ademais, que do art. 1.857 ao art. 1.990 deparamos com uma exaustiva regulamentação da *sucessão testamentária*, sobretudo por meio de normas cogentes e de ordem pública (referentes não apenas à elaboração, como também à execução do testamento), tudo levando a crer que, em nosso Direito Positivo, a transmissibilidade do patrimônio *post mortem* somente poderá dar-se por esta via, em prol da segurança e do respeito à última vontade do testador.

Concluímos, assim, pela inadmissibilidade da doação para depois da morte do doador, figura que, diga-se, carece de previsibilidade legal[2].

Ressalvamos, porém, a possibilidade de a doação *mortis causa* vir a ser aproveitada como legado, para beneficiar um

---

[2] Vale observar que a tradicional "doação *propter nuptias*", para depois da morte do doador, desapareceu do nosso sistema, uma vez que o novo diploma civil não repetiu a dicção do art. 314 do Código anterior, que lhe dava sustentação: "Art. 314. As doações estipuladas nos contratos antenupciais, para depois da morte do doador, aproveitarão aos filhos do donatário, ainda que este faleça antes daquele. Parágrafo único. No caso, porém, de sobreviver o doador a todos os filhos do donatário, caducará a doação". Admite-se, no entanto, a teor do art. 546, a doação em contemplação de casamento futuro: "Art. 546. A doação feita em contemplação de casamento futuro com certa e determinada pessoa, quer pelos nubentes entre si, quer por terceiro a um deles, a ambos, ou aos filhos que, de futuro, houverem um do outro, não pode ser impugnada por falta de aceitação, e só ficará sem efeito se o casamento não se realizar".

legatário, por exemplo, se contiver os requisitos de validade deste último ato.

Outra não é a diretriz do Código Civil espanhol:

Art. 620. Las donaciones que hayan de producir sus efectos por muerte del donante participan de la naturaleza de las disposiciones de última voluntad, y se regirán por las reglas establecidas para la sucesión testamentaria.

Na mesma linha, o Código Civil português:

Art. 946º 1. É proibida a doação por morte, salvo nos casos expressamente previstos em lei.

Art. 946º 2. Será, porém, havida como disposição testamentária a doação que houver de produzir os seus efeitos por morte do doador, se tiverem sido observadas as formalidades dos testamentos.

Esse "aproveitamento" torna-se possível em virtude de uma medida sanatória do negócio jurídico denominada *conversão substancial*, agasalhada pelo art. 170 do Código Civil.

A conversão substancial do negócio jurídico é tema fascinante, que deve ser compreendido à luz do princípio da conservação dos negócios jurídicos[3].

Nas palavras do grande Prof. ANTONIO JUNQUEIRA DE AZEVEDO,

Conversão do negócio jurídico (conversão substancial) é o ato pelo qual a lei ou o juiz consideram um negócio, que é nulo, anulável ou ineficaz, como sendo de tipo diferente do efetivamente realizado, a fim de que, através desse artifício, ele seja considerado válido e possam se produzir pelo menos alguns dos efeitos manifestados pelas partes como queridos.

---

[3] "O princípio da conservação do negócio jurídico, também conhecido como *favor negotii*, representa a tutela que o ordenamento jurídico confere aos negócios jurídicos concretos" (BUNAZAR, Maurício. *A invalidade do negócio jurídico*. 2. ed. São Paulo: Revista dos Tribunais, 2022, p. 177).

(...)

A conversão, em sentido próprio, é, pois, esse fenômeno pelo qual um negócio, que, dentro do tipo em que foi concebido, é nulo ou anulável ou ineficaz, vale, por um artifício da lei ou do intérprete, como negócio de tipo diverso. A conversão obedece a uma orientação comum a diversos institutos da teoria das nulidades em geral, isto é, ao princípio da conservação, pelo qual, sempre que possível, devem o legislador e o juiz evitar que deixem de se produzir os efeitos de um negócio realizado[4].

Sobre esse tema, já escrevemos:

A conversão, figura muito bem desenvolvida pelo Direito Processual Civil, constitui, no Direito Civil, à luz do princípio da conservação, uma importante medida sanatória dos atos nulo e anulável. Deve-se mencionar, nesse ponto, que, a despeito de a conversão poder ser invocada para os atos anuláveis, seu maior campo de aplicação, indiscutivelmente, é na seara dos atos nulos, uma vez que os primeiros admitem confirmação, o que não é possível para os últimos. É bom que se diga que o Código Civil de 1916, nesse particular, diferentemente do Código Civil Alemão (BGB)[5], não consagrou, em norma expressa, a conversão substancial do negócio jurídico. O Novo Código Civil, por sua vez, colocando-se ao lado dos ordenamentos jurídicos mais modernos, admitiu a medida para os negócios jurídicos nulos: "Art. 170. Se o negócio jurídico nulo contiver os requisitos de outro, subsistirá este quando o fim a que visavam as partes permitir supor que o teriam querido, se houvessem previsto a nulidade". Nesse contexto, o Professor MARCOS BERNARDES DE MELLO define esta medida conservatória nos seguintes termos: "consiste no expediente técnico de aproveitar-

---

[4] AZEVEDO, Antônio Junqueira de. A conversão do negócio jurídico: seu interesse teórico e prático, USP (E-disciplinas). Disponível em: https://edisciplinas.usp.br/pluginfile.php/4420286/mod_resource/content/0/PROFESSOR%20JUNQUEIRA%20-%20A%20CONVERS%C3%83O%20DOS%20NEG%C3%93CIOS%20JUR%C3%8DDICOS.pdf. Acesso em: 26 jun. 2023.

[5] No BGB, a respeito da conversão, cf. o § 140.

-se como outro ato jurídico válido aquele inválido, nulo ou anulável, para o fim a que foi realizado". CARLOS ALBERTO BITTAR, por seu turno, com acuidade, afirma que a "conversão é, pois, a operação pela qual, com os elementos materiais de negócio nulo ou anulado, se pode reconstituir outro negócio, respeitadas as condições de admissibilidade. Cuida-se de expediente técnico que o ordenamento põe à disposição dos interessados para imprimir expressão jurídica a manifestações de vontade negocial, não obedientes, no entanto, a pressupostos ou a requisitos". JOÃO ALBERTO SCHUTZER DEL NERO, em sua excelente tese de doutoramento Conversão Substancial do Negócio Jurídico, posteriormente convertida em obra jurídica, adverte que GIUSEPPE SATTA, na Itália, assim define a conversão: "na linguagem comum, entende-se por conversão o ato por força do qual, em caso de nulidade do negócio jurídico querido principalmente, abre-se às partes o caminho para fazer valer outro, que se apresenta como que compreendido no primeiro e encontra nos escombros (*rovine*) deste os requisitos necessários para a sua existência, de que seriam exemplos: a) uma venda simulada, que poderia conter os requisitos de uma doação; e b) um ato público nulo, que poderia conter os requisitos de uma escritura privada". Trata-se, portanto, de uma medida sanatória, por meio da qual aproveitam-se os elementos materiais de um negócio jurídico nulo ou anulável, convertendo-o, juridicamente, e de acordo com a vontade das partes, em outro negócio válido e de fins lícitos. Retira-se, portanto, o ato negocial da categoria em que seria considerado inválido, inserindo-o em outra, na qual a nulidade absoluta ou relativa que o inquina será considerada sanada, à luz do princípio da conservação. Nesse diapasão, atente-se para a advertência de KARL LARENZ, no sentido de que não se admite a conversão se o negócio perseguido pelas partes persegue fins imorais ou ilícitos. A conversão exige, para a sua configuração, a concorrência dos seguintes pressupostos: a) material – aproveitam-se os elementos fáticos do negócio inválido, convertendo-o para a categoria jurídica do ato válido; b) imaterial – a intenção dos declarantes é direcionada à obtenção da conversão negocial, e consequente recategorização jurídica do negócio inválido. Podem-se apontar alguns exemplos de conversão substancial: a nota promissória nula por inobservância dos requisitos legais de validade é aproveitada como confissão de dívida; a doação "mortis causa", inválida segundo boa parte da doutrina brasileira, converte-se em legado, desde que respeitadas as normas de sucessão testamentária, e segundo a vontade do falecido; o contrato de compra e venda de imóvel valioso, firmado em instrumento particular, nulo de pleno direito por vício de forma, converte-se em promessa irretratável de compra e venda, para a qual não se exige a forma pública[6].

Esse aproveitamento, todavia, somente será possível se, observados os elementos da conversão (material e imaterial) – extraídos da figura inválida (doação *mortis causa*) –, estiverem também configurados os requisitos do ato final convertido (testamento), a exemplo do número de testemunhas e da capacidade do declarante (testador).

Interessante julgado do Superior Tribunal de Justiça admitiu o aproveitamento, por meio da conversão substancial, de uma doação (inválida) em contrato de empréstimo de dinheiro (mútuo):

CIVIL. RECURSO ESPECIAL. CONTRATO DE DOAÇÃO. AUSÊNCIA DE SOLENIDADE ESSENCIAL. PRODUÇÃO DE EFEITOS. CONVERSÃO DO NEGÓCIO JURÍDICO NULO. PRINCÍPIO DA CONSERVAÇÃO DOS ATOS JURÍDICOS. CONTRATO DE MÚTUO GRATUITO. ART. ANALISADO: 170 DO CC/02.

1. Ação de cobrança distribuída em 13-4-2006, da qual foi extraído o presente recurso especial, concluso ao Gabinete em 13-1-2011.

2. Cinge-se a controvérsia a decidir a natureza do negócio jurídico celebrado entre a recorrente e sua filha, e se a primeira possui legitimidade e interesse de agir para pleitear, em ação de cobrança, a restituição do valor transferido à segunda.

---

[6] GAGLIANO, Pablo Stolze; PAMPLONA FILHO, Rodolfo. *Novo curso de direito civil:* parte geral. 25. ed. São Paulo: SaraivaJur, 2023, v. 1, p. 438-441.

3. O contrato de doação é, por essência, solene, exigindo a lei, sob pena de nulidade, que seja celebrado por escritura pública ou instrumento particular, salvo quando tiver por objeto bens móveis e de pequeno valor.

4. A despeito da inexistência de formalidade essencial, o que, *a priori*, ensejaria a invalidação da suposta doação, certo é que houve a efetiva tradição de bem móvel fungível (dinheiro), da recorrente a sua filha, o que produziu, à época, efeitos na esfera patrimonial de ambas e agora está a produzir efeitos hereditários.

5. Em situações como essa, o art. 170 do CC/02 autoriza a conversão do negócio jurídico, a fim de que sejam aproveitados os seus elementos prestantes, considerando que as partes, ao celebrá-lo, têm em vista os efeitos jurídicos do ato, independentemente da qualificação que o Direito lhe dá (princípio da conservação dos atos jurídicos).

6. Na hipótese, sendo nulo o negócio jurídico de doação, o mais consentâneo é que se lhe converta em um contrato de mútuo gratuito, de fins não econômicos, porquanto é incontroverso o efetivo empréstimo do bem fungível, por prazo indeterminado, e, de algum modo, a intenção da beneficiária de restituí-lo.

7. Em sendo o negócio jurídico convertido em contrato de mútuo, tem a recorrente, com o falecimento da filha, legitimidade ativa e interesse de agir para cobrar a dívida do espólio, a fim de ter restituída a coisa emprestada.

8. Recurso especial parcialmente conhecido e, nessa parte, provido.
(REsp n. 1.225.861/RS, relatora Ministra Nancy Andrighi, Terceira Turma, julgado em 22-4-2014, *DJe* de 26-5-2014.)

Comentando o julgado, escrevem DANIEL CARNAÚBA e GHILHERME REINIG:

A tese sagrada no acórdão do REsp 1.225.861/RS, proferido pela 3ªT. do STJ em 22-4-2014, parece, em princípio, bastante singela: uma doação nula, em razão de um vício de forma, notadamente, a ausência de instrumento público ou particular exigido em lei. Ato contínuo, com fulcro no art. 170 do CC/2002 e no princípio da conservação dos negócios jurídicos, a doação inválida é convertida judicialmente em mútuo gratuito; negócio real, cujas formalidades estariam contempladas pela conduta das partes.

(...)

Os fatos remontam a 1991, quando a autora realizou uma liberalidade em favor de sua filha, com o fim de custear despesas médicas da neta. Com efeito, filha e neta haviam se envolvido em um grave acidente de trânsito e, para conseguir o dinheiro necessário ao tratamento desta última – uma terapia de custos elevados e que envolvia a colocação de prótese na criança – a autora precisou vender parte substancial (54 hectares) do imóvel rural que lhe pertencia. Ainda, a autora acolheu a neta e a filha em sua residência, tendo em vista que esta última encontrava-se separada do genitor da criança desde 1983.

O problema é que a doação não foi consubstanciada em qualquer instrumento escrito, público ou privado, como exigia o art. 1.168 do CC/1916, vigente à época, e como ainda exige o art. 541 do CC/2002.

Talvez por isso, e levando em consideração as repercussões da doação na eventual sucessão da doadora – que, ao que se sabe, tinha outra filha além da donatária, – a autora e a donatária assinaram em 1996 um instrumento denominado de "Contrato de compra e venda de direitos de herança". Qualificado de "pouco lógico e compreensível" pelos magistrados, o contrato previa, em poucas linhas, que "a donatária está firmando e desistindo por venda em seu benefício de 54,00 (cinquenta e quatro) hectares de terras que ela teria direito de sua mãe", o que fazia em razão de o preço da venda do imóvel haver lhe sido destinado.

Reside aí a triste ironia dos fatos: o acaso revelaria quão enganadas estavam as partes, que se ativeram ao pensamento comum de que a vida segue percurso determinado, em que mais jovens sobrevivem às gerações anteriores, tornando-se seus sucessores. Em verdade, foi a avó quem sobreviveu às suas descendentes. Filha e neta faleceram em dezembro de 2001 e fevereiro de 2006, respectivamente. Com a inversão do curso "natural" das coisas, o restante do dinheiro doado seguiria o caminho fatidicamente traçado pelo direito sucessório e seria revertido para o único e legítimo herdeiro da neta – o seu genitor. O problema é que o pai era grande desafeto da autora, que o acusava, inclusive, de ter abandonado materialmente a neta.

Inconformada, a avó ajuizou ação de cobrança em face do espólio de sua filha, requerendo a restituição de importância doada. Afirmava que o valor constituíra adiantamento de legítima, de sorte que, com a morte de sua filha, deveria ser restituído ao seu patrimônio[7].

De fato, situação julgada é extremamente peculiar.

Note-se que o seguinte trecho do julgado, reforçando a tese da conversão, permite-nos supor que, se as partes soubessem da nulidade, teriam anuído quanto ao negócio jurídico convertido (mútuo):

> Na hipótese, sendo nulo o negócio jurídico de doação, o mais consentâneo é que se lhe converta em um contrato de mútuo gratuito, de fins não econômicos, porquanto é incontroverso o efetivo empréstimo do bem fungível, por prazo indeterminado, e, de algum modo, a intenção da beneficiária de restituí-lo.

De certa maneira implica dizer que a própria causa contratual também é *ressignificada*, pois, embora não se confunda propriamente com a intenção das partes, não se pode negar que a finalidade ou função (elemento causal) da doação não é a mesma do mútuo[8].

---

[7] CARNAÚBA, Daniel Amaral; REINIG, Guilherme Henrique Lima. Nulidade da doação e conversão substancial do negócio jurídico: comentários ao acórdão do REsp 1.225.861/RS, *Revista de Direito Civil Contemporâneo*, 2014, RDCC 1, coord.: Otávio Luiz Rodrigues Jr., RT-Thomson Reuters.

[8] Sobre a causa, confira-se o item 2.2. do capítulo 2, desta obra.

Posto isso, nos próximos tópicos passaremos a enfrentar *modalidades especiais de doação*, dotadas de maior grau de complexidade.

6

Doação Inoficiosa

6.1. Introdução

A denominada doação inoficiosa é aquela que traduz violação da legítima dos herdeiros necessários.

O seu impacto no Direito das Sucessões é manifesto.

Muito interessante, nesse particular, é a explicação semântica dada por AGOSTINHO ALVIM acerca da palavra "inoficiosa":

> O pai, que doar excessivamente a um dos filhos ou a um estranho, peca contra o estado de pai, o dever, o ofício de pai.
>
> Por isso, a doação é inoficiosa (in, prefixo negativo).
>
> E só por isso as Ordenações consideravam inoficiosas certas doações feitas pelo nubente ou entre marido e mulher (...) quando excessivas em relação aos filhos do primeiro casamento.
>
> Mesmo tendo em vista a origem da palavra (*inofficiosus*: que não cumpre os deveres), o uso jurídico não tem ampliado o termo a outros casos semelhantes, como ficou dito.
>
> Assim, não se chama inoficiosa a doação do cônjuge à concubina, embora contrarie o dever de marido[1].

---

[1] ALVIM, Agostinho. *Da doação*, cit., p. 171.

Por herdeiros necessários entenda-se aquela classe de sucessores que têm, por força de lei, direito à parte legítima da herança (50%)[2].

Discorrendo sobre o tema, pontifica, com habitual precisão, FRANCISCO JOSÉ CAHALI:

> Por sua vez, a sucessão, no direito brasileiro, obedece ao sistema da divisão necessária, pelo qual a vontade do autor da herança não pode afastar certos herdeiros – herdeiros necessários –, entre os quais deve ser partilhada, no mínimo, metade da herança, em quotas ideais (CC, arts. 1.789, 1.845 e 1.846).
>
> Herdeiro necessário, assim, é o parente com direito a uma parcela mínima de 50% do acervo, da qual não pode ser privado por disposição de última vontade, representando a sua existência uma limitação à liberdade de testar. Esta classe é composta pelo cônjuge, descendentes e ascendentes do *de cujus* (CC, 1.845), sem limitação de graus quanto aos dois últimos (filhos, netos, bisnetos etc., e pais, avós, bisavós etc.). São os sucessores que não podem ser excluídos da herança por vontade do testador, salvo em casos específicos de deserdação, previstos em lei. Se não for este o caso, o herdeiro necessário terá resguardada sua parcela, caso o autor da herança decida fazer testamento, restringindo-se, desta forma, a extensão da parte disponível para transmissão de apenas metade do patrimônio do *de cujus*[3].

Para efeito de cálculo, entendemos que o valor da doação deve ser o do tempo da liberalidade[4].

---

[2] No Código Civil, são herdeiros necessários os *descendentes*, os *ascendentes* e o *cônjuge* (art. 1.845), aos quais se reconhece direito à metade dos bens da herança, a denominada parte legítima (art. 1.846).

[3] CAHALI, Francisco; HIRONAKA, Giselda Maria Fernandes Novaes. *Curso avançado de direito civil*: direito das sucessões. 2. ed. São Paulo: Revista dos Tribunais, 2003, v. 6, p. 57.

[4] Conferir o item 6.6. Aspectos sucessórios especiais envolvendo a doação inoficiosa: da colação (e a polêmica atinente ao cálculo do valor da liberalidade) deste capítulo.

Merece referência, nesse ponto, o seguinte entendimento do STJ:

> O excesso caracterizador da doação inoficiosa deve ser considerado no momento do ato de liberalidade, sendo irrelevante saber se os demais bens existentes nesse momento foram, ou não, efetivamente revertidos em favor dos herdeiros necessários após o falecimento do doador ou se os referidos bens compuseram, ou não, o acervo hereditário (REsp. 2.026.288/SP, *DJe* 20-4-2023).

Caso tenha havido doação anterior a um dos herdeiros legítimos, esta deverá ser computada, em havendo nova liberalidade, para efeito de se aferir se houve ou não violação da legítima, conforme já decidiu o STJ:

> CIVIL. PROCESSUAL CIVIL. RECURSO ESPECIAL. DOAÇÃO FEITA A ENTEADO. INOFICIOSIDADE. EXISTÊNCIA.
> I. A doação dos pais aos filhos importa adiantamento da legítima.
> II. Doação anterior, feita a herdeiros legítimos, deve ser computada como efetivo patrimônio do doador para efeitos de aferição de possível invasão da legítima, em nova doação, sob pena de se beneficiarem, os primeiros donatários, para além da primazia que já tiveram.
> III. Raciocínio diverso obrigaria o doador a praticar todos os atos de liberalidade que quisesse praticar em vida, ao mesmo tempo, ou ao revés, contemplar os herdeiros legítimos apenas ao final, sob risco de, pela diminuição patrimonial própria da doação, incorrer em doação inoficiosa.
> IV. Recurso provido (REsp 1.642.059/RJ, rel. Min. Nancy Andrighi, 3ª T., j. 15-12-2016, *DJe* 10-2-2017)

Em se tratando de *doações sucessivas*, "a redução deve operar retroativamente, a partir da última liberalidade", ensina PAULO DE TARSO SANSEVERINO, acrescentando:

> Em que pese a opinião contrária de CARLOS MAXIMILIANO (v. 3, n. 1.591, p. 415) no sentido de que a redução deve ser proporcional, predomina o entendimento no sentido de que a

redução deve partir da última doação (Agostinho Alvim, p. 191, e Pontes de Miranda, t. 46, p. 255).

O Código Civil de 2002, em seu art. 2.007, § 4º, expressamente acolheu o entendimento doutrinário majoritário nesse sentido: "sendo várias as doações a herdeiros necessários, feitas em diferentes datas, serão elas reduzidas a partir da última, até a eliminação do excesso".

Por exemplo, uma pessoa viúva tem cinco filhos e possui um patrimônio de R$ 1.000.000,00. Faz três doações sucessivas a entidades de caridade, de R$ 300.000,00, R$ 400.000,00 e R$ 100.000,00. A última doação é nula, enquanto a penúltima deve ser reduzida em R$ 200.000,00[5].

FLÁVIO TARTUCE, por sua vez, observa:

Constata-se, portanto, que a autorizada doutrina defende que, tratando-se de aferir se houve violação da legítima, devem ser consideradas todas as liberalidades realizadas, e não apenas o valor de cada doação, isoladamente considerada. Sigo a posição de se considerar da última doação até a primeira qual foi a que invadiu a legítima, reconhecendo-se a invalidade de todas aquelas que extrapolaram a quota dos herdeiros necessários[6].

Interessante notar também que a doação inoficiosa pode dar-se no bojo da partilha (em uma separação ou divórcio) ou até mesmo em caso de doação antenupcial.

No Superior Tribunal de Justiça, confiram-se os seguintes julgados:

CIVIL. DOAÇÕES INOFICIOSAS. DOAÇÃO ANTENUPCIAL E TESTAMENTO. VIOLAÇÃO DA LEGÍTIMA.

---

[5] SANSEVERINO, Paulo de Tarso Vieira. *Contratos nominados II* – Contrato estimatório, doação, locação de coisas, empréstimo (comodato-mútuo). Estudos em Homenagem ao Prof. Miguel Reale. Miguel Reale e Judith Martins-Costa (Coords.). 2. ed. São Paulo: Revista dos Tribunais, 2011, p. 139.
[6] TARTUCE, Flávio. *Direito civil – Teoria geral dos contratos e contratos em espécie*. 15. ed. São Paulo: Gen/Forense, 2020, v. 3, p. 418.

I. A parte *inoficiosa*, porque excedente da disponível, tem-se como nula a título de violação da legítima dos herdeiros necessários, por isso cabível é trazer à colação todos os bens da doação antenupcial e do testamento, para efeito do *cálculo* do que fica como liberalidade (disponível) e do que vai para o acervo partilhável (para os herdeiros necessários).

II. Recurso não conhecido (REsp 5.325/SP, rel. Min. Waldemar Zveiter, j. 20-11-1990).

SEPARAÇÃO CONSENSUAL. RECONHECIMENTO DE QUE HOUVE *DOAÇÃO INOFICIOSA*. PARTILHA QUE DEVE SER ANULADA. APLICAÇÃO DO ART. 1.776 DO CÓDIGO CIVIL. ART. 535 DO CPC. AUSÊNCIA DE OMISSÃO.

I. Se foi reconhecido que a partilha, em separação consensual, foi feita em desobediência à lei, caracterizando verdadeira *doação inoficiosa* em favor da esposa, a única conclusão lógica é de que ela deve ser refeita, para preservar os interesses das partes envolvidas. Devem ser trazidos à colação todos os bens que integravam o patrimônio do cônjuge falecido, antes da separação, para efeito do *cálculo* do que fica como liberalidade e do que vai para o acervo partilhável (para a herdeira necessária).

II. Ausente qualquer omissão no aresto recorrido capaz de fulminar-lhe de nulidade. Todas as questões importantes ao deslinde da controvérsia foram devidamente apreciadas e bem aplicado o direito à espécie.

III. Recurso não conhecido (REsp 154.948/RJ, rel. Min. Waldemar Zveiter, j. 19-2-2001).

DIREITO CIVIL E PROCESSUAL CIVIL. AÇÃO DECLARATÓRIA DE NULIDADE DE DOAÇÃO E PARTILHA. BENS DOADOS PELO PAI À IRMÃ UNILATERAL E À EX-CÔNJUGE EM PARTILHA. DOAÇÃO INOFICIOSA. PRESCRIÇÃO. PRAZO DECENAL, CONTADO DA PRÁTICA DE CADA ATO. ARTS. ANALISADOS: 178, 205, 549 E 2.028 DO CC/1916.

(...)

4. A transferência da totalidade de bens do pai da recorrida para a ex-cônjuge em partilha e para a filha do casal, sem ob-

servância da reserva da legítima e em detrimento dos direitos da recorrida caracterizam doação inoficiosa.

5. Aplica-se às pretensões declaratórias de nulidade de doações inoficiosas o prazo prescricional decenal do CC/2002, ante a inexistência de previsão legal específica. Precedentes.
6. Negado provimento ao recurso especial (REsp 1.321.998/RS, rel. Min. Nancy Andrighi, 3ª T., j. 7-8-2014, *DJe* 20-8-2014).

O que o legislador pretendeu, ao resguardar o direito dessa categoria de herdeiros, foi precisamente dar-lhes certo conforto patrimonial, impedindo que o autor da herança disponha totalmente do seu patrimônio.

Lembra-nos WASHINGTON DE BARROS MONTEIRO:

> Essa legítima, tão combatida por Le Play e seus sequazes, porque contrária à ilimitada liberdade de testar, é fixa em face do nosso direito, ao inverso do que ocorre em outras legislações como a francesa, a italiana e a portuguesa, em que varia de acordo com o número das pessoas sucessíveis, e é sagrada, nesse sentido de que não pode, sob pretexto algum, ser desfalcada ou reduzida pelo testador[7].

De nossa parte, temos sinceras dúvidas a respeito da eficácia social e justiça dessa norma (preservadora da legítima), a qual, na grande maioria das vezes, acaba por incentivar intermináveis contendas judiciais, quando não a própria discórdia entre parentes ou até mesmo a indolência.

Aliás, o processo de inventário, com frequência, torna-se uma infeliz arena de combates intermináveis no seio de uma família.

Por isso, inclusive, visando a diminuir a litigiosidade, defendemos, em artigo publicado em coautoria com RODRIGO

---

[7] MONTEIRO, Washington de Barros. *Curso de direito civil*: direito das sucessões. 3. ed. São Paulo: Saraiva, 1959, p. 205.

MAZZEI a possibilidade da nomeação plúrima de inventariantes:[8]

A nomeação do inventariante é um tema que possui muitas nuances.

Quando a sucessão contempla algum ponto conflituoso entre os interessados, quase sempre a nomeação do inventariante acaba se tornando um ponto nervoso do inventário.

Em tal situação, a designação para a inventariança gera disputas entre as partes que compõem o processo sucessório, situação que, ainda que de forma involuntária, aumenta a carga de litigiosidade.

Não é raro que a disputa sobre a designação do inventariante, nomeação que deve ocorrer no início do inventário sucessório, contamine toda a sequência de atos do procedimento.

(...)

Conforme já anunciado, a nomeação de mais de um inventariante abre espaço para a cooperação entre os interessados na herança, sendo certo que o resultado poderá contribuir para que ocorra eficiente administração do acervo hereditário, com participação plural de atores, reduzindo sobremaneira a litigiosidade no curso do inventário *causa mortis*.

A inventariança plúrima admitirá variações, sendo importante sua comunicação com os gabaritos admitidos em outras figuras jurídicas (e os correspondentes personagens), conforme tratado ao longo do trabalho.

Como ponto de partida para a inventariança plúrima, importando de forma adaptada os ditames dos arts. 1.976 e 1.986 do Código Civil (regras de designação plural de testamenteiros), os seus modelos principais terão as seguintes bases:

(a) *inventariança conjunta* (= os atos devem ser exercidos conjuntamente por todos nomeados);

---

[8] MAZZEI, Rodrigo; GAGLIANO, Pablo Stolze. *Nomeação plúrima de inventariantes*. Disponível em: https://www.migalhas.com.br/depeso/386921/nomeacao-plurima-de-inventariantes. Acesso em: 26 maio 2023.

(b) *inventariança demarcada* (= delimitação de atribuições ou áreas de representação específicas para cada inventariante).

No caso de inventariança plúrima o termo de compromisso da inventariança deverá estampar os exatos contornos da representação, discriminando todos os detalhes respectivos (por exemplo, a existência ou não de discriminação de atribuições e/ou áreas de atuação em relação aos inventariantes, a possibilidade de atuação isolada ou de necessidade de participação conjunta nos atos).

Diferente não pode ser, pois o termo de compromisso é o documento formal que credencia perante terceiros o inventariante como representante legal do espólio (art. 617, parágrafo único, do CPC), de forma assemelhada ao que ocorre em relação ao mandato (arts. 653-654 do CC) e à decisão judicial que determina a curatela (art. 755, inciso I, do CPC)[9].

E, sem dúvida, no complexo e peculiar contexto do inventário, o tratamento legal vigente dispensado à legítima não é fator que favoreça, razão da nossa reflexão crítica.

Poderia, talvez, o legislador resguardar a necessidade da preservação da legítima apenas enquanto os herdeiros fossem menores, ou caso fossem vulneráveis, situações que justificariam a restrição à faculdade de disposição do autor da herança[10].

Mas estender a proteção patrimonial a pessoas maiores e capazes é, no nosso entendimento, a subversão do razoável[11].

---

[9] Na linha: Rodrigo Mazzei (*Comentários ao Código de Processo Civil. Volume XII – arts. 610 a 673.* Coordenação de José Roberto Ferreira Gouvêa, Luis Guilherme Bondioli e João Francisco Naves da Fonseca. São Paulo: Saraiva, 2023, p. 234-236).

[10] Posição defendida pelo Prof. Dr. Francisco José Cahali em uma das suas fecundas aulas ministradas no Mestrado em Direito Civil da PUCSP, disciplina Direito das Sucessões II, no segundo semestre de 2004.

[11] Discorrendo sobre a necessidade de se repensar a preservação da legítima (porção reservatória), escrevem ARNT RAMOS e CATALAN: "O propósito protetivo, revestido de verniz paternalista-autoritário, da reservatória, via de consequência, não só é insustentável,

Essa restrição ao direito do testador, como dito, se já encontrou justificativa em sociedades antigas, em que a maior riqueza de uma família era a fundiária, não mais se explica nos dias que correm. Pelo contrário.

A preservação da legítima culmina por suscitar, como dito, discórdias e desavenças familiares, impedindo, ademais, o *de cujus* de dispor do seu patrimônio como bem entendesse. Ademais, se quisesse beneficiar um descendente seu ou a esposa, que mais lhe dedicou afeto, especialmente nos últimos anos da sua vida, poderia fazê-lo por testamento, sem que isso, em nosso sentir, significasse injustiça ou desigualdade, uma vez que o direcionamento do seu patrimônio deve ter por norte especialmente a afetividade. Ressalvamos apenas a hipótese de concorrerem à sua herança filhos menores ou inválidos, caso em que se deveria preservar-lhes, por imperativo de solidariedade familiar, necessariamente, parte da herança.

Ademais, essa restrição ao direito do testador implicaria também afronta ao direito constitucional de propriedade, o qual, como se sabe, por ser considerado de natureza complexa, é composto pelas faculdades de usar, gozar/fruir, dispor, e reivindicar a coisa. Ora, tal limitação, sem sombra de dúvida, entraria em rota de colisão com a faculdade real de disposição, afigurando-se completamente injustificada.

Se o que justifica o benefício patrimonial *post mortem* é o vínculo afetivo que une o testador aos seus herdeiros, nada im-

---

como também pode arriscar a proteção dos herdeiros vulneráveis, negando-se a si mesmo, portanto, irremediavelmente. Destarte, a imposição de limites abstratos à liberdade de testar, pela via da intangibilidade da reservatória não faz nenhum sentido. Se antes poderia ser factível dizer que o Direito Sucessório servia aos ricos em detrimento dos pobres, hoje é certo que serve a ninguém" (RAMOS, André Luiz Arnt; CATALAN, Marcos Jorge. *O eterno retorno*: a quem serve o modelo brasileiro de direito sucessório?, publicado em civilistica.com, a. 8., n. 2, 2019).

pediria que aquele beneficiasse os últimos por testamento, de acordo com a sua livre manifestação de vontade.

Por essas razões, seguindo a vereda do pensamento de FRANCISCO CAHALI, *reputamos injustificada a mantença da reserva da legítima*.

6.2. Tratamento legal

O nosso Direito Positivo manteve a preservação da legítima, circunstância que se reflete no âmbito do Direito Contratual, especialmente na doação, consoante podemos observar da análise dos arts. 544 e 549 do Código Civil:

> Art. 544. A doação de ascendentes a descendentes, ou de um cônjuge a outro, importa adiantamento do que lhes cabe por herança.
>
> Art. 549. Nula é também a doação quanto à parte que exceder à de que o doador, no momento da liberalidade, poderia dispor em testamento.

O que o legislador quer impedir é que o doador disponha gratuitamente de mais da metade da sua herança, com violação da legítima dos herdeiros necessários. *Contrario sensu*, se o ato de liberalidade não atingir o direito dessa categoria de herdeiros, será reputado válido.

Sobre o tratamento legal da doação inoficiosa, observa PAULO MAYERLE QUEIROZ[12]:

> Salvo por pequenos ajustes textuais, a redação do art. 549 do CC vigente repete a Codificação anterior. O Código de 2002

---

[12] QUEIROZ, Paulo Mayerle. *Tutela "inter vivos" da herança necessária: a invalidade das doações inoficiosas e sua disciplina*. Dissertação apresentada ao curso de Pós-Graduação em Direito, Setor de Ciências Jurídicas da UFPR, Curitiba, 2023, sob a orientação do Prof. Eroulths Courtiano Jr.

trouxe outras alterações na disciplina do tema, mais especificamente com a introdução do art. 2.007 e seus §1º a 4º[13].

A função desempenhada por essas regras, como já antecipou a seção antecedente, é a de promover uma "proteção à legítima" (em termos mais amplos). Em outras palavras, a inoficiosidade das liberalidades feitas em vida reage à circunstância de que "o ato de disposição do patrimônio em vida pelo doador poderia ferir a legítima de seus herdeiros necessários"[14].

O legislador visualiza nas liberalidades *inter vivos* – pelas quais alguém pode se desfazer de tudo ou quase tudo que titulariza – um instrumento possível para contornar a sucessão forçada[15], e por isso veda esses negócios.

Quanto à aferição do valor do bem doado (se no momento da liberalidade ou no da abertura da sucessão) – visando a se concluir se houve ou não doação inoficiosa –, trata-se de temática delicada, que será abordada no item 6.6.

6.3. Invalidade do ato de disposição patrimonial

Importante aspecto a ser considerado diz respeito à natureza dessa invalidade: *o ato seria reputado nulo (nulidade absoluta) ou anulável (nulidade relativa)?*

Sobre a diagnose diferencial existente entre nulidade e anulabilidade, é de lembrar que:

Como sanção pelo descumprimento dos pressupostos de validade do negócio jurídico, o Direito admite, e em certos casos impõe,

---

[13] Ressalvado o §3º, que já tinha correspondente: o art. 1.790, parágrafo único, do CC/16.
[14] ORSELLI, Helena de Azeredo; SPIESS, Stephanie. Análise da doação inoficiosa e de seus reflexos no direito sucessório. *Revista Jurídica*, Blumenau, v. 20, n. 41, p. 183-213, jan.-abr./2016. p. 183.
[15] SCHMIDT, Jan Peter. Forced Heirship and Family Provision in Latin America. *Comparative Succession Law*, v. 3, p. 175-232, Oxford University Press, 2020, p. 209.

o reconhecimento da declaração de nulidade, objetivando restituir a normalidade e a segurança das relações sociojurídicas. Esta nulidade, porém, sofre gradações, de acordo com o tipo de elemento violado, podendo ser absoluta ou relativa, como a seguir verificaremos. Com fulcro no pensamento de GRINOVER, CINTRA e DINAMARCO, é correto afirmar-se que o reconhecimento da nulidade de um ato viciado é uma forma de proteção e defesa do ordenamento jurídico vigente[16]. De fato, a previsibilidade doutrinária e normativa da teoria das nulidades impede a proliferação de atos jurídicos ilegais, portadores de vícios mais ou menos graves, a depender da natureza do interesse jurídico violado. Dentro dessa perspectiva, é correto dizer-se que o ato nulo (nulidade absoluta), desvalioso por excelência, viola norma de ordem pública, de natureza cogente, e carrega em si vício considerado grave. O ato anulável (nulidade relativa), por sua vez, contaminado por vício menos grave, decorre da infringência de norma jurídica protetora de interesses eminentemente privados[17].

Assim, observamos existir uma nítida diferença na própria "resposta" do ordenamento jurídico, em face da prática de um ato eivado de nulidade ou de anulabilidade, de modo que a reação do ordenamento jurídico, visando a neutralizar os efeitos do ato viciado, será mais grave na nulidade absoluta que na relativa. E isso se torna evidente com um quadro comparativo entre as duas formas de invalidade:

NULIDADE ABSOLUTA

1) o ato nulo atinge interesse público superior;

2) opera-se de pleno direito;

---

[16] Vale conferir a excelente obra *Teoria geral do processo*, de Ada Pellegrini Grinover, Antônio Carlos de Araújo Cintra e Cândido Rangel Dinamarco (15. ed. São Paulo: Malheiros, 1999), onde os autores falam em "negação de eficácia jurídica" como forma de defesa do ordenamento jurídico (p. 339).

[17] GAGLIANO, Pablo Stolze; PAMPLONA FILHO, Rodolfo. *Novo curso de direito civil*, cit., v. 1, p. 424.

3) não admite confirmação;

4) a nulidade pode ser arguida pelas partes, por terceiro interessado, pelo Ministério Público, quando lhe couber intervir, ou, até mesmo, pronunciada de ofício pelo juiz;

5) a ação declaratória de nulidade é decidida por sentença de natureza declaratória de efeitos *ex tunc*;

6) a nulidade, segundo o Código Civil, pode ser reconhecida a qualquer tempo, não se sujeitando a prazo prescricional ou decadencial.

NULIDADE RELATIVA (ANULABILIDADE)

1) o ato anulável atinge interesses particulares, legalmente tutelados;

2) não se opera de pleno direito;

3) admite confirmação expressa ou tácita;

4) a anulabilidade somente pode ser arguida pelos legítimos interessados;

5) a ação anulatória é decidida por sentença de natureza desconstitutiva de efeitos *ex tunc*;

6) a anulabilidade somente pode ser arguida, pela via judicial, em prazos decadenciais de quatro (regra geral) ou dois (regra supletiva) anos, salvo norma específica sem sentido contrário.

Passemos, então, a enfrentar a instigante questão referente à invalidade decorrente da doação inoficiosa (art. 549).

Jurisprudência anterior à vigência do novo Código Civil atribuía natureza *anulatória* ao ato, admitindo prazo de *vinte anos* para o exercício da ação judicial correspondente.

Nesse sentido, confira-se acórdão do STJ[18], da lavra do eminente Ministro Ruy Rosado de Aguiar Jr. (Relator):

---

[18] Grifos nossos.

VENDA DE ASCENDENTE PARA DESCENDENTE. Interposta pessoa. Anulação. Prescrição. Data inicial. *Doação inoficiosa*. – A prescrição da ação de anulação de venda de ascendente para descendente por interposta pessoa é de quatro anos e corre a partir da data da abertura da sucessão. Diferentemente, a prescrição da ação de nulidade pela venda direta de ascendente a descendente sem o consentimento dos demais, é de vinte anos e flui desde a data do ato de alienação. – *A prescrição da ação*[19] *de anulação de doação inoficiosa é de vinte anos, correndo o prazo da data da prática do ato de alienação. Arts. 177, 1.778, 1.132 e 1.176 do C.Civil.*

Primeiro recurso não conhecido; conhecimento parcial do segundo e seu provimento, também parcial (REsp 151.935/RS, j. 25-6-1998).

Nessa mesma linha, acórdão da lavra do Ministro Aldir Passarinho Junior:

CIVIL E PROCESSUAL. ACÓRDÃO ESTADUAL. NULIDADE NÃO CONFIGURADA. AÇÃO DE RECONHECIMENTO DE SIMULAÇÃO CUMULADA COM AÇÃO DE SONEGADOS. BENS ADQUIRIDOS PELO PAI, EM NOME DOS FILHOS VARÕES. INVENTÁRIO. *DOAÇÃO INOFICIOSA INDIRETA*. PRESCRIÇÃO. PRAZO VINTENÁRIO, CONTADO DA PRÁTICA DE CADA ATO. COLAÇÃO DOS PRÓPRIOS IMÓVEIS, QUANDO AINDA EXISTENTES NO PATRIMÔNIO DOS RÉUS. EXCLUSÃO DAS BENFEITORIAS POR ELES REALIZADAS. CC ANTERIOR, ARTS. 177, 1.787 E 1.732, § 2º. SUCUMBÊNCIA RECÍPROCA. REDIMENSIONAMENTO. CPC, ART. 21.

I. Não padece de nulidade o acórdão que enfrentou as questões essenciais ao julgamento da controvérsia, apenas com conclusões desfavoráveis à parte.

---

[19] Com a devida vênia, não poderíamos deixar de observar que, em se tratando de ação anulatória, referente a exercício de um direito potestativo, melhor seria falar em *prazo decadencial* (sobre o tema, cf. nosso *Novo curso de direito civil*, cit., v. I, Capítulo Prescrição e Decadência).

II. Se a aquisição dos imóveis em nome dos herdeiros varões foi efetuada com recursos do pai, em *doação* inoficiosa, simulada, em detrimento dos direitos da filha autora, a prescrição da ação de anulação é vintenária, contada da prática de cada ato irregular.

III. Achando-se os herdeiros varões ainda na titularidade dos imóveis, a colação deve se fazer sobre os mesmos e não meramente por seu valor, ao teor dos arts. 1.787 e 1.792, § 2º, do Código Civil anterior.

IV. Excluem-se da colação as benfeitorias agregadas aos imóveis realizadas pelos herdeiros que os detinham (art. 1.792, § 2º).

V. Sucumbência recíproca redimensionada, em face da alteração decorrente do acolhimento parcial das teses dos réus.

VI. Recurso especial conhecido em parte e provido (STJ, 4ª T., REsp 259.406/RS, j. 17-2-2005, *DJ*, 4-4-2005, p. 314).

Confira-se também este outro julgado, da lavra do Ministro Cesar Asfor Rocha (Relator):

DIREITO CIVIL. PRESCRIÇÃO. NULIDADE DE PARTILHA EM SEPARAÇÃO CONSENSUAL SIMULADA. DOAÇÃO INOFICIOSA, SEM RESERVA PARA SUBSISTÊNCIA DO DOADOR. Firme a jurisprudência desta Corte no sentido de que o prazo previsto no art. 178, § 6º, V, do Código Civil de 1916 cuida de nulidade de partilha em inventário, e não daquela decorrente de separação consensual. *É vintenária a prescrição da ação que pretende desconstituir doação inoficiosa, sem reserva para subsistência do doador, ainda que efetuada mediante simulação.* Recurso especial não conhecido (STJ, 4ª T., REsp 591.401/SP, j. 23-3-2004, *DJ*, 13-9-2004, p. 259).

A mesma Corte Superior, em julgado de 2019, enfrentando doação registrada há décadas, manteve a mesma linha:

RECURSO ESPECIAL. DIREITO CIVIL. AÇÃO ANULATÓRIA. DOAÇÃO INOFICIOSA.
PRAZO PRESCRICIONAL. TERMO INICIAL. REGISTRO DO ATO.
1. Recurso especial interposto contra acórdão publicado na vigência do Código de Processo Civil de 2015 (Enunciados Administrativos n. 2 e 3/STJ).

2. O Superior Tribunal de Justiça há muito firmou entendimento no sentido de que, no caso de ação anulatória de doação inoficiosa, o prazo prescricional é vintenário e conta-se a partir do registro do ato jurídico que se pretende anular. Precedentes.
3. Na hipótese, tendo sido proposta a ação mais de vinte anos após o registro da doação, é de ser reconhecida a prescrição da pretensão autoral.
4. Recurso especial provido (REsp 1.755.379/RJ, rel. Min. Moura Ribeiro, rel. p/ Acórdão Min. Ricardo Villas Bôas Cueva, 3ª T., j. 24-9-2019, *DJe* 10-10-2019).

Vê-se, portanto, que o norte jurisprudencial, firmado antes da entrada em vigor do novo Código, era no sentido de considerar de *natureza anulatória, e com prazo de vinte anos (a contar do ato de doação)*, a ação judicial de invalidade da doação inoficiosa.

Ora, se esse posicionamento persistir, forçoso será concluir que o prazo da anulatória teria sido reduzido para *dois anos*, a teor do art. 179 do Código Civil:

Art. 179. Quando a lei dispuser que determinado ato é anulável, sem estabelecer prazo para pleitear-se a anulação, será este de dois anos, a contar da data da conclusão do ato.

Comentando esse dispositivo, pontificam GUSTAVO TEPEDINO, HELOISA HELENA BARBOSA e MARIA CELINA BODIN DE MORAES:

Nos principais casos de anulabilidade, listados no art. 171, a lei comina o prazo decadencial de quatro anos (art. 178). Além destas hipóteses gerais, o CC prevê causa de anulabilidade em dispositivos específicos, mas, por vezes, não prevê prazo para a anulação do negócio. Em assim ocorrendo, aplica-se a presente regra subsidiária, que estabelece o prazo de dois anos, a contar da data da conclusão do ato, para a propositura da ação anulatória do negócio jurídico. Exemplo desta hipótese é o art. 496, que prevê a ação anulatória de venda de ascendente para descendente, sem estipular expressamente o prazo decadencial[20]. Neste caso será, então, de dois anos, a contar da data da conclusão do negócio. Outros exemplos são as hipóteses de anulabilidade previstas nos arts. 117, 533, II, 1.247 e 1.903[21].

Temos, todavia, algumas dúvidas a respeito da natureza anulatória desse prazo.

Isso porque, a par de as regras preservadoras da legítima terem natureza pública e cogente indiscutível, o fato é que o Código de 2002, ao referir a expressão "é nulo", culmina por remeter o intérprete à inafastável conclusão de que se trata de *nulidade absoluta*, e não de mera *anulabilidade*.

Aliás, um ponto digno de elogio no novo estatuto *é* exatamente este: *cuidar de traçar uma diagnose linguística diferencial mais nítida entre os institutos jurídicos da nulidade e da anulabilidade.*

Note-se, portanto, que o legislador é *explícito* ao tratar da anulabilidade, em diversos dispositivos:

Art. 496. *É anulável* a venda de ascendente a descendente, salvo se os outros descendentes e o cônjuge do alienante expressamente houverem consentido.

Art. 533. Aplicam-se à troca as disposições referentes à compra e venda, com as seguintes modificações:

I – salvo disposição em contrário, cada um dos contratantes pagará por metade as despesas com o instrumento da troca;

---

[20] Semelhante posição defendemos no v. I do nosso *Novo curso de direito civil*, cit., p. 429, o que nos leva a crer na perda de eficácia da Súmula 494 do STF: "A ação para anular venda de ascendente a descendente, sem consentimento dos demais, prescreve em 20 (vinte) anos, contados da data do ato, revogada a Súmula 152".

[21] TEPEDINO, Gustavo, BARBOZA, Heloisa e MORAES, Maria Celina Bodin de. *Código Civil interpretado conforme a Constituição da República*: parte geral e obrigações (arts. 1º a 420). Rio de Janeiro: Renovar, 2004, v. I, p. 326.

II – *é anulável* a troca de valores desiguais entre ascendentes e descendentes, sem consentimento dos outros descendentes e do cônjuge do alienante.

Art. 1.550. *É anulável* o casamento:

I – de quem não completou a idade mínima para casar;

II – do menor em idade núbil, quando não autorizado por seu representante legal;

III – por vício da vontade, nos termos dos arts. 1.556 a 1.558;

IV – do incapaz de consentir ou manifestar, de modo inequívoco, o consentimento;

V – realizado pelo mandatário, sem que ele ou o outro contraente soubesse da revogação do mandato, e não sobrevindo coabitação entre os cônjuges;

VI – por incompetência da autoridade celebrante.

Parágrafo único. Equipara-se à revogação a invalidade do mandato judicialmente decretada.

Art. 1.558. *É anulável* o casamento em virtude de coação, quando o consentimento de um ou de ambos os cônjuges houver sido captado mediante fundado temor de mal considerável e iminente para a vida, a saúde e a honra, sua ou de seus familiares.

Art. 2.027. A partilha, uma vez feita e julgada, só *é anulável* pelos vícios e defeitos que invalidam, em geral, os negócios jurídicos.

Parágrafo único. Extingue-se em um ano o direito de anular a partilha. (grifamos)

E, como se sabe, não havendo prazo decadencial específico de anulabilidade, será ele de dois anos, a teor do art. 179.

Ora, na hipótese sob análise, o legislador *expressamente* previu ser *nula* a doação inoficiosa, e não simplesmente *anulável*, como o fez no art. 550:

Art. 550. A doação do cônjuge adúltero ao seu cúmplice *pode ser anulada* pelo outro cônjuge, ou por seus herdeiros necessários, até dois anos depois de dissolvida a sociedade conjugal. (grifamos)

Tais argumentos já seriam suficientes, a nosso ver, para chegarmos à conclusão de que a doação inoficiosa, por traduzir afronta a normas de ordem pública (do sistema de preservação da legítima), e segundo as normas legais do próprio Código Civil, é *nula de pleno direito*.

Mas a esse argumento poder-se-ia contrapor outro: *por ser imprescritível a arguição da nulidade absoluta, isso não geraria insegurança jurídica, ante a possibilidade de se poder atacar o ato a qualquer tempo?*

De fato, o art. 169 do Código Civil dispõe que *o ato nulo não convalesce pelo decurso do tempo*.

Mas os efeitos patrimoniais decorrentes da declaração de invalidade, sim.

A *declaração de nulidade absoluta* da doação inoficiosa, a teor desse mencionado dispositivo de lei, não se submete a prazo algum, embora *o pedido dirigido à reivindicação da coisa (pretensão de natureza real) ou ao pagamento das perdas e danos (pretensão de natureza pessoal)*, formulado pelo herdeiro prejudicado, submeta-se ao prazo prescricional geral (para pretensões pessoais ou reais) de *dez anos*, na forma do art. 205 do Código Civil.

Sobre esse tema, aliás, já havíamos discorrido em nosso *Novo curso de direito civil*, v. I, Parte Geral, ao tratar dos aspectos gerais do tema "invalidade do negócio jurídico", pelo que pedimos licença para transcrever trecho da referida obra:

> Por imperativo de segurança jurídica, melhor nos parece que se adote o critério da prescritibilidade da pretensão condenatória de perdas e danos ou restituição do que indevidamente se pagou, correspondente à nulidade reconhecida, uma vez que a situação consolidada ao longo de dez anos provavelmente já teria experimentado uma inequívoca aceitação social. Aliás, se a gravidade, no caso concreto, repudiasse a consciência social, que justificativa existiria para tão longo silêncio? Mais fácil crer que o ato já atingiu a sua finalidade, não havendo mais razão

para se desconsiderar os seus efeitos. Em síntese: *a imprescritibilidade dirige-se, apenas, à declaração de nulidade absoluta do ato, não atingindo as eventuais pretensões condenatórias correspondentes*[22].

A tormenta doutrinária existe, consoante podemos observar da análise de interessante texto de JOSÉ FERNANDO SIMÃO:

> Paulo Luiz Netto Lôbo entende que a nulidade é absoluta, e não apenas relativa, não havendo prazos para a sua decadência ou prescrição. Em idêntico sentido, Maria Helena Diniz. Carvalho Santos informa que se trata de nulidade absoluta por sanção imposta pela lei contra a violação do direito dos herdeiros necessários à legítima e que a ação pode ser intentada ainda em vida do doador ou depois de sua morte. Sílvio de Salvo Venosa entende que haveria um prazo de 20 anos para a prescrição da ação da anulação de doação inoficiosa. No mesmo sentido, Sílvio Rodrigues entende que a anulação da doação está sujeita a prazo prescritivo. Portanto, se a ação está sujeita a prazos, podemos concluir que a nulidade a que se refere o art. 549 seria apenas relativa e não absoluta, já que a declaração da nulidade absoluta não está sujeita a prazo prescricional ou decadencial[23].

Com isso, e diante de todo o exposto, duas correntes de pensamento podem ser formuladas:

a) a que considera a doação inoficiosa um *negócio jurídico anulável*, e cujo prazo decadencial para a ação correspondente seria de dois anos (art. 179);

b) a que considera a doação inoficiosa *negócio jurídico nulo*, sendo *imprescritível* o pedido declaratório da nulidade em si,

---

[22] GAGLIANO, Pablo Stolze; PAMPLONA FILHO, Rodolfo. *Novo curso de direito civil*, cit., v. 1, p. 430.

[23] SIMÃO, José Fernando. *Novo Código Civil:* questões controvertidas no direito das obrigações e dos contratos. São Paulo: Método, 2005, v. 4, p. 369 (Série Grandes Temas de Direito Privado).

e *prescritível em dez anos*[24] a pretensão real de reivindicação do bem doado ou a pretensão pessoal de perdas e danos.

Em nosso sentir, há de prevalecer a segunda linha de pensamento, por se harmonizar não apenas com o sistema em vigor, que resguarda a legítima por meio de normas de ordem pública, mas também com a própria terminologia empregada no art. 549 do Código Civil.

Ademais, a se fixar a tese da anulabilidade, o que resultaria na inafastável conclusão de o prazo decadencial ser, a teor do art. 179, de *dois anos*, estar-se-ia consagrando, em verdade, um lapso de tempo por demais exíguo, não só se comparado ao anterior (de vinte anos), mas, principalmente, se se considerar que, em se tratando de uma impugnação manejada no seio das relações familiares, mais justo seria reconhecer um prazo maior para que o herdeiro prejudicado, esgotadas todas as vias de composição amigável do litígio, pudesse ingressar em juízo.

Devemos lembrar que as normas não são feitas apenas para os técnicos, os conhecedores da lei, mas também para o cidadão comum, de maneira que o conhecimento da *mens legis* nem sempre poderá ser inferido e aplicado incondicionalmente, sob o pálio do – nem sempre justo – princípio *dura lex, sed lex*.

---

[24] STJ: DIREITO CIVIL E PROCESSUAL CIVIL. AÇÃO DECLARATÓRIA DE NULIDADE DE DOAÇÃO E PARTILHA. BENS DOADOS PELO PAI À IRMÃ UNILATERAL E À EX-CÔNJUGE EM PARTILHA. DOAÇÃO INOFICIOSA. PRESCRIÇÃO. PRAZO DECENAL, CONTADO DA PRÁTICA DE CADA ATO. ARTS. ANALISADOS: 178, 205, 549 E 2.028 DO CC/1916.
(...)
5. Aplica-se às pretensões declaratórias de nulidade de doações inoficiosas o prazo prescricional decenal do CC/2002, ante a inexistência de previsão legal específica. Precedentes.
6. Negado provimento ao recurso especial (REsp 1.321.998/RS, rel. Min. Nancy Andrighi, 3ª T., j. 7-8-2014, DJe 20-8-2014).

Por todas essas razões, e considerando a proteção legal, ditada pelo interesse público, à legítima, posicionamo-nos no sentido de que a doação inoficiosa é uma *doação nula, com prazo prescricional de dez anos para se formular eventual pretensão patrimonial em juízo*.

No Superior Tribunal de Justiça, confira-se acórdão da lavra do Ministro Sanseverino:

(...)

9. Doação inoficiosa: Doação inoficiosa é aquela que excede a parte disponível do doador, com herdeiros necessários, prejudicando a sua legítima. Nulidade absoluta do excesso da doação (art. 549 do CC). A pretensão de redução da doação inoficiosa deve ser veiculada no prazo prescricional das ações pessoais, tendo por termo inicial a data do negócio jurídico impugnado. Doutrina e jurisprudência do STJ.

10. Prescrição: O Tribunal de Justiça reconheceu a existência da prescrição em relação a pretensão restituitória de participação acionária em decorrência de suposta invalidade das doações por inoficiosas. Rever o entendimento lançado no acórdão recorrido, acerca da ocorrência ou não da causa interruptiva da prescrição, demandaria o revolvimento do suporte fático-probatório dos autos, o que encontra óbice no Enunciado n. 7/STJ.

(...)

(REsp n. 1.929.450/SP, relator Ministro Paulo de Tarso Sanseverino, Terceira Turma, julgado em 18-10-2022, *DJe* de 27-10-2022.)

Na linha desse entendimento, ao encontro do que sustentamos, o prazo aplicável, caso o contrato haja sido celebrado sob a égide do Código Civil de 2002, deve ser o de dez anos, nos termos do seu art. 205.

6.4. Aspectos processuais

Tratando-se de ação de nulidade é correto dizer cuidar-se de demanda que desafia a prolação de sentença meramente declaratória, com eficácia *ex tunc*. Mas note-se que esse aspecto, em nosso sentir, apenas diz respeito à *declaração da nulidade em si*, visto que, consoante anotamos acima, uma eventual pretensão formulada, pessoal ou real, terá natureza indisfarçavelmente *condenatória*[25].

Vale dizer, em uma mesma demanda, tanto o aspecto declaratório como o efeito condenatório poderão existir, sendo que a imprescritibilidade se dirige apenas ao primeiro, ou seja, *um negócio nulo poderá ser impugnado a qualquer tempo, mas os efeitos patrimoniais daí decorrentes, por princípio de segurança jurídica, submeter-se-ão aos limites ditados pelos prazos prescricionais*.

Superado esse ponto, já devidamente enfrentado, podemos ainda afirmar que a ação de invalidade da doação inoficiosa deverá ser proposta por qualquer dos herdeiros necessários (art. 1.845) que se sinta prejudicado com o ato de disposição patrimonial, violador da legítima.

Fixadas tais premissas, passemos a enfrentar a *legitimidade passiva* dessa demanda.

Claro está que a presente ação de nulidade, por se tratar, nesse particular, de demanda declaratória, poderá ser proposta a partir da conclusão do ato de liberalidade, em face dos donatários (herdeiros beneficiários da doação) e do próprio doador (autor do ato de disposição patrimonial), em *litisconsórcio passivo*. Se o disponente, todavia, já houver falecido, a ação deverá ser proposta apenas contra o donatário.

O termo *a quo* para o ajuizamento da ação, vale mencionar, é a conclusão do ato de disposição, e não a morte do doador, já que,

---

[25] Tal cumulação é perfeitamente possível, lembra-nos o grande ARRUDA ALVIM: "Tanto a doutrina como a jurisprudência não veem nenhum óbice à cumulação de ação declaratória com condenatória ou com constitutiva, ou com ambas, desde que sejam obedecidos os requisitos específicos da cumulação" (*Manual de direito processual civil*: parte geral. 7. ed. São Paulo: Revista dos Tribunais, 2001, v. 1, p. 423).

em se tratando de uma disposição negocial eivada de nulidade absoluta, razão não haveria a justificar a espera, por vezes longa, do falecimento do doador para poder impugnar um ato nulo.

Ademais, se assim não fosse, estar-se-ia permitindo que o herdeiro, beneficiado pela doação inoficiosa, pudesse gozar de um patrimônio adquirido de forma irregular, possuindo-o indevidamente, inclusive rendendo ensejo a futuramente alegar, em sede de defesa, o usucapião do bem doado.

Sim, pois nada impede a aquisição pela prescrição aquisitiva do bem recebido em doação, não somente por se tratar – o usucapião – de meio originário de aquisição da propriedade, mas, especialmente, considerando que o herdeiro pode vir a exercer indiscutivelmente atos de posse sobre o mesmo.

6.5. Partilha em vida: analisando o art. 2.018 do Código Civil

Diferentemente do que ocorre no contrato de compra e venda, a doação feita de ascendente a descendente não exige consentimento dos outros herdeiros necessários.

O novo Código Civil, em dispositivo mais preciso que o seu correspondente no Código anterior, estabelece que:

> Art. 496. É anulável a venda de ascendente a descendente, salvo se os outros descendentes e o cônjuge do alienante expressamente houverem consentido.
>
> Parágrafo único. Em ambos os casos, dispensa-se o consentimento do cônjuge se o regime de bens for o da separação obrigatória.

Observe-se, de logo, a referência feita ao cônjuge do alienante, o qual, quando não casado no regime da separação obrigatória de bens, também deverá anuir na venda.

Tal circunstância se justifica pelo fato de o atual Código haver erigido o cônjuge à condição de *herdeiro necessário*. Entretanto, caso seja casado em regime de separação obrigatória, por não ter interesse jurídico reconhecido por lei no patrimônio do alienante, não precisará consentir.

É de mencionar ainda que a expressão "em ambos os casos" decorreu de um erro na condução do projeto do Código Civil, consoante vem registrado no Enunciado n. 177 da III Jornada de Direito Civil, realizada entre 1º e 3 de dezembro de 2004:

> Por erro de tramitação, que retirou a segunda hipótese de anulação de venda entre parentes (venda de descendente para ascendente), deve ser desconsiderada a expressão "em ambos os casos", no parágrafo único do art. 496.

Ressalte-se, ainda, que o Código de 2002, dirimindo qualquer controvérsia, é claro ao dizer que a compra e venda de ascendente a descendente (não apenas do pai ao filho, mas também do avô ao neto etc.) é *anulável*, e não simplesmente nula.

Tecidas essas breves considerações, *podemos concluir que a restrição negocial sob comento não se aplica às doações*, já que, tratando-se de norma restritiva do direito de propriedade do alienante (art. 496), não poderá ser analisada de forma extensiva, nada impedindo que se possa eventualmente impugnar o ato, com fulcro em outros defeitos do negócio, previstos em lei.

Assim, o doador poderá, *independentemente de anuência expressa dos demais herdeiros*, alienar gratuitamente bens do seu patrimônio, podendo, inclusive, e desde que reserve uma renda mínima para a sua sobrevivência digna, *efetuar a denominada "partilha em vida"*, referida no art. 2.018 do Código Civil:

> Art. 2.018. É válida a partilha feita por ascendente, por ato entre vivos ou de última vontade, contanto que não prejudique a legítima dos herdeiros necessários.

Cuidamos, aqui, dado o escopo da nossa obra, da denominada *partilha-doação*, realizada por ato entre vivos, e não à *partilha-testamento*, figuras bem diferenciadas pelo jurista ZENO VELOSO:

A partilha pode ser feita pelo próprio ascendente, por ato entre vivos ou de última vontade, daí chamar-se partilha-doação – *divisio parentum inter liberos* – e partilha-testamento – *testamentum parentum inter liberos*. Por esse meio, o ascendente distribui os bens entre os herdeiros necessários, preenchendo o quinhão deles. Exerce faculdade que é corolário do direito de propriedade. Quando realizada por ato entre vivos, a partilha deve obedecer aos requisitos de forma e de fundo das doações. A divisão entre os herdeiros tem efeito imediato, antecipando o que eles iriam receber somente com o passamento do ascendente[26].

Tal partilha deve ser feita com cautela, pois, caso o ato de disposição ultrapasse a metade disponível, poderá resultar na invalidade mencionada linhas acima[27].

Já cuidamos também de observar que o valor dos bens deverá ser aferido no momento da doação, e não quando da morte do doador. Na realidade fática, contudo, alguns problemas poderão surgir, a exemplo da insegurança gerada para as partes, especialmente o donatário, por não ter certeza se o bem recebido violou a legítima.

E, de fato, essa preocupação só será definitivamente afastada no inventário, após terem sido realizadas a colação e a conferência dos bens doados.

Um especial cuidado, porém, pode ter o doador: *fazer constar do instrumento da doação a advertência de que o referido bem está saindo de sua parte disponível da herança.*

Essa providência, a despeito de não evitar, necessariamente, a colação e conferência, para eventual reposição da legítima, poderá impedir que o bem transferido seja computado na parte conferida aos herdeiros legitimários. Expliquemos, exemplifi-

---

[26] VELOSO, Zeno. *Comentários ao Código Civil:* parte especial – do direito das sucessões, da sucessão testamentária, do inventário e da partilha (arts. 1.857 a 2.027). São Paulo: Saraiva, 2003, v. 21, p. 437.

[27] Quer se trate da *partilha-doação*, quer se trate da *partilha-testamento*.

cativamente: se o doador beneficiou um dos seus filhos com um apartamento, tendo registrado que este imóvel sai da sua parte disponível, caso existam outras doações sem a mesma ressalva, deverão estas servir para a recomposição do acervo reservado, mantendo-se o apartamento como integrante da parte disponível, desde que, é claro, não corresponda a mais de 50% de todo o patrimônio.

Discorrendo sobre a partilha em vida, na perspectiva do notário, escreve FERNANDA DE FREITAS LEITÃO:

> A partilha por ato *inter vivos* abarcará parcial ou totalmente os bens do ascendente. Cabe, no entanto, a observação de que, se o ascendente decidir dispor de todos os seus bens em vida, deverá reservar parte deles, ou destinar uma renda suficiente para a sua subsistência, de forma a não contrariar o preceito contido no art. 548, da lei substantiva.
>
> Vale, ainda, assinalar que a decisão de se partilhar todos os bens em vida é extremamente utilizada entre nós, pois os ascendentes, procurando evitar as previsíveis e indesejáveis brigas familiares ou mesmo proteger os herdeiros do alto custo de um inventário, decidem, em vida, partilhar os bens entre os filhos. E, para isso, celebram doações, na maior parte das vezes já atribuindo a cada filho um determinado imóvel.
>
> Para conferir maior garantia a essa partilha em vida, bem como procurando evitar que a mesma não seja questionada no futuro, os ascendentes requerem a intervenção dos demais filhos e dos seus respectivos cônjuges ou companheiros, em cada ato praticado, apesar de essa intervenção ser despicienda.
>
> Com todos esses cuidados, os pais entendem que a questão sucessória estará resolvida e que não haverá discussão, presente ou futura, sobre esse tema.
>
> Infelizmente, eles estão enganados, visto que poderá sim haver discussão sobre a partilha, apesar de todos os filhos terem participado do ato, declarando a sua ciência e concordância.

Passamos, nesse momento, a transcrever o Recurso Extraordinário n. 94.512-1, Primeira Turma, São Paulo, STF:

Recurso extraordinário. Reexame de prova. Inventário. Partilha em vida. Doação. Colação. (*omissis*)

Anotam, outrossim, que a agravada, por ato formal, renunciou à possibilidade de, no futuro, investir contra o aludido ato de liberalidade, o que também induz dispensa da colação. (...) A partilha em vida, portanto, equipara-se a uma doação, estando subordinada, nesses termos, às mesmas regras jurídicas que regulam este último instituto citado. Já por aí se vê que não está dispensada a colação, tal como pretendem os agravantes. (...) pouco importando, neste caso, que o filho prejudicado tenha aceitado a partilha feita pelo pai, quando foi da respectiva escritura, porque o Código Civil exige, expressamente, no art. 1.776, que a partilha, para ser válida, não prejudique a legítima dos herdeiros necessários.

Resumindo, nesse caso, foi celebrada a partilha em vida, todos à época concordaram com a referida partilha; posteriormente, uma filha que se sentiu prejudicada, após a morte do pai, exige que todos os bens venham à colação, pois a sua legítima fora prejudicada e não havia na escritura declaração de que o bem doado não deveria ser trazido à colação em futuro inventário.

A meu ver, a solução para evitarmos qualquer tipo de questionamento, presente ou futuro, na celebração da partilha em vida, seria a adoção das seguintes precauções: a) exigir a intervenção e anuência de todos os interessados; b) declarar que o bem doado não deverá ser trazido à colação em futuro inventário e que a presente doação está sendo realizada com fundamento no art. 2.018, do Código Civil; c) por fim, declarar, igualmente, que eventuais diferenças entre os valores das doações deverão ser consideradas como deduzidas da parte disponível do doador.

Creio que, dessa forma, não diria que é impossível, porque o direito de ação é abstrato, mas seria extremamente difícil requerer a conferência daqueles bens, objeto de doação, com fundamento no art. 2.018, do Código Civil, na forma apresentada no parágrafo acima, letras *a*, *b* e *c*. Ressalve-se, no entanto, que de nenhuma forma a legítima poderá ser prejudicada, atendendo, desse modo, ao princípio da intangibilidade da legítima"[28].

Note-se, mormente diante da parte final do texto transcrito, que o registro da "dispensa da colação" não é salvo-conduto para situações em que há violação da legítima.

A partilha em vida, evidentemente, por configurar doação, tem *natureza contratual*, e os seus efeitos são *inter vivos* e imediatos, diferentemente do *testamento*, que somente produzirá efeitos após a morte do testador.

6.6. Aspectos sucessórios especiais envolvendo a doação inoficiosa: da colação (e a polêmica atinente ao cálculo do valor da liberalidade)

A preocupação consistente na necessidade de os herdeiros/donatários levarem à colação os bens havidos gratuitamente dos seus ascendentes não é nova no Direito brasileiro, conforme podemos observar na Consolidação das Leis Civis de TEIXEIRA DE FREITAS:

> Art. 1.208. À collação é extensiva aos bens positivamente doados, e bem assim a tudo que o filho tenha havido do pai, ou da mãi, doadôres, ou delles proviesse (sic).

E comentando o sentido da expressão "trazer à colação", o grande jurista pontificou:

> Trará à collação: é uma obrigação de todo o descendente donatario, imposta pela Lei, e que portanto não depende de alguma declaração por parte do ascendente doador. Sempre se subentende, à menos que o ascendente doador tenha declarado o contrario; isto é, que a doação por conta da sua terça, e não como anticipação de legítima, para que o donatario a-tra-

---

[28] LEITÃO, Fernanda de Freitas. *Uma análise notarial do contrato de doação*. Disponível em: <https://anoreg.org.br/images/arquivos/Artigo-DoaoFernanda Leito.pdf>. Acesso em: 31 dez 2019.

ga à collação. Eis o que exprime a declaração por parte do ascendente doador dispensando da collação ao descendente donatario[29]. (sic)

Embora o atual sistema não guarde identidade com aquele vigente ao tempo de TEIXEIRA DE FREITAS, é forçoso convir que muitas similitudes persistem, especialmente a necessidade de conferir os bens doados, com o fim de preservar a legítima dos herdeiros necessários.

Nesse contexto, dispõe o Código de 2002:

Art. 2.002. Os descendentes que concorrerem à sucessão do ascendente comum são obrigados, para igualar as legítimas, a conferir o valor das doações que dele em vida receberam, sob pena de sonegação.

Parágrafo único. Para cálculo da legítima, o valor dos bens conferidos será computado na parte indisponível, sem aumentar a disponível.

Instituto consagrado em várias legislações do mundo, como podemos observar da análise dos seguintes diplomas:

Código Civil italiano:

Art. 737. I figli e i loro discendenti ed il coniuge che concorrono alla successione devono conferire ai coeredi tutto ciò che hanno ricevuto dal defunto per donazione [744 c.c.] direttamente o indirettamente[(2)], salvo che il defunto non li abbia da ciò dispensati.

La dispensa da collazione non produce effetto se non nei limiti della quota disponibile [556 c.c.].

Código Civil argentino:

Artículo 2.385. Personas obligadas a colacionar

Los descendientes del causante y el cónyuge supérstite que concurren a la sucesión intestada deben colacionar a la masa

---

[29] FREITAS, Augusto Teixeira de. *Consolidação das leis civis*, cit., v. 2, p. 694-695.

hereditaria el valor de los bienes que les fueron donados por el causante, excepto dispensa o cláusula de mejora expresa en el acto de la donación o en el testamento.

Dicho valor se determina a la época de la partición según el estado del bien a la época de la donación.

También hay obligación de colacionar en las sucesiones testamentarias si el testador llama a recibir las mismas porciones que corresponderían al cónyuge o a los descendientes en la sucesión intestada.

El legado hecho al descendiente o al cónyuge se considera realizado a título de mejora, excepto que el testador haya dispuesto expresamente lo contrario.

Código Civil de Cabo Verde:

Artigo 2.035. 1. Os descendentes que pretendam entrar na sucessão do ascendente devem restituir a massa da herança, para igualar ao da partilha, os bens ou valores que lhes foram doados por este: esta restituição tem o nome de colação.

2. São havidas como doação, para efeitos de colação, as despesas referidas no artigo 2.041.

Código Civil espanhol:

Art. 1.035. El heredero forzoso que concurra, con otros que también lo sean, a una sucesión, deberá traer a la masa hereditaria los bienes o valores que hubiesen recibido del causante de la herencia, en vida de este, por dote, donación u otro título lucrativo, para cumputarlo en la regulación de las legítimas y en la cuenta de partición.

E, finalmente, o Código Civil de Portugal, que tanto influenciou nosso atual sistema:

Art. 2.104.º 1. Os descendentes que pretendem entrar na sucessão do ascendente devem restituir à massa da herança, para a igualação da partilha, os bens ou valores que lhes forem doados por este: esta restituição tem o nome de colação.

Posto isso, podemos conceituar a *colação*, instituto típico do Direito Sucessório, como *o ato jurídico pelo qual o herdeiro/*

donatário leva ao inventário, em conferência, o valor do bem doado por ascendente seu, a fim de resguardar a legítima dos demais herdeiros necessários, mediante reposição do acervo.

Segundo MAIRAN MAIA JR., a colação propicia:

> O equilíbrio entre os princípios da autonomia privada e o da igualdade, pois, na medida em que se encontra respeitada a vontade do titular do patrimônio, ou seja, o doador, assegura-se com a conferência do bem a igualdade na determinação dos quinhões dos herdeiros, respeitando-se, destarte, a igualdade no tratamento entre esses, vetor do direito sucessório moderno[30].

O donatário não poderá furtar-se a essa obrigação, devendo apresentar ao juízo do inventário o valor do bem recebido, e, se tal não for possível, a colação deverá ser feita em espécie[31], sob pena de perder o direito ao bem (pena de sonegados).

LEANDRO REINALDO DA CUNHA, em excelente texto, vai além, ao ponderar acerca da responsabilidade civil daquele que se locupleta tendo em vista a utilização indevida de um bem que não lhe pertence[32]:

> Muitas são as questões que merecem, na atualidade, a atenção dos que se propõem ao estudo do Direito Civil, sejam elas novas perspectivas de análise de temas clássicos ou mesmo aspectos extremamente atuais da sociedade contemporânea.
>
> Nesse contexto surge a discussão acerca do lucro da intervenção, entendido como sendo a hipótese em que o sujeito obtém

---

[30] MAIA JR., Mairan Gonçalves. *A família e a questão patrimonial*. 3. ed. São Paulo: Revista dos Tribunais, 2015, p. 345.

[31] O Código Civil dispõe, conforme se depreende da leitura do art. 2.002, que a colação é feita de acordo com o valor do bem doado, e, não sendo possível, será feita em espécie.

[32] CUNHA, Leandro Reinaldo da. *Para além dos sonegados, o lucro da intervenção em caso de não colação*. Migalhas de Responsabilidade Civil. Disponível em: <https://migalhas.uol.com.br/coluna/migalhas-de-responsabilidade-civil/334014/para-alem-dos-sonegados-o-lucro-daintervencao-em-caso-de-nao-colacao>. Acesso em: 21 dez. 2020.

uma vantagem patrimonial face à utilização de bem de outrem, sem que possua a devida autorização para a exploração do referido bem. Seria, portanto, uma situação fática na qual se aplicariam as consequências decorrentes do enriquecimento sem causa (art. 844 do CC) (...) Desta forma, concluindo o entendimento exposto no presente texto, o não colacionar trará como consequências:

(i) O dever de carrear o bem não colacionado para que seja inserido no patrimônio a ser partilhado pelos herdeiros, ainda que em sede de sobrepartilha (art. 2.022 do CC);

(ii) A discussão acerca da imposição da pena de sonegados, principalmente sob o viés da perda dos direitos sucessórios quanto aos bem não colacionado, e;

(iii) a restituição do lucro da intervenção, ante ao enriquecimento sem causa decorrente da utilização indevida, ainda que parcial, de bem que não lhe pertence, sem autorização para tanto (independentemente da imposição da pena de sonegados).

Dessa forma, relevante se entender o fenômeno sucessório de forma ampla, tendo claro que o não colacionar tem como consequência a verificação da figura do lucro da intervenção, ainda que não se possa aplicar a pena de sonegados.

A colação poderá se dar voluntariamente ou não, como bem observa RODRIGO MAZZEI:

> A colação poderá ser efetuada no ventre do inventário *causa mortis* tanto de forma *voluntária* (art. 639), como também de forma *coacta* (art. 641), ou seja, na segunda hipótese, por provocação de interessados.
>
> A *colação coacta* pode ser requerida tanto pelo inventariante (diante da sua incumbência de arrecadar os bens que devem compor a herança – arts. 620, IV, e 618, VI, ambos do CPC), como também por qualquer parte interessada, já que a estes é incumbido arguir erros, omissões ou sonegação de bens (art. 627).
>
> A lei civil prevê que o herdeiro que omitir quaisquer bens na colação se sujeitará à pena de sonegação de bens (perda correspondente ao patrimônio que foi alvo de ocultação – arts.

1.992 e 2002, *caput*, do CC), sanção esta que demanda ação própria (art. 1.994 do CC)[33].

Vale lembrar ainda que, sob o prisma eminentemente técnico, não se deve confundir colação com redução da doação inoficiosa, distinção esta feita com precisão por EUCLIDES DE OLIVEIRA:

> É bom repisar a distinção entre colação e redução das doações em excesso. Aquela tem lugar apenas quando haja disputa da herança entre certa categoria de herdeiros necessários, que são os descendentes e o cônjuge sobrevivente, obrigando à conferência dos valores das doações para que componham os quinhões hereditários e permitam a igualação dos direitos sucessórios, salvo nos casos de dispensa por vontade do testador ou determinação legal. Diversamente, a redução das doações efetua-se sobre a parte excedente daquilo que o doador poderia dispor, aplicando-se não só aos descendentes e o cônjuge sobrevivente, mesmo que tenha havido dispensa da colação, como também a outros donatários, sejam herdeiros ou estranhos à sucessão, para que se resguarde a legítima dos herdeiros necessários, que são os descendentes, os ascendentes e o cônjuge sobrevivo[34].

Com efeito, a colação, por ser obrigação imposta a herdeiros necessários, culmina por resguardar a legítima, coibindo, pois, o dano decorrente da doação inoficiosa.

Note-se, assim, invocando preleção de GISELDA HIRONAKA, em obra escrita com FRANCISCO CAHALI, que o fim da colação é a preservação da legítima e não da parte disponível da herança:

> Os bens trazidos à colação não têm o condão de aumentar a parte disponível do acervo hereditário, pelo que não vão be-

---

[33] MAZZEI, Rodrigo Reis. *Comentários ao Código de Processo Civil – XII – Do Inventário e da Partilha – Arts. 610 a 673*, coordenadores José R. F. Gouvêa, Luis Guilherme A. Bondioli, João Francisco N. da Fonseca. São Paulo: Saraivajur, 2023, p. 591-592.

[34] OLIVEIRA, Euclides Benedito de. Colação e sonegados. In: *Direito das sucessões e o novo Código Civil*. Giselda Hironaka e Rodrigo da Cunha Pereira (Coords.). Belo Horizonte: Del Rey, 2004, p. 379.

neficiar os herdeiros testamentários, mas apenas os sucessores legítimos. A parte disponível é calculada tendo-se em conta o patrimônio do morto no momento mesmo do seu falecimento. Nesse momento estará determinada a parte atribuível a eventuais herdeiros instituídos pela última vontade. Os bens colacionados acrescem a parte legitimária dessa forma determinada, de modo a que se possa igualar a parte de cada herdeiro legítimo descendente. A "desproporção" entre a parte disponível e a indisponível assim obtida não implica injustiça (CC 2002, art. 2.002, parágrafo único)[35].

A colação visa a preservar não apenas os demais descendentes, mas também o cônjuge sobrevivente, que foi, como sabemos, alçado à categoria de herdeiro necessário no Código Civil (art. 1.845)[36]:

Art. 2.003. A colação tem por fim igualar, na proporção estabelecida neste Código, as legítimas dos descendentes e do cônjuge sobrevivente, obrigando também os donatários que, ao tempo do falecimento do doador, já não possuírem os bens doados.

Parágrafo único. Se, computados os valores das doações feitas em adiantamento de legítima, não houver no acervo bens suficientes para igualar as legítimas dos descendentes e do cônjuge, os bens assim doados serão conferidos em espécie, ou, quando deles já não disponha o donatário, pelo seu valor ao tempo da liberalidade.

---

[35] CAHALI, Francisco José; HIRONAKA, Giselda Maria Fernandes Novaes. *Curso avançado de direito civil*, cit., v. 6, p. 480.

[36] "Independe-se, para que o cônjuge sobrevivente herde, do regime de bens do casamento, diversamente do que ocorre para que ele possa concorrer com os descendentes. Se ele é herdeiro, é pela simples razão de o *de cujus* não possuir, quando da sua morte, nenhum descendente ou ascendente, ou, porque, se eles existiam, renunciaram à herança. Por essa razão o cônjuge supérstite herda" (GOZZO, Débora. *Comentários ao Código Civil brasileiro*: do direito das sucessões (arts. 1.784 a 1.856). Arruda Alvim e Thereza Alvim (Coords.). Rio de Janeiro: Forense/FADISP, 2004, v. XVI, p. 188).

Mas, por óbvio, não há, **no que se refere à meação do cônjuge sobrevivente**, a obrigação de trazer à colação, conforme já decidiu o STJ:

> RECURSOS ESPECIAIS. CIVIL. SUCESSÕES. BENS NÃO DECLARADOS PELA INVENTARIANTE, VÍUVA E SEGUNDA ESPOSA DO *DE CUJUS*. PENA DE SONEGADOS. APLICÁVEL SOMENTE AOS HERDEIROS. IMPOSSIBILIDADE DE EXTENSÃO À MEAÇÃO DO CÔNJUGE. PERDA DA HERANÇA. EXIGÊNCIA DE DOLO OU MÁ-FÉ NA OCULTAÇÃO. NECESSIDADE DE INTERPELAÇÃO. REQUISITO NÃO VERIFICADO.
>
> 1. A aplicação da pena de sonegados exige prova de má-fé ou dolo na ocultação de bens que deveriam ser trazidos à colação, o que, via de regra, ocorre somente após a interpelação do herdeiro sobre a existência de bens sonegados.
>
> 2. No caso em análise, a interpelação promovida pela parte autora foi dirigida somente à viúva inventariante, não havendo sequer menção aos nomes dos herdeiros do segundo casamento, um deles menor à época.
>
> 3. A colação possui como finalidade equalizar as legítimas dos herdeiros necessários, de modo que a pena de sonegados é inaplicável à meação pertencente à viúva não herdeira.
>
> 4. Recurso das autoras parcialmente conhecido e, na extensão, não provido.
>
> 5. Recurso da parte ré conhecido e parcialmente provido para afastar a aplicação da pena de sonegados à viúva meeira e da multa cominada a título de embargos protelatórios (REsp 1.567.276/CE, rel. Min. Lázaro Guimarães (Des. convocado do TRF 5ª Região), rel. p/ Acórdão Min. Maria Isabel Gallotti, 4ª T., j. 11-6-2019, *DJe* 1º-7-2019).

Salientamos que também o cônjuge, como já dito, foi alçado à categoria de herdeiro necessário (art. 1.845), razão por que é defensável o entendimento da Profa. FERNANDA RABELLO no sentido de que, em sendo o mesmo donatário, também terá a obrigação de conferir aquilo que recebeu:

Conforme ensina Arnaldo Rizzardo, não se objetiva encontrar aquilo que poderia dispor o falecido. Não se leva à colação, em outras palavras, unicamente aquilo que excedeu o montante disponível, mas tudo o que constituiu objeto de doação. No entanto, com a previsão contida no artigo 544 do Código Civil em vigor, a abrangência do instituto restou alterada, alcançando, agora, o cônjuge quando este se apresenta na qualidade de concorrente (artigo 1.832 do CC). Ora, o referido artigo considera como antecipação da legítima (adiantamento de herança), além das doações de ascendentes para descendentes, ainda, as doações de um cônjuge ao outro. No direito anterior, o adiantamento da legítima restringia-se somente às doações de pais para filhos. Entende-se que outra não foi a intenção do legislador, pelo que se pode extrair da leitura dos artigos 544 e 2.003, em estabelecer a obrigação do cônjuge de conferir os bens recebidos por adiantamento de herança. O Projeto de Lei n. 6.960/2002, apresentado pelo Deputado Ricardo Fiuza, prevê, expressamente, a obrigação de colacionar os bens recebidos em doação de seu consorte. Assim, não se pode aceitar a interpretação realizada no sentido de que em não havendo determinação expressa de que o cônjuge deva colacionar esteja o mesmo dispensado de fazê--lo, isto porque o instituto exige a dispensa expressa. Ademais, se o cônjuge é herdeiro necessário e se recebeu doação em vida, concorrendo com outros herdeiros necessários deverá, obrigatoriamente, colacionar, sob pena de, em não o fazendo, ferir o princípio maior do instituto da colação, qual seja, o da maior igualdade da legítima dos herdeiros necessários. O resultado da colação sempre importará em aumento na parte correspondente a legítima, isto é, a conferência por parte dos herdeiros necessários não importará aumento da herança, e sim apenas da legítima dos herdeiros necessários[37].

---

[37] RABELLO, Fernanda de Souza. O instituto da colação no Código Civil de 2002. *Jus Navigandi*, Teresina, a. 9, n. 660, 27 abr. 2005. Disponível em: <http://www1.jus.com.br/doutrina/texto.asp?id=6642>. Acesso em: 5 jul. 2005.

Nesse mesmo sentido, SEBASTIÃO AMORIM e EUCLIDES DE OLIVEIRA pontificam:

Lembre-se de que o Novo Código Civil, no art. 1.845, inclui entre os herdeiros necessários, além dos descendentes e ascendentes, também o cônjuge, aos quais pertence, de pleno direito, a legítima.

Sobre a colação, dispõem os artigos 2.002 a 2.012 do novo ordenamento, principiando por dizer que a obrigação de conferir o valor das doações recebidas em vida compete aos descendentes que concorrerem à sucessão do descendente comum. Não há menção ao dever de colação pelo cônjuge sobrevivente, muito embora se cuide de herdeiro necessário, com direito à participação na herança, em concorrência com os descendentes, conforme os arts. 1.829, inc. I, e 1.845 do mesmo Código.

Demais disso, o art. 2.003 do Novo Código Civil, ao proclamar que a colação tem por fim igualar as legítimas, faz expressa menção aos descendentes e ao cônjuge sobrevivente. A mesma referência se contém no parágrafo único desse artigo, estipulando que a falta de bens suficientes para igualar a legítima dos descendentes e do cônjuge deve ser suprida pela conferência dos bens doados em espécie ou, quando deles já não disponha o donatário, pelo valor ao tempo da liberalidade.

Mais ainda, a doação de um cônjuge a outro tem o mesmo efeito que a doação de ascendentes a descendentes, por importar adiantamento do que lhes caiba por herança, conforme estatui o art. 544 do Novo Código Civil (ampliando a previsão do art. 1.171 do CC/1916), que só se refere a doação dos pais aos filhos.

Por essas disposições, que devem ser interpretadas em harmonia com os demais preceitos relativos à colação de bens, conclui-se que a esta se obriga também o cônjuge sobrevivente, quando concorrer no direito à herança com os descendentes, a fim de propiciar a efetiva igualação da legítima[38].

---

[38] AMORIM, Sebastião e OLIVEIRA, Euclides de. *Inventários e partilhas*: direito das sucessões – teoria e prática. 19. ed. São Paulo: LEUD, 2005, p. 376-377.

Em nosso sentir, a questão não se reveste de intransponível dificuldade.

Uma vez que o legislador cuidou de erigir o cônjuge à categoria de herdeiro necessário, forçoso convir que a obrigação de igualar a legítima, por meio da colação, também recai sobre ele.

Aliás, toda e qualquer regra ou instituto atinente à condição do herdeiro necessário ao cônjuge naturalmente se aplicará, mesmo quando não houver previsão expressa a respeito, como se deu com a deserdação[39].

Frise-se, nesse ponto, haver controvérsia quanto a se reconhecer a condição de herdeiro necessário à(ao) companheira(o) viúva(o).

A partir do julgamento, pelo STF, do RE 878.694, que, reconhecendo a inconstitucionalidade do art. 1.790 do CC, admitiu, em favor do(a) companheiro(a) viúvo(a), a aplicação do regime sucessório estabelecido para o cônjuge (art. 1.829), abriu-se discussão a respeito do tema, havendo posição favorável[40] e contrária[41].

Alinham-nos à corrente que, ao menos no atual estágio do nosso Direito, não admite se reconheça esta condição (de herdeiro necessário) ao companheiro.

A par de o art. 1.845 não admitir interpretação extensiva (por ser norma restritiva de direito), "o STF não se manifestou",

---

[39] A deserdação, como sabemos, traduz uma forma de exclusão de herdeiro necessário, por meio do testamento. As normas do Código Civil apenas contemplaram explicitamente os ascendentes e descendentes, deixando aparentemente de fora o cônjuge (arts. 1.961 a 1.965). Entretanto, também este poderá ser deserdado, se cometer qualquer dos atos de indignidade previstos no art. 1.814 do Código Civil.

[40] Cf. José Fernando Simão, *Companheiro é herdeiro necessário? SIM*. Disponível em: <http://www.cartaforense.com.br/conteudo/artigos/companheiro-e-herdeiro-necessario-sim/18265>. Acesso em: 22 dez. 2019.

[41] Cf. Mário Luiz Delgado, *Razões pelas quais companheiro não é herdeiro necessário*. Disponível em: <https://www.conjur.com.br/2018-jul-29/processo-familiar-razoes-pelas-quais-companheiro-nao-tornou-herdeiro-necessario>. Acesso em: 22 dez. 2019.

observa MÁRIO DELGADO, "em momento algum, sobre a aplicação do art. 1.845 à sucessão da união estável".

E acrescenta, o referido autor, que "os debates travados durante o julgamento nos levam a concluir que o STF, não só não quis assegurar esse *status* ao companheiro, como expressamente ressalvou a prevalência da liberdade do testador, na sucessão da UE"[42].

Ressalvando a nossa visão acadêmica, reconhecemos que a tendência deverá ser no sentido de a jurisprudência dos Tribunais superiores firmarem entendimento no sentido de se reconhecer a(ao) companheira(o) viúva(o) a condição de herdeiro necessário, caso em que lhe caberá, por conseguinte, o respectivo dever de colacionar.

Outra interessante questão diz respeito aos acréscimos e melhoramentos realizados pelo donatário, durante o tempo em que possuiu o bem doado, antes de efetivar a colação.

Sustentamos que, uma vez demonstrada sua boa-fé subjetiva, especialmente firmada pelo título que detém (instrumento contratual translativo da coisa), esse herdeiro fará jus, quando da reposição do acervo, e caso demonstrada violação da legítima, *à indenização pelas benfeitorias e acessões que realizou*[43].

Não teria sentido e não seria justo que, realizadas benfeitorias e acessões na coisa doada, pelo herdeiro (possuidor) de boa-fé, os demais herdeiros se beneficiassem dessa valorização; tal entendimento daria ensejo ao enriquecimento sem causa.

Note-se que a demonstração da "boa-fé subjetiva" é indispensável para que se possa reconhecer o direito ao ressarcimento pelas obras valorizadoras do bem doado.

A denominada boa-fé subjetiva, cujo conceito não deve ser confundido com o de boa-fé objetiva, consiste em uma situação

---

[42] Mário Luiz Delgado, idem.
[43] Sobre as benfeitorias e acessões, conferir os seguintes artigos do Código Civil: 1.214 a 1.222 e 1.253 a 1.259.

psicológica, um estado de ânimo ou de espírito do agente que realiza determinado ato, ou vivencia dada situação, sem ter ciência do vício que a inquina[44].

Em geral, esse estado subjetivo deriva do reconhecimento da ignorância do agente a respeito de determinada circunstância, como ocorre na hipótese do *possuidor de boa-fé* que desconhece o vício que macula a sua posse. Nesse caso, o próprio legislador, em vários dispositivos, cuida de ampará-lo, não fazendo o mesmo, outrossim, quanto ao possuidor de má-fé (arts. 1.214, 1.216, 1.217, 1.218, 1.219, 1.220, 1.242 do CC).

É o que ocorre no caso do herdeiro/donatário que recebe o bem doado na firme e legítima expectativa de que saiu da cota disponível da herança, especialmente quando tal referência é feita constar no próprio instrumento da doação.

Distingue-se, portanto, da *boa-fé objetiva*, a qual, tendo natureza de princípio jurídico – delineado em um conceito jurídico indeterminado –, consiste em uma verdadeira *regra de comportamento, de fundo ético, e exigibilidade jurídica*.

A respeito da diferença entre ambas, confira-se a preleção de GISELDA HIRONAKA:

> A mais célebre das cláusulas gerais é exatamente a da boa-fé objetiva nos contratos. Mesmo levando-se em consideração o extenso rol de vantagens e de desvantagens que a presença de cláusulas gerais pode gerar num sistema de direito, provavelmente a cláusula da boa-fé objetiva, nos contratos, seja mais útil que deficiente, uma vez que, por boa-fé, se entende que é um fato (que é psicológico) e uma virtude (que é moral). Por força desta simbiose – fato e virtude – a boa-fé se apresenta como a conformidade dos atos e das palavras com a vida interior, ao mesmo tempo que se revela como o amor ou o respeito à verdade. Contudo, observe-se, através da lição encantado-

---

[44] GAGLIANO, Pablo Stolze; PAMPLONA FILHO, Rodolfo. *Novo curso de direito civil*: contratos. 6. ed. São Paulo: SaraivaJur, 2023, v. 4, p. 60.

ra de André Comte-Sponville, que a boa-fé não pode valer como certeza, sequer como verdade, já que ela exclui a mentira, não o erro[45]. O homem de boa-fé tanto diz o que acredita, mesmo que esteja enganado, como acredita no que diz. É por isso que a boa-fé é uma fé, no duplo sentido do termo. Vale dizer, é uma crença ao mesmo tempo que é uma fidelidade. É crença fiel, e fidelidade no que se crê. É também o que se chama de sinceridade, ou veracidade, ou franqueza, é o contrário da mentira, da hipocrisia, da duplicidade, em suma, de todas as formas, privadas ou públicas, da má-fé[46]. Esta é a interessante visão da boa-fé pela sua angulação subjetiva; contudo, enquanto princípio informador da validade e eficácia contratual, a principiologia deve orientar-se pelo viés objetivo do conceito de boa-fé, pois visa garantir a estabilidade e a segurança dos negócios jurídicos, tutelando a justa expectativa do contraente que acredita e espera que a outra parte aja em conformidade com o avençado, cumprindo as obrigações assumidas. Trata-se de um parâmetro de caráter genérico, objetivo, em consonância com as tendências do direito contratual contemporâneo, e que significa bem mais que simplesmente a alegação da ausência de má-fé, ou da ausência da intenção de prejudicar, mas que significa, antes, uma verdadeira ostentação de lealdade contratual, comportamento comum ao homem médio, o padrão jurídico *standard*. Em todas as fases contratuais deve estar presente o princípio vigilante do aperfeiçoamento do contrato, não apenas em seu patamar de existência, senão também em seus planos de validade e de eficácia. Quer dizer: a boa-fé deve se consagrar nas negociações que antecedem a conclusão do negócio, na sua execução, na produção continuada de seus efeitos, na sua conclusão e na sua interpretação. Deve prolongar-se até mesmo para depois de concluído o negócio contratual, se necessário[47].

---

[45] COMTE-SPONVILLE, André. Pequeno tratado das grandes virtudes. Martins Fontes, 1999, apud Régis Fichtner Pereira, *A responsabilidade civil pré-contratual*. Rio de Janeiro: Renovar, 2001.
[46] Idem, ibidem.
[47] HIRONAKA, Giselda M. F. N. Conferência de encerramento proferida

Como sustenta ANTONIO CARVALHO MARTINS:

> Em qualquer circunstância, certo é que não basta uma confiança que se configure como um simples estado psicológico ou convicção, com puras raízes subjetivas. Torna-se necessário proceder a uma apreciação casuística das situações, socorrendo-se o julgador de todos os elementos disponíveis e para o efeito relevantes, como a duração e o adiantamento das negociações, a natureza e o objeto do negócio, os valores nele envolvidos, a qualidade dos contratantes e a sua conduta[48].

Em conclusão, entendemos que ao herdeiro de boa-fé deve-se dar o tratamento benéfico, e, por que não dizer, justo e adequado, que é dispensado ao possuidor de boa-fé, para garantir-lhe o direito de ser indenizado pelos acréscimos e melhoramentos realizados no bem doado, durante o tempo que exerceu legítima posse sobre o mesmo.

Esse entendimento, aliás, é sufragado pelo legislador, consoante podemos observar da leitura do art. 2.004 do Código Civil:

> Art. 2.004. O valor de colação dos bens doados será aquele, certo ou estimativo, que lhes atribuir o ato de liberalidade.
>
> § 1º Se do ato de doação não constar valor certo, nem houver estimação feita naquela época, os bens serão conferidos na partilha pelo que então se calcular valessem ao tempo da liberalidade.
>
> § 2º Só o valor dos bens doados entrará em colação; não assim o das benfeitorias acrescidas, as quais pertencerão ao herdeiro donatário, correndo também à conta deste os rendimentos ou lucros, assim como os danos e perdas que eles sofrerem.

---

em 21 de setembro de 2001, no Seminário Internacional de Direito Civil, promovido pelo NAP – Núcleo Acadêmico de Pesquisa da Faculdade Mineira de Direito da PUCMG. Palestra proferida na Faculdade de Direito da Universidade do Vale do Itajaí – UNIVALI (SC), em 25 de outubro de 2002, que nos foi gentilmente cedida.

[48] CARVALHO MARTINS, Antônio. *Responsabilidade pré-contratual*. Coimbra: Coimbra Ed., 2002, p. 79.

Ao mencionar valor "certo ou estimativo", o legislador está tentando alcançar situações em que o doador, por desconhecimento ou omissão, não cuidou de determinar, no ato da doação, o *quantum* líquido e certo do bem que doa, mas, apenas, fez-lhe mera referência indicativa ou estimativa.

Ainda segundo a regra sucessória *supra*, o valor dos bens doados a ser considerado, na colação, é **aquele do tempo da liberalidade**.

Nesse ponto, algumas importantes reflexões devem ser feitas.

O Direito não é uma ciência exata.

Longe disso.

Há controvérsia acerca do valor que deve ser considerado na colação, para se aferir se houve ou não violação da legítima. E tal polêmica ganhou novos matizes após a vigência do CPC-2015.

Descrevendo o confuso contexto fático acerca do critério a ser utilizado na aferição do valor da liberalidade, escrevem, com aguçada precisão, ANDRÉ LUIZ ARNT RAMOS e ROBERTO ALTHEIM:

> Nota-se que os textos dos Códigos Civis de 1916 e 2002 fixavam a data da liberalidade como marco temporal para aferição do valor do bem a ser colacionado. E os Códigos de Processo Civil, tanto na redação de 1973 como na de 2015, fixam a data do falecimento do *de cujus* (data da abertura da sucessão). São mandamentos legais diferentes, e que podem acarretar grande discrepância no cálculo do valor a ser trazido à colação pelo beneficiário de liberalidade realizada por parte do *de cujus*.
> Antes da promulgação do Código de Processo Civil de 2015 houve a divulgação de um entendimento "intermediário" expresso pelo enunciado n. 119 da Jornada de Direito Civil do Centro de Estudos Judiciários do Conselho da Justiça Federal realizada entre 11 e 13 de fevereiro de 2002: *Para evitar o enriquecimento sem causa, a colação será efetuada com base no valor da época da doação, nos termos do* caput *do art. 2.004, exclusivamente na hipótese em que o bem doado não mais pertença ao donatário; se, ao contrário, o bem ainda integrar seu patrimônio,*

a colação se fará com base no valor do bem na época da abertura da sucessão, nos termos do art. 1.014 do CPC, de modo a preservar a quantia que efetivamente integrará a legítima quando esta se constituiu, ou seja, na data do óbito (resultado da interpretação sistemática do art. 2.004 e seus parágrafos, juntamente com os arts. 1.832 e 884 do Código Civil.

Ocorre que os textos legais não trazem a variável ligada à manutenção da propriedade do bem com o donatário/herdeiro referida no enunciado acima transcrito. E, embora tenha sido, em grande medida, esta a contribuição enunciada por Villela, por certo está longe do desejável à vista das peculiaridades da sociedade contemporânea, cuja crescente complexidade perpassa, é sabido, por uma renovada percepção do tempo.

Esta sucessão errante de enunciados incoerentes entre si traz consigo notável prejuízo às mais comezinhas noções de segurança jurídica, tanto em dimensão subjetiva (sobretudo no que tem com o tempo e o valor considerados na realização da conferência), quanto objetiva e substancial (em que o cariz moderno, fundado na imagética certeza da Lei, cede espaço ao contemporâneo prestígio às razões que sustentam soluções ofertadas a problemas jurídicos concretos)[49].

Nesse complexo mosaico, julgado do Superior Tribunal de Justiça aponta que a resposta seria dada pelo Direito Intertemporal:

CIVIL. PROCESSUAL CIVIL. AÇÃO DE INVENTÁRIO. COINCIDÊNCIA DE QUESTÕES DECIDIDAS EM DOIS DIFERENTES ACÓRDÃOS. MATÉRIAS DISTINTAS.
INOCORRÊNCIA DE PRECLUSÃO. COLAÇÃO DE BENS. VALOR DO BEM AO TEMPO DA LIBERALIDADE OU AO TEMPO DA ABERTURA DA SUCESSÃO. ANTINOMIA ENTRE O CÓDIGO CIVIL E O CÓDIGO DE PROCESSO CIVIL. INDISCUTIBILIDADE ACERCA DAS SUCESSIVAS REVOGAÇÕES PROMOVIDAS PELA LEGISLAÇÃO.

---

[49] RAMOS, André Luiz Arnt; ALTHEIM, Roberto. Colação hereditária e legislação irresponsável: descaminhos da segurança jurídica no âmbito sucessório. *Revista Eletrônica Direito e Sociedade, REDES*, v. 6, n. 1, Canoas, 2018.

COLAÇÃO QUE É TEMA DE DIREITO MATERIAL E DE DIREITO PROCESSUAL. SOLUÇÃO DA ANTINOMIA EXCLUSIVAMENTE PELO CRITÉRIO DA TEMPORALIDADE. IMPOSSIBILIDADE DE APLICAÇÃO DO CRITÉRIO DA ESPECIALIDADE. AUTOR DA HERANÇA FALECIDO ANTES DA ENTRADA EM VIGOR DO CC/2002. APLICAÇÃO DO CPC/73.
1. Ação distribuída em 24-1-2002. Recurso especial interposto em 26-3-2015 e atribuído à Relatora em 25-8-2016.

2. Os propósitos recursais consistem em definir se há coincidência entre as questões decididas em dois diferentes acórdãos apta a gerar preclusão sobre a matéria e se, para fins de partilha, a colação do bem deve se dar pelo valor da doação ao tempo da liberalidade ou pelo valor ao tempo da abertura da sucessão.

3. Inexiste questão decidida e, consequentemente, preclusão, quando o acórdão antecedente somente tangencia a matéria objeto de efetivo enfrentamento no acórdão posterior, referindo-se ao tema de *obiter dictum* e nos limites da matéria devolvida pela parte que é distinta da anteriormente examinada.

4. **É indiscutível a existência de antinomia entre as disposições do Código Civil (arts. 1.792, *caput*, do CC/1916 e 2.004, *caput*, do CC/2002), que determinam que a colação se dê pelo valor do bem ao tempo da liberalidade, e as disposições do Código de Processo Civil (arts. 1.014, parágrafo único, do CPC/73 e 639, parágrafo único, do CPC/2015), que determinam que a colação se dê pelo valor do bem ao tempo da abertura da sucessão, de modo que, em se tratando de questão que se relaciona, com igual intensidade, com o direito material e com o direito processual, essa contradição normativa somente é resolúvel pelo critério da temporalidade e não pelo critério de especialidade. Precedentes.**

5. **Na hipótese, tendo o autor da herança falecido antes da entrada em vigor do CC/2002, aplica-se a regra do art. 1.014, parágrafo único, do CPC/73, devendo a colação se dar pelo valor do bem ao tempo da abertura da sucessão.**

6. Recurso especial conhecido e desprovido (REsp 1.698.638/RS, rel. Min. Nancy Andrighi, 3ª T., j. 14-5-2019, DJe 16-5-2019) (grifo nosso).

De acordo com o entendimento *supra*, **a regra a ser aplicada dependerá da aferição do Direito intertemporal**[50].

Portanto, caso o falecimento do autor da herança ocorra após a entrada em vigor do CPC-2015 (18 de março de 2016), parece-nos que tenderia a ser aplicada a norma deste diploma processual (art. 639) e **o cálculo, por conseguinte, deverá ser feito pelo valor que o bem tiver ao tempo da abertura da sucessão**.

Em nosso sentir, *data venia*, o valor a ser considerado, para efeito de preservação da legítima, **deveria sempre ser o do tempo da liberalidade**, nos termos do Código Civil, pois é neste momento que o doador se põe diante de um quadro patrimonial concreto em face do que pode ou não ser objeto de doação.

---

[50] "Parece não restar muita dúvida a respeito de ter o novo CPC derrogado, ou revogado tacitamente, o Código Civil de 2002, no que respeita ao modo de se proceder à colação e ao valor a ser levado em conta nos casos de colação por estimação. Ainda que os civilistas não concordem com esta alteração, julgando ser ela um verdadeiro retrocesso legislativo – dado que a lei processual deveria disciplinar apenas o procedimento da colação e não o seu modo –, a verdade é que o sistema de aplicação das normas sobre a vigência e a revogação das Leis (LINDB – Lei de Introdução às Normas do Direito Brasileiro – Decreto n. 4.657/42) determina esta derrogação, para se aplicar, então, a nova regra contida no CPC/2015. Acompanhamos um importante seguimento doutrinário, neste momento, que registra que as alterações assim promovidas só se aplicam às sucessões abertas após a entrada em vigor do novo diploma processual civil. Mesmo porque, sempre é bom relembrar, as regras aplicáveis à sucessão hereditária são aquelas vigentes à época da abertura da sucessão e não à época da abertura do inventário judicial ou extrajudicial" (HIRONAKA, Giselda Maria Fernandes Novaes e AGUIRRE, João Ricardo Brandão. Quais os parâmetros vigentes para a realização das colações das doações realizadas em adiantamento da legítima?, *Revista de Direito Civil Contemporâneo*, v. 17, p. 219 e s., gentilmente cedido pelo coautor Prof. João Aguirre).

Pensamento diverso **resultaria em se submeter um ato jurídico perfeito a um crivo futuro de validade**, o que, por certo, a par de traduzir atecnia, gera insegurança jurídica.

O fato de se atualizar a expressão econômica do *monte mor* nas primeiras declarações (art. 620, IV, *h*, CPC) – segundo o valor do(s) bem(ns) ao tempo da abertura da sucessão (art. 639, CPC) – não significa que o juiz não deva, quando da conferência para a aferição de eventual violação da legítima, levar em conta o valor do bem doado quando da liberalidade (art. 1.202).

Merece referência, nesse ponto, o seguinte entendimento do STJ:

> O excesso caracterizador da doação inoficiosa deve ser considerado no momento do ato de liberalidade, sendo irrelevante saber se os demais bens existentes nesse momento foram, ou não, efetivamente revertidos em favor dos herdeiros necessários após o falecimento do doador ou se os referidos bens compuseram, ou não, o acervo hereditário (REsp. 2.026.288/SP, *DJe* 20-4-2023).

Deve prevalecer, pois, em nossa visão acadêmica, e por imperativo de bom senso, pelas razões *supra*, a norma do Código Civil (art. 2.004, CC).

Frise-se ainda que o legislador brasileiro deixou clara a possibilidade de dispensar da colação o donatário que recebeu bem integrante da parte disponível da herança, consoante já anunciamos:

> Art. 2.005. São dispensadas da colação as doações que o doador determinar saiam da parte disponível, contanto que não a excedam, computado o seu valor ao tempo da doação[51].

---

[51] STJ: RECURSO ESPECIAL. DIREITO DAS SUCESSÕES. PARTILHA EM VIDA FEITA PELOS ASCENDENTES AOS DESCENDENTES DE TODOS OS BENS DE QUE DISPUNHAM POR MEIO DE ESCRITURAS PÚBLICAS DE DOAÇÃO, COM CONSENTIMENTO DOS HERDEIROS E CONSIGNAÇÃO DE DISPENSA DE COLAÇÃO FUTURA.

Parágrafo único. Presume-se imputada na parte disponível a liberalidade feita a descendente que, ao tempo do ato, não seria chamado à sucessão na qualidade de herdeiro necessário. (grifamos)

Segundo RODRIGO MAZZEI, "o art. 2.005 do CC permite que o autor do ato de liberalidade dispense da colação o bem doado, postura que pode se efetuar de forma contemporânea ao ato, como também posteriormente de forma ordinária no bojo de testamento (art. 2.006) ou por ratificação da doação, preen-

---

1. OMISSÃO DO ACÓRDÃO RECORRIDO. INEXISTÊNCIA. 2. AUSÊNCIA DE BENS A COLACIONAR. INVENTÁRIO. PROCESSO EXTINTO POR CARÊNCIA DA AÇÃO. 3. RECURSO DESPROVIDO.

1. Embora rejeitados os embargos de declaração, a matéria controvertida foi devidamente enfrentada pelo Colegiado de origem, que sobre ela emitiu pronunciamento de forma fundamentada, com enfoque suficiente a autorizar o conhecimento do recurso especial, não havendo que se falar em ofensa ao art. 535, II, do CPC.

2. Consoante dispõe o art. 2.002 do CC, os descendentes que concorrerem à sucessão do ascendente comum são obrigados, para igualar as legítimas, a conferir o valor das doações que dele em vida receberam, sob pena de sonegação.

3. Todavia, o dever de colacionar os bens admite exceções, sendo de ressaltar, entre elas, as doações que o doador determinar saiam da parte disponível, contanto que não a excedam, computado o seu valor ao tempo da doação (CC, art. 2005), ou, como no caso, em que os pais doaram aos filhos todos os bens de que dispunham, com o consentimento destes, fazendo constar, expressamente, dos atos constitutivos de partilha em vida, a dispensa de colação futura, carecendo o ora recorrente, portanto, de interesse processual para ingressar com processo de inventário, que foi corretamente extinto (CPC, art. 267, VI).

4. Eventual prejuízo à legítima do herdeiro necessário, em decorrência da partilha em vida dos bens, deve ser buscado pela via anulatória apropriada e não por meio de ação de inventário. Afinal, se não há bens a serem partilhados, não há a necessidade de inventário.

5. Recurso especial a que se nega provimento (REsp 1.523.552/PR, rel. Min. Marco Aurélio Bellizze, 3ª T., j. 3-11-2015, *DJe* 13-11-2015).

chendo o espaço vazio no sentido. A dispensa da colação afasta a atração do bem doado para a parte indisponível da herança (legítima), remetendo-o para o trecho patrimonial tido como disponível, ou seja, para a área em que vige autonomia do testador e sem alcance dos efeitos do art. 1.846"[52].

Merece, aqui, esclarecimento mais detido o parágrafo único.

Pensamos que, ao presumir "imputada na parte disponível a liberalidade feita a descendente que, ao tempo do ato, não seria chamado à sucessão na qualidade de herdeiro necessário", o legislador anteviu a possibilidade de a doação haver sido feita antes do reconhecimento do vínculo parental que conferiria a esse herdeiro o direito à parte legítima da herança. É o caso, por exemplo, de Caio doar um bem a Mévio ignorando que este é seu filho. Posteriormente, reconhecida a paternidade, firma-se a presunção, relativa, é óbvio, de que tal bem integrara a parte disponível da herança, não prejudicando, assim, o direito desse herdeiro à parte legítima.

Outro exemplo, também pertinente, é apresentado por SÍLVIO VENOSA:

> O vigente Código acrescentou que se presume imputada na parte disponível a liberalidade feita a descendente que, ao tempo do ato, não seria chamado à sucessão na qualidade de herdeiro necessário (art. 2.005, parágrafo único). Assim será, por exemplo, a doação de um avô ao neto, quando estivesse vivo o filho, este, sim, herdeiro necessário na época da liberalidade. Entende-se que não houve desequilíbrio de legítima nessa situação[53].

---

[52] MAZZEI, Rodrigo Reis. *Comentários ao Código de Processo Civil – XII – Do Inventário e da Partilha – Arts. 610 a 673*, coordenadores José R. F. Gouvêa, Luis Guilherme A. Bondioli, João Francisco N. da Fonseca. São Paulo: Saraivajur, 2023, p. 592.

[53] VENOSA, Sílvio de Salvo. *Direito civil*: direito das sucessões. 4. ed. São Paulo: Atlas, 2004, p. 377.

Finalmente, cabe lembrar que a dispensa da colação poderá dar-se no instrumento da doação ou no próprio testamento:

Art. 2.006. A dispensa da colação pode ser outorgada pelo doador em testamento, ou no próprio título de liberalidade.

Nesse sentido, o Superior Tribunal de Justiça já decidiu:

Recurso especial. Sucessões. Inventário. Partilha em vida. Negócio formal. *Doação*. Adiantamento de legítima. Dever de colação. Irrelevância da condição dos herdeiros. Dispensa. Expressa manifestação do doador.

– Todo ato de liberalidade, inclusive *doação*, feito a descendente e/ou herdeiro necessário nada mais é que adiantamento de legítima, impondo, portanto, o dever de trazer à colação, sendo irrelevante a condição dos demais herdeiros: se supervenientes ao ato de liberalidade, se irmãos germanos ou unilaterais. É necessária a expressa aceitação de todos os herdeiros e a consideração de quinhão de herdeira necessária, de modo que a inexistência da formalidade que o negócio jurídico exige não o caracteriza como partilha em vida.

– A dispensa do dever de colação só se opera por expressa e formal manifestação do doador, determinando que a doação ou ato de liberalidade recaia sobre a parcela disponível de seu patrimônio. Recurso especial não conhecido (3ª T., REsp 730.483/MG, rel. Min. Nancy Andrighi, j. 3-5-2005, *DJ*, 20-6-2005, p. 287 – grifos nossos).

Superado esse ponto, passamos ao problema da *redução das liberalidades*.

A redução da liberalidade visa a repor a parte legítima da herança, e somente poderá atingir o excesso da doação, segundo o valor que os bens tinham, ao tempo da alienação.

No que tange a esse tema, intrigante questão é-nos apresentada pelo Código Civil.

Vimos, anteriormente, que a regra geral a ser observada quando da reposição da parte legítima da herança é a "conferência da doação pelo valor, e não pela substância do bem doado":

Art. 2.002. Os descendentes que concorrerem à sucessão do ascendente comum são obrigados, para igualar as legítimas, a conferir o *valor das doações* que dele em vida receberam, sob pena de sonegação.

Parágrafo único. Para cálculo da legítima, o valor dos bens conferidos será computado na parte indisponível, sem aumentar a disponível. (grifamos)

Ora, soa paradoxal a dicção do § 2º do art. 2.007, que, ao tratar da redução da liberalidade, aponta em sentido contrário; prevê que a restituição se dê em substância, e apenas excepcionalmente pelo valor:

§ 2º A redução da liberalidade far-se-á pela restituição ao monte do excesso assim apurado; a restituição será em espécie, ou, se não mais existir o bem em poder do donatário, em dinheiro, segundo o seu valor ao tempo da abertura da sucessão, observadas, no que forem aplicáveis, as regras deste Código sobre a redução das disposições testamentárias.

Tal incongruência é observada por ZENO VELOSO:

O § 2º prevê que, para a redução da liberalidade, a restituição será em espécie, vale dizer, em substância, com a devolução ao acervo hereditário do próprio bem doado, e só na hipótese de este não mais existir em poder do donatário é que a restituição será feita em dinheiro, pelo valor da liberalidade. Por que, aqui, a restituição em substância, se o art. 2.002 sufraga, como regra geral, a conferência pelo valor? O novo Código Civil, nessa matéria, deveria ter regulado o assunto com mais segurança[54].

Houve, de fato, falha por parte do legislador, que perdeu a oportunidade de pacificar a matéria, findando a polêmica doutrinária, e acabou *agravando ainda mais a confusão.*

---

[54] VELOSO, Zeno. *Comentários ao Código Civil,* cit., p. 425.

A nosso ver, deve prevalecer a regra geral do art. 2.002, ou seja, de que a colação deve ser feita em pecúnia, e, não sendo possível, pela restituição do próprio bem doado.

Tal entendimento é mais razoável, especialmente considerando que, em uma perspectiva constitucional, aquele herdeiro que recebeu a coisa deve estar-lhe imprimindo destinação econômica, valorizando-a, enfim, concretizando o princípio da função social da posse e da propriedade. Assim sendo, nada mais justo que, podendo repor o acervo em dinheiro, que o faça, mantendo a propriedade do bem que valorizou.

Cumpre lembrar, ainda, que, na forma do § 4º do art. 2.007, "sendo várias as doações a herdeiros necessários, feitas em diferentes datas, serão elas reduzidas a partir da última, até a eliminação do excesso", conforme mencionamos no tópico 6.1.

Importante regra vemos, ainda, no art. 2.008 do Código Civil, que trata das figuras do renunciante e do excluído da sucessão por indignidade: "aquele que renunciou a herança ou dela foi excluído, deve, não obstante, conferir as doações recebidas, para o fim de repor o que exceder o disponível".

Duas pessoas são expressamente referidas nesse dispositivo: o *renunciante* e o *excluído por indignidade*.

Como sabemos, a *renúncia* caracteriza-se por ser uma *declaração negocial de vontade*[55], que, no âmbito sucessório, tem o condão de afastar o herdeiro renunciante da sucessão, com eficácia retroativa, de modo que passa a ser considerado como se herdeiro nunca houvesse sido.

Trata-se, pois, de uma declaração solene, que, para produzir efeitos, deve observar os seus pressupostos legais[56].

---

[55] GAGLIANO, Pablo Stolze. *Código Civil comentado*, cit., v. XIII, p. 187.
[56] "Art. 1.806. A renúncia da herança deve constar expressamente de instrumento público ou termo judicial."

Interessante, nesse ponto, é que a renúncia, em seu rigor técnico, traduz uma manifestação *abdicativa*, muito embora, na prática, inúmeras sejam as situações em que o herdeiro/renunciante "direciona" a parcela do que renunciou a pessoa determinada (ex.: "renuncio à minha parte da herança, em favor do meu irmão menor"). Ora, em tal caso, posto haja se consagrado a expressão "renúncia translativa", propriamente de renúncia não se trata, operando-se, em verdade, uma *aceitação com consequente cessão do direito hereditário*, inclusive com dupla incidência tributária (imposto de transmissão *mortis causa*, na transferência da quota do *de cujus* para o cedente, e imposto de transmissão *inter vivos*, na transferência da quota do cedente para o cessionário, beneficiário final do ato).

Outro aspecto a considerar é que respeitável parcela da doutrina sustenta a necessidade do *consentimento do cônjuge do renunciante*[57].

Nesse sentido, FRANCISCO CAHALI já sustentava que "tratando a sucessão aberta como imóvel (CC-16, art. 44, III) a renúncia à herança depende do consentimento do cônjuge, independentemente do regime de bens adotado (CC-16, arts. 235, 242, I e II). Considera-se que a ausência do consentimento torna o ato anulável, uma vez passível de ratificação (*RT* 675/102)"[58].

Embora se possa imaginar que essa autorização do cônjuge é necessária para todo tipo de renúncia – *inclusive a abdicativa, em que o herdeiro se despoja de seu quinhão em benefício de todo o monte partível, indistintamente* –, entendemos que tal formalidade só é necessária em se tratando da *renúncia translativa*, analisada acima, hipótese em que o herdeiro "renuncia em favor de determinada pessoa", praticando, com o seu comportamento, verdadeiro *ato*

---

[57] GAGLIANO, Pablo Stolze; PAMPLONA FILHO, Rodolfo. *Novo curso de direito civil:* parte geral. 25. ed. São Paulo: SaraivaJur, 2023, v. 1, p. 302.
[58] CAHALI, Francisco José, HIRONAKA, Giselda Maria Fernandes Novaes. *Curso avançado de direito civil,* cit., v. 6, p. 102.

de cessão de direitos. E tanto é assim que, como dissemos, nesta última hipótese, incidirão dois tributos distintos: o imposto de transmissão *mortis causa* (em face da transferência dos direitos do falecido para o herdeiro/cedente) e o imposto de transmissão *inter vivos* (em face da transferência dos direitos do herdeiro/cedente para outro herdeiro ou terceiro/cessionário). Deve, pois, nesse particular, estar o juiz atento, para evitar sonegação tributária.

Cumpre registrar ainda haver entendimento no sentido de não ser exigível a autorização do outro cônjuge para a renúncia de direitos hereditários.

É a posição de MARIA HELENA DINIZ, para quem, "a pessoa casada, entendemos, pode aceitar ou renunciar à herança ou legado independentemente de prévio consentimento do cônjuge, apesar de o direito à sucessão aberta ser considerado imóvel para efeitos legais"[59].

Em nossa visão, em se tratando de renúncia translativa, uma vez que o direito à sucessão aberta tem natureza imobiliária (art. 80, II, CC/2002), afigura-se necessária a autorização conjugal, como sustentado por CAHALI, ressalvada a hipótese de o regime de bens ser o da separação absoluta, a teor do art. 1.647 do Código Civil.

Já a *exclusão por indignidade* é forma de sanção civil por meio da qual o herdeiro ou legatário que haja cometido atos ofensivos à pessoa, à honra ou à liberdade de testar do sucedido é afastado da sucessão, mediante sentença judicial impositiva da penalidade.

As hipóteses que justificam a exclusão por indignidade, elencadas em *numerus clausus*, são as seguintes (art. 1.814):

a) se os herdeiros ou legatários houverem sido autores, coautores ou partícipes de homicídio doloso, ou tentativa deste,

---

[59] DINIZ, Maria Helena. *Curso de direito civil brasileiro* – direito das sucessões. 34. ed. São Paulo: Saraiva, 2020, v. 6, p. 94.

contra a pessoa de cuja sucessão se tratar, seu cônjuge, companheiro, ascendente ou descendente;

b) se os herdeiros ou legatários houverem acusado caluniosamente em juízo o autor da herança ou incorrerem em crime contra a sua honra, ou de seu cônjuge ou companheiro;

c) se os herdeiros ou legatários, por violência ou meios fraudulentos, inibirem ou obstarem o autor da herança de dispor livremente de seus bens por ato de última vontade.

Observe-se que a *ação de exclusão por indignidade* tem prazo decadencial de quatro anos, a contar da abertura da sucessão, sendo pessoais os efeitos da sentença que determinar a exclusão, razão por que, como se sabe, os herdeiros do renunciante poderão ser chamados à sucessão do excluído, por força do direito de representação que lhes é conferido (arts. 1.815 e 1.816).

Posto isso, retomemos a análise do art. 2.008.

Regras semelhantes, encontramos no Código Civil da Espanha:

Art. 1.036. La colación no tendrá lugar entre los herederos forzosos si el donante así lo hubiese dispuesto expresamente o si el donatario repudiare la herencia, salvo el caso en que la donación deba reducirse por inoficiosa.

Ora, ao dispor o legislador brasileiro que o *renunciante* ou *excluído da sucessão* deverá conferir os bens recebidos, para efeito de repor o acervo, restaurando a legítima, se necessário, nada mais fez que impor a tais pessoas obediência às regras legais da colação, para impedir a subsistência de efeitos de uma doação inoficiosa. Pouco importa que foram retiradas da cadeia sucessória; se tais pessoas não tivessem sido obrigadas a conferir, a finalidade da colação não seria atingida.

Aliás, em nosso sentir, deveria também o legislador, nesse artigo, ter contemplado expressamente o *deserdado*[60], pois, sen-

---

[60] "Art. 1.961. Os herdeiros necessários podem ser privados de sua legíti-

do um herdeiro necessário, também está sujeito à colação. De qualquer forma, a despeito da omissão legislativa, a ele também se impõe o dever de colacionar, pois, por princípio, sabemos que *onde há a mesma razão, deve haver o mesmo direito...*

Vale lembrar que alguns bens ou valores doados não se sujeitam à colação, a exemplo dos gastos ordinários do ascendente com o descendente, enquanto menor, na sua educação, sustento, vestuário, tratamento nas enfermidades, enxoval, assim como as despesas com seu casamento, ou as feitas no interesse de sua defesa em processo-crime, e também as doações remuneratórias de serviços prestados ao ascendente (arts. 2.010 e 2.011).

Sobre a doação remuneratória, confiram-se:

Ementa: INVENTÁRIO. *DOAÇÃO* DE DOIS BENS IMÓVEIS. DETERMINAÇÃO DE TRAZER OS BENS COLAÇÃO. *DOAÇÃO REMUNERATÓRIA.* DESCABIMENTO. 1. A *DOAÇÃO* DE BEM FEITA AOS HERDEIROS NECESSÁRIOS CONSTITUI NEGÓCIO JURÍDICO VÁLIDO E EFICAZ, QUANDO REVESTIDO DA FORMA LEGAL E SEM VÍCIO DE VONTADE. 2. SE A *DOAÇÃO* FOI FEITA COM NÍTIDO CARÁTER REMUNERATÓRIO, ENTÃO TAIS BENS NÃO DEVEM INTEGRAR O MONTE PARTILHÁVEL, SENDO IMPERIOSA A DISPENSA DE COLAÇÃO. INTELIGÊNCIA DO ART. 2.011 DO CCB. RECURSO PROVIDO.(Agravo de Instrumento, n. 51234250320228217000, Sétima Câmara Cível, Tribunal de Justiça do RS, Relator: Sérgio Fernando de Vasconcellos Chaves, Julgado em: 28-09-2022)

Data de Julgamento: 28-09-2022

Publicação: 29-09-2022

Ementa: APELAÇÃO. AÇÃO DE SONEGADOS. *DOAÇÃO REMUNERATÓRIA. COLAÇÃO.* DESNECESSIDADE. OCULTAÇÃO DOLOSA DE BENS. INOCORRÊNCIA. A *doação* feita pelo pai a um dos filhos, que com ele trabalhou a vida toda, ajudando a manter e aumentar o patrimônio, não é adiantamento de legítima, mas sim *remuneratória*. E como tal, está liberada de *colação*. Inteli-

---

ma, ou deserdados, em todos os casos em que podem ser excluídos da sucessão."

gência do art. 2.011 do CCB. Caso em que inexiste qualquer intenção dolosa de ocultar bens. Aliás, o próprio apelante participou de pedido de avaliação dos bens alegadamente sonegados, o que demonstra sequer ter havido alguma ocultação. NEGARAM PROVIMENTO. (Apelação Cível, n. 70026006635, Oitava Câmara Cível, Tribunal de Justiça do RS, Relator: Rui Portanova, Julgado em: 18-6-2009)

Finalmente, se a doação for feita por ambos os cônjuges, no inventário de cada um se conferirá por metade (art. 2.012), muito embora, como vimos acima, mesmo antes do referido inventário, possa o herdeiro prejudicado impugnar a doação inoficiosa.

6.7. Distinção entre o tratamento jurídico dispensado à doação inoficiosa e a venda de ascendente a descendente

Para o adequado entendimento do tratamento dispensado à doação inoficiosa, tema desenvolvido nos tópicos anteriores, reputamos conveniente analisar também os aspectos civis da venda de ascendente a descendente, para que ambos os institutos sejam tecnicamente diferenciados, evitando-se confusão indesejável, como frequentemente costuma ocorrer na prática.

O art. 1.132 do Código Civil de 1916 dispunha que *os ascendentes não podem vender aos descendentes, sem que os outros descendentes expressamente consintam.*

Discorrendo sobre o tema, preleciona o erudito ZENO VELOSO:

> Essa proibição é antiquíssima. Apareceu nas Ordenações Manuelinas, de 1521, sendo repetida nas Ordenações Filipinas, de 1603 (Livro 4, título XII). Constou no artigo 1.565 do Código Civil português, de 1867, foi mantida no artigo 877 do atual Código Civil lusitano, de 1966. Da legislação portuguesa (e luso-brasileira), a vedação da venda de ascendentes a descendentes passou para nosso Código Civil de 1916 e para o atual. Só nas legislações portuguesa e brasileira o caso é previsto.

Já nas Ordenações Manuelinas (Livro 4, título LXXXII) se explicava que a norma era estabelecida para "evitarmos muitos enganos e demandas que se causam e podem causar das vendas que algumas pessoas fazem a seus filhos, ou netos, ou outros descendentes". Os autores, sem discrepância, apontam que a regra contida no artigo 496 de nosso Código tem o objetivo de evitar uma simulação, ou seja, a doação de bens (móveis ou imóveis) aos filhos, sob forma de venda, para que os beneficiados não tivessem que trazer o bem à *colação*, com a morte dos pais, para efeito de igualar as legítimas dos herdeiros. O disfarce ou a fraude é minimizado com a exigência da concordância expressa dos demais descendentes e do cônjuge do vendedor. Essa anuência é indispensável para que a venda se realize.

Inclui-se na proibição, além da venda, propriamente dita, a promessa de compra e venda, a dação em pagamento e a troca ou permuta de valores desiguais. E o negócio é inválido, também, se for utilizada interposta pessoa: o pai vende a um estranho que, depois, traspassa para o filho (fraude)[61].

O art. 1.132, retrocitado, em verdade, criava uma restrição à venda a descendentes, os quais não gozariam de legitimidade para figurar como adquirentes nesse tipo de contrato. Estariam, pois, nesse contexto, impedidos de celebrar esse negócio, ainda que fossem perfeitamente capazes, se os demais descendentes não houvessem expressado a sua aquiescência.

O que visou a nossa lei, nesse particular, foi exatamente resguardar a legítima dos demais descendentes que não participassem da referida venda.

Nesse ponto, fundamentalmente, três sistemas sucessórios são usualmente adotados no Direito Comparado[62]:

---

[61] VELOSO, Zeno. Venda de ascendente a descendente, Jornal *O Liberal*, edição de 27-9-2003. Disponível em: <http://www.soleis.adv.br/artigovendadeascendente.htm>.
[62] GOMES, Orlando. *Sucessões*. 7. ed. Rio de Janeiro: Forense, 1998, p. 8-9.

a) o sistema da liberdade absoluta;
b) o sistema da concentração obrigatória; e
c) o sistema da divisão necessária.

De acordo com o primeiro (a), o testador tem plena liberdade para dispor a respeito dos seus bens, como melhor lhe aprouver, para depois da sua morte. Não existem, pois, limitações legais ou restrições normativas derivadas da existência de uma especial classe de herdeiros.

O segundo sistema (b), por sua vez, vigente sobretudo nas sociedades mais antigas, admite que a herança seja transmitida apenas para determinado herdeiro, a exemplo do vetusto benefício decorrente da primogenitura.

O terceiro e último (c), consagrado no Direito brasileiro, reconhece parcial autonomia ao testador, na medida em que este pode dispor apenas de metade dos seus bens, caso exista determinada classe preferencial de herdeiros (herdeiros necessários ou reservatários).

Lembramos, portanto, que metade do patrimônio do testador tocará ao herdeiro necessário, reconhecendo-se ao autor da herança a liberdade de dispor apenas da outra fração, denominada porção disponível.

Essa restrição ao direito do testador, se já encontrou justificativa em sociedades antigas, em que a maior riqueza de uma família era a fundiária, não mais se explica, nos dias que correm, conforme anotamos alhures.

Nessa linha, visando precisamente a proteger a legítima, assim como ocorre na previsibilidade legal da doação inoficiosa, exigiu o legislador a necessidade de se colher a anuência dos demais herdeiros necessários preferenciais, para que se possa reputar válida a referida venda.

Acesa controvérsia, entretanto, instalou-se na jurisprudência acerca do grau da referida "invalidade", decorrente da violação desse preceito, antes da entrada em vigor do Código Civil de 2002.

Alguns entenderam tratar-se de hipótese de nulidade absoluta, por afronta a expresso dispositivo legal; enquanto outros juristas defenderam a tese da anulabilidade.

A justificativa para a primeira solução (nulidade absoluta), consoante mencionamos, resultaria da conjugação do art. 1.132 com o art. 145 do Código revogado. O primeiro, utilizando a expressão "não podem", proibia que se efetuasse venda de ascendente a descendente sem o consentimento dos demais; já o segundo, situado na Parte Geral, referia ser nulo o ato jurídico quando a lei "lhe negasse efeito". Da análise de ambos os dispositivos decorreria a indigitada nulidade.

Ocorre que floresceu na doutrina e na jurisprudência corrente diversa, que sufragava a mera anulabilidade do negócio sob comento. Leia-se preleção de ARNOLDO WALD:

> Segundo a melhor jurisprudência tal venda feita sem o consentimento de quem de direito é anulável e não nula de pleno direito (Súmula 494) e a nulidade pode ser declarada em ação movida contra o ascendente, ainda em vida deste (RE 115.105, julgado pelo STF)[63].

De fato, a corrente da anulabilidade, bem mais razoável, soluciona, com muito mais eficácia e utilidade, a problemática questão referente à venda entre ascendentes e descendentes.

Isso porque, caso se seguisse a tese da nulidade absoluta, alguns intransponíveis (senão esdrúxulos) obstáculos surgiriam, a exemplo da imprescritibilidade do vício, e, ainda, da possibilidade de o negócio ser impugnado por qualquer pessoa, ou, até mesmo, ter a nulidade reconhecida pelo juiz, de ofício.

Ademais, seguindo essa corrente, estar-se-ia impedindo, por via oblíqua, que os demais herdeiros pudessem, posteriormente, chancelar o ato, uma vez que, como se sabe, o negócio jurídico nulo não admite confirmação.

---

[63] WALD, Arnoldo. *Obrigações e contratos*. 12. ed. São Paulo: Revista dos Tribunais, 1995, p. 256.

Por isso, tradicionalmente, a jurisprudência do Superior Tribunal de Justiça, com inegável acerto, adotou a última vertente de pensamento, mais consentânea com o nosso sistema jurídico:

Ementa: VENDA DE ASCENDENTE A DESCENDENTE. Falta de consentimento dos demais.
– É ato anulável. Art. 1.132, CCivil.
Recurso não conhecido.

Decisão: Vistos, relatados e discutidos estes autos, acordam os Ministros da Quarta Turma do Superior Tribunal de Justiça, na conformidade dos votos e das notas taquigráficas a seguir, por unanimidade, não conhecer dos recursos. Os Srs. Ministros Aldir Passarinho Junior e Cesar Asfor Rocha votaram com o Sr. Ministro-Relator. Ausentes, ocasionalmente, os Srs. Ministros Sálvio de Figueiredo Teixeira e Barros Monteiro (4ª T., REsp 436.010/SP, rel. Min. Ruy Rosado de Aguiar, j. 24-9-2002, *DJ*, 18-11-2002, p. 227).

Ementa: DIREITO CIVIL. VENDA A DESCENDENTE SEM O CONSENTIMENTO DOS DEMAIS. CÓDIGO CIVIL, ART. 1.132. DIVERGÊNCIA DOUTRINÁRIO-JURISPRUDENCIAL. CORRENTES. ANULABILIDADE DO ATO.

– Sem embargo das respeitabilíssimas opiniões em contrário, na exegese do art. 1.132 do Código Civil, tem-se por anulável o ato da venda de bem a descendente sem o consentimento dos demais, uma vez: a) que a declaração de invalidade depende da iniciativa dos interessados; b) porque viável a sua confirmação; c) porque não se invalidará o ato se provado que justo e real o preço pelo descendente.

Decisão: por maioria, conhecer do recurso e negar-lhe provimento (4ª T., REsp 977/PB, rel. Min. Bueno de Souza, rel. p/Ac. Min. Sálvio de Figueiredo Teixeira, j. 29-11-1994, *DJ*, 27-3-1997, p. 7.160).

Ementa: CIVIL. SUCESSÃO HEREDITÁRIA. ALIENAÇÃO DE ASCENDENTE A DESCENDENTES. VENDA POSTERIOR A TERCEIROS. AÇÃO DE DECLARAÇÃO DE NULIDADE DAS ESCRITURAS. CC, ART. 1.132. AQUISIÇÃO DE BOA-FÉ. ATO ANULÁVEL. PROVA DE VENDA EFETUADA POR VALOR INFERIOR AO DOS BENS. AUSÊNCIA.

I. A venda por ascendente aos filhos depende do consentimento de todos os descendentes, nos termos do art. 1.132 do Código Civil, sendo desinfluente o fato de o reconhecimento e registro daqueles concebidos fora da relação matrimonial, mas em sua constância, ter ocorrido após a alienação dos imóveis, porquanto se a existência de irmãos era desconhecida dos filhos legítimos, o mesmo não acontecia em relação ao genitor, na hipótese.

II. Inobstante farta discussão doutrinária e jurisprudencial, adota-se a corrente que entende cuidar-se de ato anulável, de sorte que o seu desfazimento depende da prova de que a venda se fez por preço inferior ao valor real dos bens, para fins de caracterização da simulação, circunstância sequer aventada no caso dos autos, pelo que é de se ter como hígida a avença.

III. Impossibilidade, de outro lado, e independentemente disso, de se atingir as alienações ulteriores a terceiros de boa-fé, mormente quando concluído nos autos que os descendentes que lhes venderam parte dos imóveis não sabiam, à época, da existência de irmãos concebidos de vínculo extraconjugal.

IV. Recurso especial não conhecido.

Decisão: Vistos e relatados estes autos, em que são partes as acima indicadas, decide a Quarta Turma do Superior Tribunal de Justiça, à unanimidade, não conhecer do recurso, na forma do relatório e notas taquigráficas constantes dos autos, que ficam fazendo parte integrante do presente julgado. Participaram do julgamento os Srs. Ministros Sálvio de Figueiredo Teixeira, Barros Monteiro, Cesar Asfor Rocha e Ruy Rosado de Aguiar.

Custas, como de lei (4ª T., REsp 74.135/RS, rel. Min. Aldir Passarinho Júnior, j. 7-11-2000, DJ, 11-12-2000, p. 205).

Nesse contexto, o Supremo Tribunal Federal havia editado a Súmula 494 (cancelando a anterior S. 152), cujo teor é o seguinte:

S. 494. A ação para anular venda de ascendente a descendente, sem consentimento dos demais, prescreve em 20 (vinte) anos, contados da data do ato, revogada a Súmula 152.

Como se vê, a despeito de haver seguido a linha da anulabilidade, a nossa Suprema Corte acabou por admitir um incompreensível prazo vintenário para que se pudesse impugnar o ato viciado.

Esse (longo) prazo, a par de favorecer a sensação de insegurança jurídica, não se harmonizaria com o nosso sistema de nulidades vigente, que, como se sabe, adota curtos prazos decadenciais para a anulação do negócio jurídico (*v.*, p. ex., o art. 171 do CC).

O Código Civil de 2002, por sua vez, visando a colocar um fim à controvérsia, dispôs, em seu art. 496, como já citado, que:

Art. 496. É anulável a venda de ascendente a descendente, salvo se os outros descendentes e o cônjuge do alienante expressamente houverem consentido.

Parágrafo único. Em ambos os casos[64], dispensa-se o consentimento do cônjuge se o regime de bens for o da separação obrigatória.

Observe-se, de logo, a referência feita ao cônjuge do alienante, o qual, quando não casado no regime da separação obrigatória de bens, também deveria anuir na venda.

Tal circunstância se justifica pelo fato de o Código vigente haver erigido o cônjuge à condição de *herdeiro necessário*.

Discorrendo sobre o tema, pedimos licença para anotar que:

Nesse contexto, observamos que o cônjuge migrou da condição de herdeiro facultativo para a de necessário (se o regime de bens assim o permitir) dividindo espaço com os descendentes e ascendentes do *de cujus*.

Leiam-se, a esse respeito, os arts. 1.829 e 1.830 do Código Civil:

"Da Ordem da Vocação Hereditária

Art. 1.829. A sucessão legítima defere-se na ordem seguinte:

I – aos descendentes, em concorrência com o cônjuge sobrevivente, salvo se casado este com o falecido no regime da comu-

---

[64] Enunciado n. 177 da III Jornada de Direito Civil, realizada entre 1º e 3-12-2004: "Por erro de tramitação, que retirou a segunda hipótese de anulação de venda entre parentes (venda de descendente para ascendente), deve ser desconsiderada a expressão 'em ambos os casos', no parágrafo único do art. 496".

nhão universal, ou no da separação obrigatória de bens (art. 1.640, parágrafo único); ou se, no regime da comunhão parcial, o autor da herança não houver deixado bens particulares;

II – aos ascendentes, em concorrência com o cônjuge;

III – ao cônjuge sobrevivente;

IV – aos colaterais.

Art. 1.830. Somente é reconhecido direito sucessório ao cônjuge sobrevivente se, ao tempo da morte do outro, não estavam separados judicialmente, nem separados de fato há mais de dois anos, salvo prova, neste caso, de que essa convivência se tornara impossível sem culpa do sobrevivente".

Em verdade, a opção do legislador foi, ao que nos parece, razoável, no sentido de se tentar homogeneizar o direito do cônjuge, que deixaria de deter o (nem sempre bem compreendido) direito ao usufruto vidual, e passaria a fazer jus diretamente à herança.

Justificando tal postura, pondera MIGUEL REALE:

"Com a adoção do regime legal de separação parcial com comunhão de aquestos, entendeu a comissão que especial atenção devia ser dada aos direitos do cônjuge supérstite em matéria sucessória. Seria, com efeito, injustificado passar do regime da comunhão universal, que importa a comunicação de todos os bens presentes e futuros dos cônjuges, para o regime de comunhão parcial, sem se atribuir ao cônjuge supérstite o direito de concorrer com descendentes e ascendentes"[65].

Mas note-se que tal direito somente existirá se, ao tempo da abertura da sucessão, não estavam judicialmente separados, nem separados de fato há mais de dois anos, salvo prova, neste caso, de que a convivência se tornara impossível sem culpa do cônjuge sobrevivo[66].

---

[65] REALE, Miguel. *O projeto do novo Código Civil*. 2. ed. São Paulo: Saraiva, 1999, p. 92.

[66] GAGLIANO, Pablo Stolze. *Questões controvertidas de direito de família* (inédito).

Entretanto, caso seja casado em regime de separação obrigatória, por não ter interesse jurídico no patrimônio do alienante, não precisará consentir.

Observe-se, ainda, que o atual Código, dirimindo qualquer controvérsia, é claro ao dizer que a compra e venda de ascendente a descendente (não apenas do pai ao filho, mas do avô ao neto etc.) é *anulável*.

Diferentemente, na doação inoficiosa, relembre-se, o legislador dispôs ser *nulo* o contrato, quanto à parte que excede a porção legítima da herança, no momento da liberalidade.

Pôs-se por terra, assim, na venda de ascendente a descendente, a linha de pensamento que sustentava a tese da nulidade absoluta.

E vale salientar que, em nosso sentir, a antiga Súmula 494 do STF *perdeu a sua eficácia*, por força do art. 179 do Código Civil, que transcrevemos:

Art. 179. Quando a lei dispuser que determinado ato é anulável, sem estabelecer prazo para pleitear-se a anulação, será este de dois anos, a contar da data da conclusão do ato.

Vê-se, com isso, que, uma vez não previsto o prazo decadencial de anulação, este será de *dois anos*, e não mais de vinte.

Nessa linha, o Superior Tribunal de Justiça:

CIVIL E PROCESSO CIVIL. EMBARGOS DE DECLARAÇÃO NO RECURSO ESPECIAL.
RECEBIMENTO COMO AGRAVO REGIMENTAL. AÇÃO ANULATÓRIA DE VENDA DE ASCENDENTE A DESCENDENTE. ANULABILIDADE, AINDA QUE NA VIGÊNCIA DO CÓDIGO CIVIL DE 1916. SUJEIÇÃO A PRAZO DECADENCIAL. REDUÇÃO DO PRAZO PELO CÓDIGO CIVIL VIGENTE. REGRA DE TRANSIÇÃO. APLICABILIDADE. INTEGRAL TRANSCURSO DO PRAZO LEGAL. DECADÊNCIA RECONHECIDA. RECURSO DESPROVIDO. DECISÃO MANTIDA.
1. A venda de ascendente a descendente caracteriza ato anulável, ainda que praticado na vigência do Código Civil de 1916, condição reafirmada no art. 496 do atual diploma material. Precedentes.

2. Segundo o art. 179 do Código Civil de 2002, "quando a lei dispuser que determinado ato é anulável, sem estabelecer prazo para pleitear-se a anulação, será este de dois anos, a contar da data da conclusão do ato".

3. O prazo fixado pelo Código Civil revogado, reduzido pela atual lei civil, só prevalece se não transcorrida mais da metade (inteligência do art. 2.028 do CC/2002). O novel prazo legal deve ser contado a partir do início de vigência do atual diploma material civil. Precedentes.

4. No caso concreto, ajuizada ação após o prazo fixado pelo art. 179 do Código Civil vigente, afigura-se impositivo o reconhecimento da decadência do direito de o autor pleitear a anulação do ato jurídico contrário à norma do art. 1.132 do CC/1916, atual art. 496 do CC/2002.

5. Embargos de declaração recebidos como agravo regimental, ao qual se nega provimento (EDcl no REsp 1.198.907/RS, rel. Min. Antonio Carlos Ferreira, 4ª T., j. 9-9-2014, *DJe* 18-9-2014).

Finalmente, tenhamos ainda em mente que a restrição negocial sob comento, ou seja, a exigência da anuência dos demais herdeiros necessários e do cônjuge do alienante, não se aplica às doações, nem a outros atos jurídicos, por exemplo, o de concessão de uma garantia real (hipoteca) feita por um ascendente em prol de um descendente seu.

Isso porque, tratando-se de norma restritiva do direito de propriedade do alienante (art. 496), não poderá ser analisada extensivamente, nada impedindo que se possa eventualmente impugnar o ato, com fulcro em outros defeitos do negócio, previstos em lei.

Dessarte, à luz do quanto exposto, podemos identificar indiscutíveis diferenças entre a doação inoficiosa e a venda de ascendente a descendente.

7

Doação Universal

Uma forma de doação proibida em nosso sistema é a denominada doação universal, aquela que compreende todo o patrimônio do doador, sem reserva mínima de parte para a sua mantença.

Dispõe o art. 548 do nosso Código Civil:

> Art. 548. É nula a doação de todos os bens sem reserva de parte, ou renda suficiente para a subsistência do doador.

Sobre o tema, escreve LUCIANO FIGUEIREDO:

> Entende-se por doação universal a de todo o patrimônio do doador, sem reserva de parte ou renda para a própria subsistência. A nulificação em comento remete a questão de ordem pública, objetivando assegurar o mínimo existencial do doador. Fato, porém, que se o intuito do legislador é apenas resguardar parte ou renda suficiente ao doador, melhor saída seria uma invalidação parcial da doação, a qual não mais seria universal. Entretanto, repisa-se, a opção do ordenamento jurídico nacional é a nulidade absoluta de todo o ato[1].

Cuida-se, a nosso ver, de inequívoca hipótese de nulidade absoluta, por traduzir violação de preceito cogente, de ordem

---

[1] FIGUEIREDO, Luciano L. A (in) exigibilidade do contrato promessa de doação, *Revista Brasileira de Direito Contratual* n. 2 – jan.-mar. 2020, Ed. Lex/Magister, p. 27.

pública, que visa a resguardar rendimento mínimo para a existência digna do doador.

Evitamos empregar o termo "subsistência" em seu sentido literal, uma vez que o presente dispositivo deve ser interpretado conjuntamente com o comando constitucional que prevê a *dignidade da pessoa humana* como um dos valores fundamentais no Estado Democrático de Direito.

E, sem dúvida, *viver dignamente é muito mais que simplesmente subsistir*.

Sobre a dignidade da pessoa humana, verdadeiro princípio axial, lembremo-nos das palavras de GOMES CANOTILHO:

> Perante as experiências históricas da aniquilação do ser humano (inquisição, escravatura, nazismo, stalinismo, polpotismo, genocídios étnicos) a dignidade da pessoa humana como base da República significa, sem transcendências ou metafísicas, o reconhecimento do *homo noumenon*, ou seja, do indivíduo como limite e fundamento do domínio político da República. Neste sentido, a República é uma organização política que serve o homem, não é o homem que serve os aparelhos político-organizatórios[2].

Nessa mesma linha, já no direito positivo nacional, pontificam ALEXANDRE CUNHA e GUSTAVO TEPEDINO, respectivamente, em interessantes obras:

> O princípio da dignidade da pessoa humana, não obstante a sua inclusão no texto constitucional, é, tanto por sua origem quanto pela sua concretização, um instituto basilar do direito privado. Enquanto fundamento primeiro da ordem jurídica constitucional, ele o é também do direito público. Indo mais além, pode-se dizer que é a interface entre ambos: o vértice do Estado de Direito.
>
> O seu reconhecimento, enquanto direito fundamental, leva à necessidade de requestionamento de uma série de dogmas ci-

---

[2] CANOTILHO, J. J. Gomes. *Direito constitucional e teoria da Constituição*. 2. ed. Coimbra: Almedina, 1998, p. 219.

vilísticos, em especial aqueles que constituem seu núcleo central: a autonomia, os bens, o patrimônio, a pessoa e a propriedade[3].

Com efeito, a escolha da dignidade da pessoa humana como fundamento da República, associada ao objetivo fundamental de erradicação da pobreza e da marginalização, e de redução das desigualdades sociais, juntamente com a previsão do § 2º do art. 5º, no sentido da não exclusão de quaisquer direitos e garantias, mesmo que não expressos, desde que decorrentes dos princípios adotados pelo Texto Maior, configuram uma verdadeira *cláusula geral de tutela e promoção da pessoa humana*, tomada como valor máximo pelo ordenamento[4].

É, pois, no princípio da dignidade da pessoa humana[5] que se assenta a razão de ser da proibição legal sob comento[6].

---

[3] CUNHA, Alexandre dos Santos. Dignidade da pessoa humana: o conceito fundamental do direito civil. In: *A reconstrução do direito privado*. Judith Martins-Costa (Org.). São Paulo: Revista dos Tribunais, 2002, p. 260.

[4] TEPEDINO, Gustavo. *A parte geral do novo Código Civil:* estudos na perspectiva civil-constitucional. Rio de Janeiro: Renovar, 2002, p. XXV.

[5] Ainda sobre a dignidade da pessoa humana, observação adequada e profunda é feita por JÖRG NEUER, Professor Titular de Direito Privado, Filosofia do Direito e Direito do Trabalho na Universidade de Augsburg (Alemanha), ao analisar o art. 1º da *Grundgesetz* (Lei Fundamental Alemã): "Se reconstruirmos a decisão dos Constituintes em prol da dignidade da pessoa humana e de sua proteção, duas diretrizes adquirem significância: por um lado, a dignidade da pessoa não pode ser violada apenas por atos contrários à lei, mas também pela injustiça (*Unrecht*) na forma da lei. Um exemplo negativo na área do Direito Privado é o 'Decreto sobre o Emprego de Judeus' do ano de 1941. Por outro lado, a dignidade da pessoa não pode ser violada apenas pela ação do Estado, mas também por cidadãos individuais. Nos trabalhos preparatórios da Constituição, menciona-se o exemplo de um empresário privado que participa da escravização de trabalhadores. É, nesse sentido, característico que a LF rechaça um pensamento jurídico puramente formal, rejeitando assim um positivismo legal rigoroso tanto quanto uma separação hipertrófica de Estado e Sociedade" (O Código Civil da Alemanha – BGB – e a Lei Fundamental, *Juris Plenum*, Caxias do Sul, ano I, n. 5, p. 92-93, set. 2005).

[6] Merece especial referência, nesse particular, a denominada *teoria do estatuto jurídico do patrimônio mínimo*, tese desenvolvida por LUIZ

Trata-se, sem dúvida, de uma justa, compreensível e justificável limitação à autonomia privada:

> AGRAVO INTERNO NO AGRAVO EM RECURSO ESPECIAL – AÇÃO REVOGATÓRIA DE DOAÇÃO – DECISÃO MONOCRÁTICA QUE DEU PARCIAL PROVIMENTO AO RECLAMO APENAS PARA AFASTAR OS HONORÁRIOS RECURSAIS. INSURGÊNCIA RECURSAL DA PARTE RÉ.
>
> 1. As questões trazidas à discussão foram dirimidas pelo Tribunal de origem de forma suficientemente ampla, fundamentada e sem omissões.
> Deve ser afastada a alegada violação aos arts. 489, § 1º, IV e 1.022 do CPC/15.
>
> 2. Segundo a jurisprudência desta Corte, "a ratio da norma em comento, ao prever a nulidade da doação universal, foi a de garantir à pessoa o direito a um patrimônio mínimo, impedindo que se reduza sua situação financeira à miserabilidade. Nessa linha, acabou por mitigar, de alguma forma, a autonomia privada e o direito à livre disposição da propriedade, em exteriorização da preservação de um mínimo existencial à dignidade humana do benfeitor, um dos pilares da Carta da República e chave hermenêutica para leitura interpretativa de qualquer norma" (REsp 1183133/RJ, Rel. Ministro LUIS FELIPE SALOMÃO, QUARTA TURMA, julgado em 17-11-2015, DJe 1-2-2016). Precedentes.
>
> 2.1. Ademais, para derruir as conclusões do Tribunal de origem, no sentido de que a doação do imóvel envolveu todo o patrimônio da autora, de modo a deixá-la sem renda suficiente para

---

EDSON FACHIN, segundo a qual, em uma perspectiva civil-constitucional, o legislador ordinário deve atuar, ancorado no princípio da dignidade da pessoa humana, no sentido de resguardar a cada pessoa um mínimo de patrimônio para que tenha uma existência digna. São exemplos de normas que corporificam esses pensamentos as que disciplinam o bem de família, ou o dispositivo ora estudado, que proíbe a doação universal, privando o doador do mínimo para viver (cf. *Estatuto jurídico do patrimônio mínimo*. Rio de Janeiro: Renovar, 2001).

a sua subsistência, além de ter restado configurada a ingratidão, seria necessário o reexame da matéria fática dos autos, procedimento vedado nesta instância superior, ante o óbice da Súmula 7 deste Superior Tribunal de Justiça.

3. Agravo interno desprovido.

(STJ – AgInt no AREsp n. 2.080.181/SP, relator Ministro Marco Buzzi, Quarta Turma, julgado em 3-4-2023, *DJe* de 11-4-2023.) (grifo nosso)

Nesse contexto, merece referência julgado do Superior Tribunal de Justiça, no sentido de que a condição patrimonial do doador deve ser aferida **no momento da liberalidade**:

> RECURSO ESPECIAL. AÇÃO DECLARATÓRIA DE NULIDADE DE NEGÓCIO JURÍDICO.
>
> ART. 548 DO CC. RENÚNCIA DO CÔNJUGE VIRAGO À INTEGRALIDADE DE SUA MEAÇÃO NA SEPARAÇÃO CONSENSUAL DO CASAL. ACORDO HOMOLOGADO POR SENTENÇA TRANSITADA EM JULGADO. CARACTERIZAÇÃO DE DOAÇÃO. NULIDADE DO NEGÓCIO JURÍDICO. INOCORRÊNCIA. DOADORA COM RENDA SUFICIENTE PARA PRESERVAR PATRIMÔNIO MÍNIMO À SUA SUBSISTÊNCIA.
>
> **1. O art. 548 do Código Civil estabelece ser nula a doação de todos os bens sem reserva de parte, ou renda suficiente para a subsistência do doador.** A ratio da norma em comento, ao prever a nulidade da doação universal, foi a de garantir à pessoa o direito a um patrimônio mínimo, impedindo que se reduza sua situação financeira à miserabilidade. Nessa linha, acabou por mitigar, de alguma forma, a autonomia privada e o direito à livre disposição da propriedade, em exteriorização da preservação de um mínimo existencial à dignidade humana do benfeitor, um dos pilares da Carta da República e chave hermenêutica para leitura interpretativa de qualquer norma.
>
> **2. É possível a doação da totalidade do patrimônio pelo doador, desde que remanesça uma fonte de renda ou reserva de usufruto, ou mesmo bens a seu favor, que preserve um patrimônio mínimo à sua subsistência (CC, art. 548).** Não

se pode olvidar, ainda, que a aferição da situação econômica do doador deve ser considerada no momento da liberalidade, não sendo relevante, para esse efeito, o empobrecimento posterior do doador.

3. Assim, na situação em concreto é que se poderá aferir se a doação universal (*omnium bonorum*) deixou realmente o doador sem a mínima disponibilidade patrimonial para sua sobrevivência.

4. Na hipótese, a pretensão não merece prosperar, tomando-se em conta os limites do recurso especial e o somatório das seguintes circunstâncias do caso em concreto: i) reconhecimento da suficiência de fonte de renda à época apta a manter condições mínimas de sobrevivência digna; ii) não ter sido comprovado que a recorrente voltou a residir no imóvel objeto do litígio em razão de sua miserabilidade; iii) o lapso temporal do pedido de nulidade da doação – quase 20 anos após –, o que enfraquece o argumento de estar vivendo por tanto tempo em situação indigna; e iv) o fato de que a separação foi homologada em juízo, sob a fiscalização do representante do Ministério Público.

5. No tocante à doação inoficiosa, como sabido, há nulidade em relação ao quantum da deixa quando se exceder aquilo que poderia ser disposto em testamento (CC, art. 549). No presente caso, o Tribunal de origem chegou à conclusão de que a recorrente não trouxe provas de que o imóvel doado ao cônjuge varão excedia a parte a que a doadora, no momento da liberalidade, poderia dispor em testamento.

Entender de forma diversa demandaria o revolvimento fático-probatório dos autos, o que encontra óbice na Súm. 7 do STJ.

6. Recurso especial não provido (REsp 1.183.133/RJ, rel. Min. Luis Felipe Salomão, 4ª T., j. 17-11-2015, *DJe* 1º-2-2016) (grifo nosso).

Em verdade, a preocupação do legislador é extremamente justificável.

Se fosse permitida a doação de todo o patrimônio do disponente, estar-se-ia, ainda que por via oblíqua, facultando que esse mesmo doador, posteriormente, pudesse bater às portas de um parente, via ação de alimentos, ou do próprio Estado, por meio do sistema de Seguridade Social.

Poderá, entretanto, o juiz, à luz do *princípio da conservação dos negócios jurídicos*, reconhecer a nulidade meramente parcial da doação, para preservá-la no que tange ao *quantum* excedente do rendimento básico necessário à mantença do doador.

Admite-se, portanto, em nosso sentir, que se opere a *redução* da liberalidade, como ocorre na doação inoficiosa, para que se possa preservar a vida digna do doador.

Não é demais lembrar, nesse ponto, que, caso o doador tenha herdeiros necessários, deverá sujeitar-se à restrição do art. 549, referente à doação inoficiosa.

Outros sistemas jurídicos, ao tratar da doação universal, preferiram resguardar a situação patrimonial do doador, mediante a constituição de um *usufruto legal*, como podemos observar da análise dos Códigos Civis espanhol e argentino, respectivamente:

> Art. 634. La donación podrá comprender todos los bienes presentes del donante, o parte de ellos, con tal que este se reserve, en plena propiedad o en usufructo, lo necesario para vivir en un estado correspondiente a sus circunstancias.
>
> Artículo 1.551. Objeto
> La donación no puede tener por objeto la totalidad del patrimonio del donante, ni una alí- cuota de él, ni cosas determinadas de las que no tenga el dominio al tiempo de contratar. Si comprende cosas que forman todo el patrimonio del donante o una parte sustancial de éste, sólo es válida si el donante se reserva su usufructo, o si cuenta con otros medios suficientes para su subsistencia.

Nosso Direito Positivo, outrossim, não optou pela constituição do usufruto, talvez pela complexidade do instituto, preferindo optar pela estipulação de uma renda mínima, prevista pelo doador, no próprio instrumento contratual da doação. Nada impede, todavia, que o usufruto seja constituído, por não haver vedação legal nesse sentido.

Uma importante questão, nesse contexto, deve ser enfrentada: *qual a consequência jurídica da celebração de uma doação universal?*

Seguindo a linha de raciocínio desenvolvida quando da análise da doação inoficiosa, podemos chegar a dois resultados juridicamente defensáveis:

a) considerar a doação universal um *negócio jurídico anulável*, e cujo prazo decadencial para a ação correspondente seria de dois anos (art. 179);

b) considerar a doação inoficiosa *negócio jurídico nulo*, sendo *imprescritível* o pedido declaratório da nulidade em si, e *prescritível em dez anos* a pretensão real de reivindicação do bem doado ou a pretensão pessoal de perdas e danos.

De nossa parte, optamos pela segunda solução, não apenas pela própria dicção normativa do art. 548: "é *nula* a doação de todos os bens (...)", mas, especialmente, pelo amparo principiológico desse dispositivo, que tem na *dignidade da pessoa humana* a sua própria justificativa existencial.

Assim, em se tratando de uma verdadeira regra de valorização da pessoa, notadamente indisponível, afigura-se-nos mais razoável e consentâneo com a própria linguagem legislativa defender a *nulidade absoluta da doação universal*, com a natural contenção, no âmbito patrimonial, do prazo prescricional necessário para formular eventual pretensão em juízo.

Adotamos, nesse ponto, ainda que com outros fundamentos, a linha de pensamento de AGOSTINHO ALVIM, um dos juristas pioneiros na pesquisa do contrato de doação no Direito brasileiro, cuja doutrina merece ser citada:

A doação contemplada no artigo que estamos comentando é nula, anulável, ou redutível?

A doação em causa é nula de pleno direito, e não anulável (MARTINHO GARCEZ, *Nulidades dos Atos Jurídicos*, v. II, p. 168; FRANZEN DE LIMA, *Curso de Direito Civil*, v. II, t. II, n. 426, IV). É certo que o Código Civil emprega o termo nulidade, indiferentemente, para significar o nulo (art. 146), ou o anulável (art. 152)[7]. Mas, quando a lei utiliza o termo nulo é para significar a nulidade absoluta, e não a relativa. No caso do art. 1.175[8] a doação é nula, porque assim está dito no Código. Já o era sob as Ordenações, que enquadravam o caso nos pactos proibidos[9].

Em arremate, interessante aspecto diz respeito à possibilidade de coexistência entre a doação universal e a constituição do usufruto vitalício.

Na hipótese de o patrimônio do doador consistir em um único imóvel – um apartamento, por exemplo – caso venha a doá-lo para os seus filhos, mantendo, em seu favor, o usufruto vitalício, entendemos que a finalidade da norma que prevê o resguardo do mínimo existencial está preservada, de maneira que a doação é válida.

Na jurisprudência, confiram-se:

AÇÃO ANULATÓRIA – BEM IMÓVEL – DOÇÃO INOFICIOSA – PRELIMINARES – NULIDADE DE SENTENÇA *ULTRA PETITA* – REVELIA – SUPRESSÃO DE GRAU DE JURISDIÇÃO – DOÇÃO INOFICIOSA – NULIDADE – DOAÇÃO UNIVERSAL – NULIDADE DA DOAÇÃO SOBRE TODO O BEM – RESERVA DE USUFRUTO VITALÍCIO – IMPOSSIBILIDADE – HERDEIRO NECESSÁRIO – NULIDADE QUANTO À PARTE QUE LHE CABIA NO MOMENTO DA LIBERALIDADE. 1. Nos termos do art. 344, do Código de Processo Civil, a revelia tem como um dos seus efeitos a presunção de veracidade das alegações de fato formuladas pelo autor. Contudo, não obstante a revelia, ao réu revel é facultada a interposição de recursos, incluindo a apelação, desde que para

---

[7] Referia-se o autor ao Código Civil de 1916.
[8] Correspondente ao art. 548 do Código de 2002.
[9] ALVIM, Agostinho. *Da doação*, cit., p. 166.

discutir matéria de direito abordada na sentença. 2. Nos termos da legislação, a doação de ascendente para descendente não é considerada inválida, mas impõe ao donatário a obrigação de, quando da abertura da sucessão, trazer o bem recebido em doação à colação, objetivando igualar as legítimas. Somente são dispensadas da colação as doações que o doador expressamente determina que saiam da sua parte disponível, contanto que não a excedam, computado o seu valor ao tempo da doação, resguardando-se a legítima dos herdeiros necessários. 3. Assim, "a doação a descendente, naquilo que ultrapassa a parte de que poderia o doador dispor em testamento, no momento da liberalidade, é de ser qualificada inoficiosa e, portanto, nula." (REsp 86518/MS, Rel. Min. Sálvio de Figueiredo Teixeira) 4. **Não se configura nula a doação universal, representada por bem imóvel, se o doador gravou o bem com cláusula de usufruto vitalício**. 5. No caso, deve ser declarada a nulidade da doação tão somente quanto à parte que excedeu a parcela disponível do patrimônio do doador. 6. Preliminares rejeitadas. Recurso parcialmente provido. (TJMG – Apelação Cível 1.0702.14.027510-9/001, Relator(a): Des.(a) Maria Inês Souza, 2ª CÂMARA CÍVEL, julgamento em 24-11-2020, publicação da súmula em 25-11-2020) (grifo nosso)

AÇÃO ANULATÓRIA. BEM IMÓVEL. DOAÇÃO UNIVERSAL. RESERVA DE USUFRUTO VITALÍCIO. NULIDADE DA DOAÇÃO SOBRE TODO O BEM. IMPOSSIBILIDADE. HERDEIRO NECESSÁRIO. NULIDADE QUANTO À PARTE QUE LHE CABIA NO MOMENTO DA LIBERALIDADE. INTELIGÊNCIA DO ART. 1.176 DO CC/1916.

– **É incabível declarar-se a nulidade da doação universal, representado por bem imóvel, se o doador houver gravado o bem com cláusula de usufruto vitalício.**

– No entanto, tratando-se de herdeiro necessário, é cabível a este pleitear a declaração de nulidade quanto à parte que exceder a que o doador poderia dispor no momento da liberalidade, nos moldes do art. 1.176 do CC/1916.

– Apelação não provida. (TJMG – Apelação Cível 2.0000.00.488093-9/000, Relator(a): Des.(a) Alberto Vilas Boas, Relator(a) para o acórdão: Des.(a), julgamento em 24-5-2005, publicação da súmula em 15-6-2005) (grifo nosso)

Por outro lado, a questão ganha contornos mais complexos, se se tratar de um usufruto temporário – por um ou dois anos, por exemplo – caso em que poderá estar havendo, em tese, uma doação universal indireta ou oblíqua, o que não afastaria, por conseguinte, eventual controle judicial.

8

Promessa de Doação
(*Pactum de Donando*)

Enfrentaremos aqui um dos mais tormentosos e interessantes problemas referentes à doação.

Poderia esse contrato ser objeto de uma promessa[1]?

A promessa de contrato, também denominada pré-contrato ou contrato preliminar, é o negócio jurídico que tem por objeto a *obrigação de fazer* um contrato definitivo. O exemplo mais comum é o compromisso de venda, o qual, como se sabe, pode até mesmo gerar *direito real*[2].

Discorrendo sobre o tema, aduz INOCÊNCIO GALVÃO TELLES:

> Pode acontecer que, no decorrer de contatos estabelecidos com vista à celebração de certos contratos, as partes cheguem a acordo quanto ao seu conteúdo, mas, não podendo ou não querendo

---

[1] Cf. STOLZE, Pablo. Promessa de doação no direito de família. É mais comum do que você imagina! *Revista Jus Navigandi*, ISSN 1518-4862, Teresina, ano 25, n. 6.033, 7 jan. 2020. Disponível em: <https://jus.com.br/artigos/78836>. Acesso em: 8 jan. 2020.

[2] Sobre o contrato preliminar de promessa de compra e venda e o direito real do promitente-comprador, cf. GAGLIANO, Pablo Stolze. *Código Civil comentado*, cit., v. XIII, p. 224-236.

realizá-lo imediatamente, se obriguem contudo a realizá-lo no futuro. A isto se chama contrato-promessa. É um contrato preliminar, que antecede e prepara o contrato definitivo (aquele que finalmente se tem em vista); pelo primeiro os interessados obrigam-se a, mais cedo ou mais tarde, celebrar o segundo.

E mais adiante, na mesma obra:

> Já sabemos que o contrato-promessa é um acordo preliminar que tem por objecto uma convenção futura, o contracto prometido. Mas em si é uma convenção completa, que se distingue do contrato subsequente. Reveste, em princípio, a natureza de contrato obrigacional, ainda que diversa seja a índole do contrato definitivo[3].

No caso da doação, entretanto, a situação afigura-se mais delicada, uma vez que, por ser um contrato geralmente gratuito (doação pura), posto sempre unilateral (quanto aos efeitos), o reconhecimento da validade e eficácia jurídica da promessa faria com que o donatário – simples beneficiário do ato – pudesse ingressar com a *execução específica* do contrato, forçando o doador a cumprir o ato de liberalidade a que se obrigara.

Trata-se de um tema instigante, como bem observa MARCOS CATALAN:

> Por promessa de doação ou pacto *de donando* deve ser compreendido o contrato por meio do qual alguém, promete no futuro, em razão do advento de termo ou condição, externalizar sua vontade de modo a concluir um contrato de doação. Embora a noção desta figura contratual seja aparentemente bastante singela, é dos temas que mais desperta discussões no âmbito do direito dos contratos[4].

---

[3] TELLES, Inocêncio Galvão. *Manual dos contratos em geral.* 4. ed. Coimbra: Coimbra Ed., 2002, p. 208-210.

[4] CATALAN, Marcos. Reflexões acerca da eficácia da promessa de doação no direito brasileiro. *Revista Trimestral de Direito Civil*, v. 34, p. 51-69, 2008.

A sua admissibilidade é explícita no Código Civil alemão (BGB), consoante se pode ler:

> § 518 (Forma da Promessa de Doação). Para a validade de um contrato pelo qual, como doação, é prometida uma prestação, é exigível a documentação judicial ou por tabelião da promessa. O mesmo se dá quando é outorgada, como doação, uma promessa de dívida ou um reconhecimento de dívida das espécies de promessa ou de declaração de reconhecimento assinaladas nos §§ 780 e 781.
> O vício de forma será sanado pela execução da prestação prometida.

Como não há, em nosso Direito Positivo, regra semelhante, a doutrina controverte-se a respeito.

Nessa linha, escreve, com habitual precisão, FLÁVIO TARTUCE:

> Discute-se muito em sede doutrinária e jurisprudencial a viabilidade jurídica da promessa de doação, ou seja, a possibilidade de haver contrato preliminar unilateral que vise a uma liberalidade futura. Sintetizando, pela promessa de doação, uma das partes compromete-se a celebrar um contrato de doação futura, beneficiando o outro contraente[5].

CAIO MÁRIO DA SILVA PEREIRA, por sua vez, observa:

> Tem a doutrina se debatido se a doação pode ser objeto de contrato preliminar, *pactum de donando*. E a solução doutrinária tem sido infeliz, por falta de uma distinção essencial entre doação pura e doação gravada de encargo. Partindo da primeira, especifica-se a pergunta: Pode alguém obrigar-se a realizar uma doação pura? Formalmente sim, porque, tendo o contrato preliminar por objeto um outro contrato, futuro e definitivo (...), este novo *contrahere* poderia ser a doação, como qualquer

---

[5] TARTUCE, Flávio. *Manual de direito civil*, volume único. 7. ed. São Paulo: Gen, 2017, p. 788.

outra espécie. Atendendo a este aspecto apenas, não falta bom apoio à resposta afirmativa, quer dos Códigos, quer dos doutores. Acontece que não se pode deixar de encarar o problema sob o aspecto ontológico, e, assim considerado, a solução negativa impõe-se[6].

De fato, *a latere* a doação gravada com encargo – figura jurídica perfeitamente compatível com a promessa pela sua onerosidade intrínseca –, a doação pura, por seu turno, se analisada inclusive em seu aspecto teleológico, não se compatibilizaria tão bem com a ideia de uma execução forçada, pelo simples fato de o *promitente-donatário* estar constrangendo a outra parte (*promitente-doador*) ao cumprimento de um ato de simples liberalidade, em face do qual inexistiu contrapartida prestacional.

Imagine, por exemplo, a hipótese de João prometer a Pedro doar-lhe o seu apartamento em 6 meses. No vencimento, por qualquer razão – por ex., o agravamento da situação econômica da família do promitente-doador –, João não efetiva o ato de liberalidade. Pedro poderia, coercitivamente, exigir a entrega do bem?

No dizer de L. DÍEZ-PICAZO e A. GULLON, citados por ANA PRATA, em monumental obra do Direito português, "a doação pode fazer-se por generosidade, por caridade, por vaidade, por simples pompa, por cultivar o que hoje se chama uma determinada imagem para o exterior ou por qualquer outra causa"[7].

Mas, ainda assim, prepondera o aspecto da beneficência (liberalidade) como *causa do contrato*.

Nesse diapasão, concluímos pela inadmissibilidade da execução coativa da promessa de doação[8], muito embora não

---

[6] PEREIRA, Caio Mário. *Instituições*, cit., v. III, p. 160-161.
[7] PRATA, Ana. *O contrato-promessa e o seu regime civil*. Coimbra: Almedina, 2001, p. 307.
[8] Em sentido contrário, PERCY JOSÉ CLEVE KUSTER: "O outorgado (promitente donatário) tem a pretensão ao cumprimento, através de ação condenatória ou de preceito cominatório. Analogamente à promessa

neguemos a possibilidade de o promitente-donatário, privado da legítima expectativa de concretização do contrato definitivo, e desde que demonstrado o seu prejuízo, poder responsabilizar o promitente-doador pela via da ação ordinária de perdas e danos.

Esta é a conclusão de ANA PRATA:

> Eliminando do regime da promessa de doação a tutela obrigacional da execução específica, está-se afinal a caracterizar tal contrato-promessa como integrando aquela categoria de promessas precárias, cujo cumprimento se resolve forçosamente na indenização[9].

Outro não é, aliás, na doutrina brasileira, o pensamento de SÍLVIO VENOSA:

> Caso se torne impossível a entrega da coisa, por culpa do promitente doador, o outorgado tem ação de indenização por inadimplemento. Destarte, admitida a teoria do pré-contrato no ordenamento para os pactos em geral, não existe, em tese, obstáculo para a promessa de doar. Não é suficientemente convincente o argumento em contrário, afirmando que, se o doador pretende fazer liberalidade, que o faça logo e não em momento posterior. A vida prática ensina que razões várias podem determinar o pré-contrato, por exemplo, quando, na separação conjugal, prometem os consortes fazer doações entre

---

de compra e venda, a promessa de doação é marcada pela irrevogabilidade, ou seja, após sua ultimação é defeso ao promitente doador exercer direito de arrependimento" (*Considerações a respeito da promessa de doação*. Dissertação apresentada no Curso de Pós-Graduação da PUCSP em 2000, p. 128, sob a orientação do Prof. Dr. Arruda Alvim). Em verdade, posto não desconheçamos a efetividade que se tem buscado no âmbito do Processo Civil, entendemos ser inviável, como sustentado *supra*, admitir a execução coativa como regra geral, em virtude da peculiar causa do contrato de doação, que especialmente o diferencia das demais modalidades de contrato passíveis de execução compulsória: a *liberalidade*.

[9] PRATA, Ana. *O contrato-promessa*, cit., p. 315.

si ou para a prole. A manifestação de vontade liberal já se torna cristalina no momento da promessa unilateral (RIZZARDO, 1988:512). Não admitir exigibilidade nessa promessa é criar entrave embaraçoso para os outorgados e para terceiros. Em suma, a promessa de contratar doação, a nosso entender, deve ser admitida quando emanar de vontade límpida e sem vícios e seu desfecho não ofender qualquer princípio jurídico[10].

Exigir, forçosamente, que o declarante entregue um bem que "prometera doar" não guarda proporcionalidade – se levarmos em conta que o donatário nenhuma contraprestação efetuou –, além de ir em rota de colisão com noção de liberalidade, imanente ao contrato de doação.

Ao encontro dessa linha de raciocínio, destacamos, no Superior Tribunal de Justiça, julgado relatado pelo eminente Min. LUIZ FELIPE SALOMÃO que adota, inclusive, posição mais extrema:

(…) 4. "Inviável juridicamente a promessa de doação [pura] ante a impossibilidade de se harmonizar a exigibilidade contratual e a espontaneidade, característica do *animus donandi*. Admitir a promessa de doação equivale a concluir pela possibilidade de uma doação coativa, incompatível, por definição, com um ato de liberalidade" (REsp 730.626/SP, rel. Min. Jorge Scartezzini, 4ª T., j. 17-10-2006, *DJ* 4-12-2006, p. 322). 5. Agravo interno não provido (AgInt no REsp 1.394.870/MS, rel. Min. Luis Felipe Salomão, 4ª T., j. 20-9-2018, *DJe* 26-9-2018).

Com isso, temos que o descumprimento de uma promessa de doação poderá desembocar, no máximo, em uma solução indenizatória, e não em uma execução coativa.

Interessante mencionar haver julgado do Tribunal de Justiça do Rio Grande do Sul que considera a estipulação de cláusula penal incompatível com a promessa de doação, tendo em vista o elemento subjetivo do *animus donandi*:

---
[10] VENOSA, Sílvio. *Direito civil*: contratos em espécie, cit., p. 132.

Ementa: APELAÇÃO CÍVEL. DIREITO PRIVADO NÃO ESPECIFICADO. EMBARGOS À EXECUÇÃO. – EMBARGOS INTEMPESTIVOS. MATÉRIA DE ORDEM PÚBLICA. EXIGIBILIDADE. NULIDADE DA EXECUÇÃO. REGÊNCIA DO CPC/73. A INTEMPESTIVIDADE DOS EMBARGOS DO DEVEDOR NÃO OBSTA O ENFRENTAMENTO DE MATÉRIA DE ORDEM PÚBLICA CAPAZ DE INDUZIR À NULIDADE DA EXECUÇÃO, COGNOSCÍVEL DE OFÍCIO E QUE POSSA SER SUSCITADA POR SIMPLES PETIÇÃO OU IMPUGNAÇÃO EM SENTIDO LATO. A EXIGIBILIDADE É REQUISITO CUJA AUSÊNCIA INDUZ NULIDADE DA EXECUÇÃO, NOS TERMOS DOS ART. 580 E ART. 618 DO CPC/73. CIRCUNSTÂNCIA DOS AUTOS EM QUE, APRECIANDO DECLARATÓRIOS, FOI SUPRIDA OMISSÃO RECONHECENDO A INTEMPESTIVIDADE, MAS MANTENDO A DECISÃO QUE ENFRENTARA A EXIGIBILIDADE DO TÍTULO FUNDAMENTANDO TRATAR-SE DE MATÉRIA DE ORDEM PÚBLICA, PASSÍVEL DE SER CONHECIDA DE OFÍCIO; E SE IMPÕE DESACOLHER A PRELIMINAR. – PRESSUPOSTOS DA EXECUÇÃO. **INSTRUMENTO PARTICULAR. PROMESSA DE DOAÇÃO. ATRIBUTOS DO TÍTULO EXECUTIVO. EXIGIBILIDADE. CLÁUSULA PENAL. MATÉRIA DE DIREITO. REGÊNCIA DO CPC/73.** A EXECUÇÃO SERÁ NULA SE O TÍTULO EXECUTIVO EXTRAJUDICIAL NÃO ATENDER A UM DOS SEUS ATRIBUTOS, LIQUIDEZ, CERTEZA OU EXIGIBILIDADE, NOS TERMOS DOS ART. 580 E ART. 618 DO CPC/73. **NA DOAÇÃO PURA, AQUELA QUE NÃO ADMITE CONTRAPRESTAÇÃO, A CLÁUSULA PENAL NÃO É EXIGÍVEL, PORQUANTO INCOMPATÍVEL COM A ESPONTANEIDADE CARACTERÍSTICA DO SEU *ANIMUS DONANDI*. CIRCUNSTÂNCIA DOS AUTOS EM QUE SE IMPÕE MANTER A SENTENÇA QUE RECONHECEU A INEXIGIBILIDADE DA PRETENSÃO EXECUTIVA. RECURSO DESPROVIDO.** (Apelação Cível, n. 50051891620178210001, Décima Oitava Câmara Cível, Tribunal de Justiça do RS, Relator: João Moreno Pomar, Julgado em: 12-8-2021)

Data de Julgamento: 12-8-2021

Publicação: 20-8-2021 (grifo nosso)

De fato, não nos agrada a ideia de se pretender a estipulação (prévia) de pena convencional para o caso de descumprimento de uma promessa de doação.

Nos termos do art. 408 do Código Civil, "incorre de pleno direito o devedor na cláusula penal, desde que, culposamente, deixe de cumprir a obrigação ou se constitua em mora", o que não se harmoniza com o elemento causal da doação (a liberalidade), mormente em se considerando que o donatário experimenta um benefício, sem contrapartida obrigacional equivalente ou proporcional.

Nesse contexto, temos que, para existir essa consequente obrigação de indenizar, na promessa de doação, deverão estar devidamente configurados os pressupostos gerais da responsabilidade civil, a saber: a conduta humana, o dano e o nexo de causalidade.

Em verdade, o fundamento jurídico dessa forma de responsabilidade, decorrente do descumprimento da promessa de doação, encontra-se, em nosso sentir, no próprio princípio da boa-fé objetiva, impositivo dos deveres de lealdade e confiança entre as partes contratantes (*Treu und Glauben*).

Vale dizer, quando o promitente-doador descumpre a promessa feita, causando dano ao donatário, viola regra geral de cunho ético e exigibilidade jurídica, por não atender à legítima expectativa, nutrida pela outra parte, de celebrar o contrato definitivo.

Dispensa-se, ademais, nessa aferição, e segundo a melhor doutrina, a investigação do móvel subjetivo (dolo/culpa) que orientou o infrator.

Este é o pensamento de ANDRÉA PAULA DE MIRANDA:

> O princípio da boa-fé aparece frequentemente relacionado à culpa. É verdade que, quando da violação das regras de conduta estabelecidas pela boa-fé resultam danos, a culpa intervém em seu papel normal. As regras decorrentes da boa-fé, entretanto, têm aplicação mais ampla, uma vez que não exigem um pressuposto fático precisamente tipificado em que se insere a culpa[11].

---

[11] MIRANDA, Andréa Paula Matos R. de. *A boa-fé objetiva nas relações*

Reafirmando a ideia de que a tendência da doutrina moderna é o afastamento da culpa como elemento indispensável à configuração da responsabilidade civil decorrente da quebra da boa-fé objetiva, transcrevemos trecho do nosso volume dedicado ao estudo dos Contratos:

> E para que não pairem dúvidas, o seleto grupo de juristas que se reuniu em Brasília (...) para firmar posições a respeito do novo Código Civil, aprovou, por maioria, o enunciado 24, com o seguinte teor:
>
> Em virtude do princípio da boa-fé, positivado no art. 422, a violação dos deveres anexos constitui espécie de inadimplemento, independentemente de culpa[12].
>
> Vemos, portanto, que poderá haver responsabilidade civil por quebra de boa-fé objetiva, independentemente de culpa. Aliás, essa tendência de objetivação do direito civil – anunciando a decadência da "era da culpa" – é perceptível, não apenas na seara contratual, mas, inclusive, no próprio Direito de Família, em cujo seio ganha contornos cada vez mais nítidos a linha de pensamento que sufraga o fim da discussão da culpa nas demandas relativas à separação e ao divórcio[13].

Cumpre-nos, agora, enfrentar a promessa de doação na separação judicial, no divórcio e nas ações de dissolução de união estável.

É comum, nos termos de acordo de divórcio ou de separação judicial, quanto aos bens, uma ou ambas as partes celebrarem promessa de doação entre si ou em favor dos filhos.

---

de consumo. Dissertação apresentada no Curso de Mestrado em Direito da UFBa, em 2003, p. 162.

[12] Tal enunciado foi aprovado por maioria, decorrendo de proposição do Prof. Wanderlei de Paula Barreto. Para a consulta de todos os Enunciados das Jornadas de Direito Civil da Justiça Federal, cf. o site do Conselho da Justiça Federal <www.cjf.gov.br>, bem como o nosso <http://www.novodireitocivil.com.br>.

[13] GAGLIANO, Pablo Stolze; PAMPLONA FILHO, Rodolfo. *Novo curso de direito civil*: contratos. 6. ed. São Paulo: SaraivaJur, 2023, v. 4, p. 71.

O mesmo pode se dar quando da dissolução judicial da união estável.

Tais contratos preliminares, pela peculiar conjuntura da sua pactuação, em nosso sentir, são juridicamente possíveis.

Nesse ponto, não interpretamos as manifestações dos cônjuges (e também dos companheiros, caso se trate de união estável) como simples "intenções" consubstanciadas no termo e sujeitas à homologação judicial, mas sim como declarações negociais de vontade, dotadas de uma exigibilidade perfeitamente justificada pela ambiência da pactuação.

Vale dizer, se o donatário aceita (e, no caso do absolutamente incapaz, desde que se trate de doação pura, dispensa-se aceitação expressa, nos termos do art. 543), a promessa se configura e é exigível, como decorrência do próprio princípio da solidariedade familiar[14].

Com efeito, embora parcela da doutrina rechace, conforme vimos, em caso de descumprimento, com boas razões, a execução específica das promessas de doação em geral, sob o argumento de se tratar de contrato animado pela simples liberalidade – razão por que somente abriria espaço para o pagamento de perdas e danos –, entendemos que, por razões superiores, **no âmbito do Direito de Família, escapando desse sistema geral, a promessa deve comportar execução específica (forçada), na estrita forma da lei processual civil.**

E assim pensamos porque, em geral, o beneficiário da promessa é o próprio consorte (ou companheiro), parte na separação ou no divórcio, ou os seus filhos, diretamente atingidos pelo descasamento dos pais.

---

[14] Confira-se o Enunciado 549 da VI Jornada de Direito Civil: "Enunciado 549 – A promessa de doação no âmbito da transação constitui obrigação positiva e perde o caráter de liberalidade previsto no art. 538 do Código Civil". Pensamos que esse enunciado justifica-se no âmbito das relações de família.

Ora, no primeiro caso (entre cônjuges ou companheiros), a execução específica da promessa encontraria amparo no cunho eminentemente compensatório que esse tipo de promessa traduz pelo fim do enlace. Em outras palavras, a obrigação assumida, por ex., na promessa de doar um bem à esposa, é menos animada por simples altruísmo e mais pela necessidade de compensação que sente o doador pelo término (não simplesmente do afeto, pois ser humano algum pode ser responsabilizado por isso) da comunidade de existência.

Por razões análogas, a promessa feita no pacto antenupcial é dotada de exigibilidade[15].

Já no caso dos filhos, a fundamentação jurídica tendente ao reconhecimento da execução específica, para forçar o cumprimento da obrigação, é ainda de clareza maior. O interesse existencial deles anima os pais a celebrarem a promessa, que não poderá ser desfeita nem, muito menos, resolver-se simplesmente em perdas e danos em caso de descumprimento. O princípio da solidariedade familiar impõe a mantença da palavra dada, dispensando maiores considerações.

Nessa linha, o Superior Tribunal de Justiça:

RECURSO ESPECIAL. CIVIL E PROCESSUAL CIVIL. FAMÍLIA. EMBARGOS DE TERCEIRO. PENHORA. DOAÇÃO DO IMÓVEL. FILHOS

---

[15] STJ: EMBARGOS DE DECLARAÇÃO NO RECURSO ESPECIAL. DIREITO DE FAMÍLIA. AÇÃO COMINATÓRIA. PROMESSA DE DOAÇÃO CELEBRADA MEDIANTE PACTO ANTENUPCIAL.
1. Exigibilidade da obrigação reconhecida mediante fundamentação adequada e coerente, inexistindo quaisquer dos vícios previstos no art. 1.022 do CPC/2015.
2. Omissão verificada apenas quanto à análise da exorbitância dos honorários de sucumbência. Excesso constatado. Redução do valor da verba honorária.
3. EMBARGOS DE DECLARAÇÃO PARCIALMENTE ACOLHIDOS (EDcl no REsp 1.355.007/SP, rel. Min. Paulo de Tarso Sanseverino, 3ª T., j. 5-12-2017, *DJe* 19-12-2017).

BENEFICIADOS. SENTENÇA DE DIVÓRCIO ANTERIOR À EXECUÇÃO. PENHORA POSTERIOR. FRAUDE À EXECUÇÃO. INEXISTÊNCIA. BOA-FÉ. PRESUNÇÃO. SÚMULA N. 7/STJ.

1. A promessa de doação de imóvel aos filhos comuns decorrente de acordo judicial celebrado por ocasião de divórcio é válida e possui idêntica eficácia da escritura pública.

2. Não há falar em fraude contra credores em virtude da falta de registro da sentença homologatória da futura doação realizada antes do ajuizamento da execução.

3. A penhora pode ser afastada por meio de embargos de terceiros, opostos por possuidores que se presumem de boa-fé.

4. Recurso especial parcialmente conhecido e, nesta parte, não provido (REsp 1.634.954/SP, rel. Min. Ricardo Villas Bôas Cueva, 3ª T., j. 26-9-2017, DJe 13-11-2017).

RECURSO ESPECIAL. DIREITO CIVIL. DIREITO DE FAMÍLIA. DIVÓRCIO CONSENSUAL. PARTILHA DE BENS. ACORDO. DOAÇÃO AOS FILHOS. HOMOLOGAÇÃO JUDICIAL. SENTENÇA COM EFICÁCIA DE ESCRITURA PÚBLICA. FORMAL DE PARTILHA. REGISTRO NO CARTÓRIO DE IMÓVEIS. POSSIBILIDADE.

1. Não constitui ato de mera liberalidade a promessa de doação aos filhos como condição para a realização de acordo referente à partilha de bens em processo de separação ou divórcio dos pais, razão pela qual pode ser exigida pelos beneficiários do respectivo ato.

2. A sentença homologatória de acordo celebrado por ex-casal, com a doação de imóvel aos filhos comuns, possui idêntica eficácia da escritura pública.

3. Possibilidade de expedição de alvará judicial para o fim de se proceder ao registro do formal de partilha.

4. Recurso especial provido (REsp 1.537.287/SP, rel. Min. Ricardo Villas Bôas Cueva, 3ª T., j. 18-10-2016, DJe 28-10-2016).

CIVIL. PROMESSA DE DOAÇÃO VINCULADA À PARTILHA. ATO DE LIBERALIDADE NÃO CONFIGURADO. EXIGIBILIDADE DA OBRIGAÇÃO. LEGITIMIDADE ATIVA.

AGRAVO REGIMENTAL NO RECURSO ESPECIAL. EMBARGOS À EXECUÇÃO. ACORDO CELEBRADO EM SEPARAÇÃO CONSENSUAL. HOMOLOGAÇÃO JUDICIAL. DOAÇÃO. ÚNICA FILHA. AUSÊNCIA DE VÍCIOS DE VALIDADE. EXIGIBILIDADE DA OBRIGAÇÃO. PRECEDENTES. 1. A jurisprudência desta eg. Corte já se manifestou no sentido de considerar que não se caracteriza como ato de mera liberalidade ou simples promessa de doação, passível de revogação posterior, a doação feita pelos genitores aos seus filhos estabelecida como condição para a obtenção de acordo em separação judicial. 2. Agravo regimental a que se nega provimento (AgRg no REsp 883.232/MT, rel. Min. Raul Araújo, 4ª T., j. 19-2-2013, DJe 26-2-2013).

A promessa de doação feita aos filhos por seus genitores como condição para a obtenção de acordo quanto à partilha de bens havida com a separação ou divórcio não é ato de mera liberalidade e, por isso, pode ser exigida, inclusive pelos filhos, beneficiários desse ato. Precedentes.

Recurso Especial provido (REsp 742.048/RS, rel. Min. Sidnei Beneti, 3ª T., j. 14-4-2009, DJe 24-4-2009).

Note-se que, no REsp 1.634.954/SP e no REsp 1.537.287/SP, a Corte foi além, ao equiparar, no plano eficacial, a promessa homologada à própria escritura pública de doação, servindo, portanto, a sentença, de título hábil ao registro e consequente transferência da propriedade.

E, em caso de recusa, caberá, por certo, a execução forçada.

Não se dispensa, com isso, todavia, em se tratando de imóveis, o respeito ao princípio da continuidade do Registro Imobiliário – porquanto, aquele que doa deve ser, formalmente, o titular do bem – nem, tampouco, a necessidade de pagamento dos tributos e emolumentos devidos por conta da transferência dominial.

Em conclusão, temos que, no âmbito do Direito de Família, à luz do princípio da solidariedade familiar, a promessa de doação firmada em acordo judicial de separação, divórcio e dissolução de união estável, ou, ainda, em pacto antenupcial, tendo em vista a ambiência da sua pactuação, uma vez atendidos os pressupostos negociais de validade, tem plena exigibilidade jurídica, justificando, em caso de inadimplemento do promitente-doador, a sua execução forçada.

9

Espécies Comuns de Doação

Além das especiais modalidades já vistas até o momento, é muito comum, em doutrina, a classificação das doações conforme os itens a seguir.

9.1. Doação pura

É aquela que consubstancia simples liberalidade, sem fixação de encargo.

A doação pura traduz, pois, total *espírito de beneficência*; não impõe ao donatário qualquer gravame ou outro fator condicionante de eficácia jurídica do negócio.

Por decorrer da autonomia da vontade do doador, nada tem que ver com o enriquecimento ilícito, pois, em tal caso, desbordaríamos do âmbito da doação, rendendo ensejo, inclusive, para o ajuizamento de uma *actio de in rem verso*[1].

---

[1] "A ação, que objetiva evitar ou desfazer o enriquecimento sem causa, denomina-se *actio in rem verso*. Para o seu cabimento, cinco requisitos simultâneos devem se conjugar: a) Enriquecimento do Réu: a ideia de enriquecimento envolve não somente o aspecto pecuniário de acréscimo patrimonial, mas também qualquer outra vantagem, como, por exemplo, a omissão de despesas. Ex.: a exploração do trabalho escravo traz enriquecimento (indevido) ao explorador, não somente pelo resultado do labor, mas também pelo que deixou de pagar a título

9.2. Doação condicional e a termo

No primeiro caso, é estipulada uma condição ao negócio, e, no segundo, é estabelecido um prazo, findo o qual o donatário passa a exercer o domínio sobre a coisa alienada.

Não é demais lembrar que a *condição* é caracterizada pela *incerteza (do acontecimento do evento)* e pela *futuridade*.

Quanto a este último aspecto, lembra-nos SPENCER VAMPRÉ, citado por WASHINGTON DE BARROS MONTEIRO, que "se prometo a alguém certa quantia em dinheiro, caso o meu bilhete de loteria, que correu ontem, estiver premiado, uma de duas situações poderá ocorrer: ou o bilhete está premiado e a promessa de doação é pura e simples (não

---

de retribuição; b) Empobrecimento do Autor: é a outra face da moeda, em relação ao requisito anterior. Pode ser tanto a diminuição efetiva do patrimônio, quanto o que razoavelmente se deixou de ganhar; c) Relação de Causalidade: deverá haver um nexo de causalidade entre os dois fatos de empobrecimento e enriquecimento. Caso, no encontro de contas, verifique-se discrepância de valores entre o que se ganhou e o que se perdeu, a indenização deve se restringir ao limite de tal correspondência, sob pena de se causar novo enriquecimento indevido; d) Inexistência de Causa Jurídica para o Enriquecimento: a inexistência de causa a justificar o pagamento é o requisito mais importante dessa ação, uma vez que, nos negócios jurídicos em geral, a existência de lucros ou prejuízos faz 'parte do jogo'. O que não pode haver, porém, é um lucro ou prejuízo sem justificação em uma fonte específica de obrigações, válida e atual. Mesmo que um pagamento aparentemente injusto seja determinado por decisão judicial, não há que se falar em tal tipo de ação, pois há causa jurídica a determiná-lo, devendo a parte interessada, querendo, se insurgir pelo meio próprio (recurso ou ação rescisória, a depender se já houve trânsito em julgado); e) Inexistência de Ação Específica: não caberá, todavia, a denominada *actio in rem verso* (cuja principal espécie é a ação de repetição do indébito, concebida para o pagamento indevido), se a lei conferir ao lesado outros meios para se ressarcir do prejuízo sofrido (art. 886, CC-2002)" (GAGLIANO, Pablo Stolze; PAMPLONA FILHO, Rodolfo. *Novo curso de direito civil*, cit., 2023, v. 2, p. 378).

condicional) ou o bilhete está branco, perdendo a promessa eficácia jurídica"[2].

Vale dizer, tratando-se de acontecimento passado, não se pode afirmar tratar-se tecnicamente de condição.

Já no que respeita ao termo, a sua peculiar nota característica é a *certeza* quanto à ocorrência do evento.

Ademais, importante mencionar ainda que a aposição de um termo em um contrato de doação não impede a aquisição do direito decorrente do referido negócio; diferentemente do que ocorre com a condição suspensiva, que subordina não apenas a eficácia, mas também os próprios direitos e obrigações pretendidos pelos contratantes (arts. 125 e 131 do CC).

Em outras palavras, celebrado um contrato de doação, com a estipulação de um termo (prazo definido), pode-se concluir que o donatário *já é titular do direito, mas não poderá exercê-lo antes da ocorrência do evento projetado* (uma data, por exemplo).

Por outro lado, se a doação é condicional (sujeita a condição suspensiva), enquanto o evento não se verificar, não se pode reconhecer ao donatário direito algum, mas sim mera expectativa.

Discorrendo a respeito, no âmbito do pagamento indevido, CAIO MÁRIO, com habitual erudição, utiliza argumentos que, *mutatis mutandis*, podem servir para a exata compreensão do tema, no âmbito das doações condicionais:

> Caso especial de indébito, e que encontra a mesma solução, é o do pagamento de dívida condicional, antes do implemento da condição. É de princípio que, subordinando-se o ato a condição suspensiva, enquanto esta se não realiza, não terá adquirido o direito a que ele visa. Ora, condicional a dívida, o credor não tem mais que uma expectativa – *spes debitum iri* – que se

---

[2] VAMPRÉ, Spencer apud WASHINGTON DE BARROS MONTEIRO. *Curso de direito civil:* parte geral. 37. ed. São Paulo: Saraiva, 2000, v. 1, p. 235.

poderá ou não transformar em direito e o devedor não tem uma obrigação efetiva de solver. Se, portanto, este paga antes de verificada a *conditio*, está na mesma situação daquele que paga em erro, pois que, conforme ocorra ou não a condição, o débito poderá ou não ocorrer. Daí a consequência: o que recebe dívida condicional fica obrigado a restituir[3].

Tal restituição opera-se por meio de uma *ação de repetição de indébito*, espécie de *actio de in rem verso*, cuja pretensão prescreve em três anos, a teor do art. 206, § 3º, IV, do Código Civil.

9.3. Doação modal, onerosa ou com encargo

Como o próprio nome indica, trata-se de doação gravada com um ônus (ex.: obrigo-me a doar-lhe uma fazenda, impondo o encargo de você pagar uma pensão de meio salário mínimo à minha tia idosa).

Sua previsão é feita no art. 553 do Código Civil:

> O donatário é obrigado a cumprir os encargos da doação, caso forem a benefício do doador, de terceiro, ou do interesse geral.

Vale lembrar que a doação onerosa, em nosso sentir, não perde a nota da unilateralidade, uma vez que o encargo imposto não se converte em contraprestação, não traduzindo, por conseguinte, vínculo sinalagmático algum.

A respeito disso, já tivemos a oportunidade de observar que:

> Ora, se é realizado tendo em vista um benefício mais significativo para o realizador do ato, caracteriza-se como mera restrição, não sendo correto dizer que o encargo funciona como contraprestação contratual. Por isso, entendemos não assistir razão a RUGGIERO quando admite a natureza de encargo ao ônus que restrinja todas as vantagens patrimoniais decorrentes

---

[3] PEREIRA, Caio Mário da Silva. *Instituições de direito civil*. 19. ed. Rio de Janeiro: Forense, 2001, v. II, p. 190.

do negócio⁴. Encargo é peso atrelado a uma vantagem, e não uma prestação correspectiva sinalagmática⁵.

De fato, para nós, a investigação da causa, especialmente sob a ótica do "finalismo negocial" italiano⁶, é elemento fundamental para auxiliar o jurista na busca da diagnose diferencial entre o contrato de troca e a doação.

Por fim, não podemos confundir essa modalidade de doação, assentada, como dito, nesse espírito de beneficência, que traduz a sua causa, com as denominadas "prestações sem causa", figuras encartadas no âmbito do enriquecimento ilícito.

Cabe, aqui, transcrever a preleção de LUCIANO DE CAMARGO PENTEADO:

> A doação modal precisa ser diferenciada também da prestação sem causa. A prestação tem por causa um vínculo ou dever jurídico que lhe é preexistente. O devedor, ao prestar, pode fazê-lo em situações nas quais não existe dívida, quer porque a obrigação se extinguiu, quer porque nunca houve, mas ele supôs (erroneamente) que houvesse. Nessa hipótese, temos de estudar os casos à luz da teoria da aparência. O ato de prestar sem causa é uma das formas de enriquecimento sem causa. Um exemplo claro é o pagamento de dívida ao credor pelo devedor, quando o fiador já a adimplira, mas sem avisar o afiançado. O credor recebeu uma prestação sem causa, pois já extinguira o seu crédito, e deve restituí-la. Isso não se confunde com as

---

[4] RUGGIERO, Roberto de. *Instituições de direito civil*. São Paulo: Bookseller, 1999, v. 1, p. 386.

[5] GAGLIANO, Pablo Stolze; PAMPLONA FILHO, Rodolfo. *Novo curso de direito civil*: parte geral. 25. ed. São Paulo: SaraivaJur, 2023, v. 1, p. 464.

[6] Para essa corrente, a noção de causa confundir-se-ia com *a própria função econômica do ato*, ou, como lembra ORLANDO GOMES, nessa linha de pensamento, preocupa-se mais com "a significação social do negócio e sua função, desprendendo a noção de causa de sua conotação psicológica, que dificultava distingui-la da concepção subjetivista" (*Introdução ao direito civil*. 18. ed. Rio de Janeiro: Forense, 2001, p. 390).

doações puras em geral, porque a prestação (transferência de bens ou vantagens) é feita nessas com uma intenção liberal, que, aliada à forma, tem a capacidade de tornar a atribuição juridicamente relevante. Consubstanciaria um caso de prestação sem causa o pagamento de uma obrigação derivada de contrato sinalagmático, na hipótese de a outra prestação ter se tornado impossível sem culpa do devedor[7].

9.4. Doação contemplativa

É a doação em que o doador declina ou indica as razões (motivos) que o levaram a fazê-la (ex.: doarei mil reais a Pedro, pelo seu espírito de beneficência, altruísmo e compreensão).

Em geral, é espécie de doação pura, não sendo indispensável, para a sua eficácia, a indicação desses motivos.

9.5. Doação remuneratória

É aquela feita em retribuição a serviços prestados pelo donatário.

É o caso do médico da família que serviu ao doador, com dedicação, durante toda a vida, sem cobrar nada por isso.

Claro está, entretanto, que essa doação não consiste tecnicamente em *pagamento*, mas sim, tão somente, *em um justo reconhecimento do doador pelos favores recebidos*.

Trata-se, portanto, de figura inconfundível com outras", observa ARNALDO MARMITT, "como a contraprestação, por falta de equivalência de valores, como o pagamento, que pressupõe a existência de um crédito, e com a dação em pagamento, que é a substituição da coisa devida por outra, para cumprimento de obrigação". E arremata: "Embora os serviços não possam ser

---

[7] PENTEADO, Luciano de Camargo. *Doação com encargo e causa contratual*. Campinas: Millenium, 2004, p. 241.

cobrados, a doação remuneratória não deixa de constituir-se numa liberalidade, porque inexiste o dever de pagar[8].

Discorrendo sobre o tema, prelecionam RIPERT e BOULANGER:

Se permite al enfermo hacer al médico una liberalidad remuneratoria a título particular (art. 909, inc. 2). Esta liberalidad sustituirá a los honorarios. No deberá, por otra parte, exceder cierto límite, que será apreciado "teniendo en cuenta las posibilidades del disponente y los servicios prestados". En caso de exceso, hay lugar a reducción[9].

Tal "redução", todavia, só seria possível, a nosso ver, no sistema do Direito brasileiro, caso houvesse violação da legítima dos herdeiros necessários. Do contrário, não concorrendo nenhuma causa de nulidade ou anulabilidade, o ato de disposição patrimonial seria perfeitamente válido e eficaz.

Caberá ao intérprete, por sua vez, analisando o instrumento da doação, verificar se houve, de fato, essa espécie de doação, devendo ter especial cuidado em não identificá-la com o legado de crédito, instituto típico da sucessão testamentária.

Por fim, cumpre salientar que a doação remuneratória não pode ir de encontro às normas cogentes que disciplinam a *doação universal* e a *doação inoficiosa*, conforme já decidiu o Superior Tribunal de Justiça:

CIVIL. PROCESSUAL CIVIL. AÇÃO DE NULIDADE DE ESCRITURA PÚBLICA DE DOAÇÃO. JULGAMENTO FORA DO PEDIDO. INOCORRÊNCIA. OBSERVÂNCIA DOS LIMITES TRAÇADOS PELA CAUSA DE PEDIR E PELOS PEDIDOS. RECONHECIMENTO INCIDENTAL E DE OFÍCIO DE CAUSA DE NULIDADE DO NEGÓCIO NÃO ARGUIDA. POSSIBILIDADE. RESPEITO AO CONTRADITÓRIO, À AMPLA DEFESA

---

[8] MARMITT, Arnaldo. *Doação*. Rio de Janeiro: AIDE, 1994, p. 42.
[9] RIPERT, Georges; BOULANGER, Jean. *Tratado de derecho civil*, cit., p. 166.

E AO DIREITO À PROVA. DOAÇÃO REMUNERATÓRIA. RESPEITO AOS LIMITES DE DISPOSIÇÃO DELINEADOS PELO LEGISLADOR. IMPOSSIBILIDADE DE DISPOSIÇÃO, A ESSE TÍTULO, DA TOTALIDADE DO PATRIMÔNIO OU DE PARTE QUE AFRONTE À LEGÍTIMA DOS HERDEIROS NECESSÁRIOS. DISSÍDIO JURISPRUDENCIAL. AUSÊNCIA DE COTEJO ANALÍTICO.

1. Ação proposta em 9-12-1998. Recurso especial interposto em 6-6-2014 e atribuído à Relatora em 25-8-2016.

2. Os propósitos recursais consistem em definir: (i) se houve julgamento fora do pedido em virtude de ter havido o reconhecimento da nulidade da retificação da escritura pública de doação; (ii) se a doação remuneratória deve ou não respeitar a legítima dos herdeiros.

3. Não se configura decisão fora do pedido quando a sentença proferida, respeitando os limites delineados pela causa de pedir e pelos pedidos do autor, pronuncia-se, de ofício e incidentalmente, sobre a nulidade do negócio jurídico subjacente, especialmente quando realizada ampla instrução probatória acerca da causa da nulidade e devidamente respeitado o contraditório e a ampla defesa sobre a questão.

4. **A doação remuneratória, caracterizada pela existência de uma recompensa dada pelo doador pelo serviço prestado pelo donatário e que, embora quantificável pecuniariamente, não é juridicamente exigível, deve respeitar os limites impostos pelo legislador aos atos de disposição de patrimônio do doador, de modo que, sob esse pretexto, não se pode admitir a doação universal de bens sem resguardo do mínimo existencial do doador, nem tampouco a doação inoficiosa em prejuízo à legítima dos herdeiros necessários sem a indispensável autorização desses, inexistente na hipótese em exame.**

5. A ausência de cotejo analítico entre o acórdão recorrido e o acórdão paradigma impede o conhecimento do recurso especial interposto pela divergência.

6. Recurso especial parcialmente conhecido e, nessa extensão, parcialmente provido (REsp 1.708.951/SE, rel. Min. Nancy Andrighi, 3ª T., j. 14-5-2019, *DJe* 16-5-2019) (grifei).

Trata-se de entendimento muito razoável e sensato.

9.6. Doação conjuntiva

É aquela feita a mais de uma pessoa, *ex vi* do disposto no art. 551 do Código Civil:

> Salvo declaração em contrário, a doação em comum a mais de uma pessoa entende-se distribuída entre elas por igual.

Nota-se que a distribuição equitativa das quotas ou partes da coisa doada somente ocorrerá se o doador, segundo a sua autonomia de vontade, não houver disposto em sentido contrário (ex.: 20% caberá a Pedro e 80%, a João).

O parágrafo único do mesmo dispositivo prevê que:

> Se os donatários, em tal caso, forem marido e mulher, subsistirá na totalidade a doação para o cônjuge sobrevivo.

No Tribunal de Justiça de São Paulo, confira-se:

2183993-51.2019.8.26.0000
Classe/Assunto: Agravo de Instrumento / Inventário e Partilha
Relator(a): Maria do Carmo Honorio
Comarca: São Paulo
Órgão julgador: 3ª Câmara de Direito Privado
Data do julgamento: 11-1-2020
Data de publicação: 11-1-2020
Ementa: AGRAVO DE INSTRUMENTO. ***DOAÇÃO CONJUNTIVA*** EM FAVOR DE CASAL. FALECIMENTO DO MARIDO. IMÓVEL QUE NÃO SE SUJEITA AO ARROLAMENTO DE BENS DO "DE CUJUS". INTELIGÊNCIA DO ARTIGO 551, PARÁGRAFO ÚNICO, DO CÓDIGO CIVIL. PRECEDENTES DESTE TRIBUNAL. PRETENSÃO RECURSAL ACOLHIDA APENAS PARA DETERMINAR QUE O BEM NÃO INTEGRE O ARROLAMENTO. RECURSO PARCIALMENTE PROVIDO. Com a morte de um dos cônjuges, o bem doado em favor de ambos permanece na propriedade do sobrevivente e deve ser excluído do arrolamento de bens do "de cujus".

Assim, se os beneficiários da doação forem casados entre si, qualquer que seja o regime de bens, com a morte de um deles a totalidade da herança tocará ao cônjuge sobrevivo, excepcionando-se, portanto, qualquer outra regra sucessória que desse destino diverso ao referido bem.

Essa norma causa certa perplexidade, pois excepciona o regime legal sucessório (arts. 1.829 e s.) e acaba por colocar, nesse particular, o cônjuge sobrevivente em situação mais cômoda do que a dos demais herdeiros necessários, especialmente os descendentes, que não terão direito ao bem doado[10].

Em uma análise sistemática, portanto, vê-se que, na ambiência do Código Civil de 2002, o cônjuge, sob certos aspectos, ficou em situação mais cômoda do que os próprios descendentes do falecido.

Por outro lado, em se defendendo a subsistência da regra, deveria o codificador ter ido mais além, contemplando o mesmo benefício à companheira sobrevivente, uma vez que a união estável, entendida como uma legítima forma de constituição de família, também justificaria a mesma solução.

Observa-se aqui, como em todas as demais regras referentes à doação, uma primazia do matrimônio, a qual, se por um lado é fruto de nossa tradição religiosa, por outro não poderia significar a minimização da tutela de outras formas de união livre, dotadas da mesma dignidade constitucional.

Aliás, como bem observou RODRIGO DA CUNHA PEREIRA: "A partir do momento em que a família deixou de ser o núcleo econômico e de reprodução para ser o espaço do afeto e do amor, surgiram novas e várias representações sociais para ela"[11].

Tendência essa observada, entre os clássicos, pelo grande CAIO MÁRIO, em uma de suas últimas e imortais obras: "Numa

---

[10] Incentivou-nos a enfrentar esse aspecto nesta dissertação ZENO VELOSO, culto jurista a quem rendemos as nossas homenagens.

[11] PEREIRA, Rodrigo da Cunha. *Direito de família e o novo Código Civil*. Rodrigo da Cunha Pereira e Maria Berenice Dias (Coords.). Belo Horizonte: Del Rey/IBDFAM, 2002, p. 226-227.

definição sociológica, pode-se dizer com Zannoni que a família compreende uma determinada categoria de 'relações sociais reconhecidas e portanto institucionais'. Dentro deste conceito, a família 'não deve necessariamente coincidir com uma definição estritamente jurídica'". E arremata: "Quem pretende focalizar os aspectos ético-sociais da família, não pode perder de vista que a multiplicidade e variedade de fatores não consentem fixar um modelo social uniforme"[12].

Esse é o melhor entendimento, partindo do princípio da afetividade e da primazia do conceito socioafetivo da família moderna.

9.7. Doação em contemplação a casamento futuro

Dispondo sobre essa espécie, o art. 546 do Código Civil é extremamente claro e elucidativo:

> A doação feita em contemplação de casamento futuro com certa e determinada pessoa, quer pelos nubentes entre si, quer por terceiro a um deles, a ambos, ou aos filhos que, de futuro, houverem um do outro, não pode ser impugnada por falta de aceitação, e só ficará sem efeito se o casamento não se realizar.

Mais completo, nesse particular, é o Código Civil italiano, que dispõe até mesmo sobre a hipótese de invalidação do casamento e os reflexos da doação em face dos filhos do casal:

> 785. Donazione in riguardo di matrimonio. La donazione fatta in riguardo di un determinato futuro matrimonio (cfr. 165, 166), sai dagli sposi tra loro (cfr. 774), sia da altri a favore di uno o di entrambi gli sposi o dei figli nascituri da questi, si perfeziona senza bisogno che sia accettata, ma non produce effetto finché non segua il matrimonio (cfr. 805).
>
> L'annullamento del matrimonio (cfr. 117 ss.) importa la nullità della donazione. Restano tuttavia salvi i diritti acquistati daí

---

[12] PEREIRA, Caio Mário da Silva. *Direito civil*: alguns aspectos da sua evolução. Rio de Janeiro: Forense, 2001, p. 170.

terzi di buona fede trai il giorno del matrimonio e il passagio in giudicato della sentenza che dichiara la nullità del matrimonio. Il coniuge di buona fede non è tenuto a restituire i frutti percepiti anteriormente allá domanda di anullamento del matrimonio (cfr. 1148). La donazione in favore di figli nascituri rimane efficace per i figli rispetto ai quali si verificano gli effetti del matrimonio putativo (cfr. 128).

Vale ressaltar que o negócio jurídico, segundo a dicção do dispositivo constante no Código brasileiro, ficará *sem efeito* se o casamento não se realizar.

Conclui-se, portanto, e esse seria um erro grave, posto provável, imaginar que a doação seria *nula* na falta do casamento.

Todavia, assim não é, uma vez que seria o caso de *negativa de eficácia*, e não propriamente de *invalidade*[13].

---

[13] Notamos certa dificuldade, no Direito brasileiro, em traçar a diagnose diferencial entre invalidade e ineficácia do negócio jurídico. Lembra-nos ANTONIO JUNQUEIRA DE AZEVEDO que "o terceiro e último plano em que a mente humana deve projetar o negócio jurídico para examiná-lo é o plano de eficácia. Nesse plano, não se trata, naturalmente, de toda e qualquer possível eficácia prática do negócio, mas sim, tão só, de sua eficácia jurídica e, especialmente, da sua eficácia própria ou típica, isto é, da eficácia referente aos efeitos manifestados como queridos" (*Negócio jurídico*: existência, validade e eficácia. 3. ed. São Paulo: Saraiva, 2000, p. 48). Essa teoria da ineficácia, por exemplo, melhor fundamentaria o tratamento jurídico da fraude contra credores, impropriamente, em nosso sentir, tratada no Código novo (assim como no de 1916) como causa de anulação do negócio jurídico. A esse respeito, colocando com hábil e costumeira mestria o problema, pontifica YUSSEF SAID CAHALI: "Desde que, no ato praticado em fraude de credores, a simples declaração de ineficácia, isto é, a declaração de que o negócio jurídico não prejudica aos credores anteriores ao ato, por ineficaz em relação a eles, porque a esse ponto não entrou no mundo jurídico, é bastante para satisfazer o interesse dos credores, porquanto isso é suficiente para que os bens possam ser abrangidos pela execução como se ainda se encontrassem no patrimônio do executado (...)". E em outro ponto de sua obra, conclui o mesmo autor: "Parece-nos, porém, que o

Note-se, ainda, que o dispositivo do nosso Código Civil remete-nos à ideia de não poder ser impugnada a doação por falta de aceitação.

Nesse particular, entretanto, algumas considerações bastante oportunas foram feitas por AGOSTINHO ALVIM. Vejamos:

A lei diz que a doação não pode ser impugnada por falta de aceitação. O casamento envolve aceitação.

Não significa isto, porém, que o donatário não possa impugnar a doação, isto é, deixar de aceitá-la. É um direito seu. E para isso precisa saber que a doação existe.

É necessário, pois, que o donatário, ao casar, saiba que a doação foi feita.

O que a lei quer dizer é que não pode o doador, arrependido, pedir a devolução da coisa, por falta de manifestação do donatário, alegando, com este fundamento, doação não aperfeiçoada[14].

De fato, negar ao donatário, em qualquer hipótese, o direito de impugnar a doação é algo inaceitável. Esse direito, aliás, traduzir-se-ia não apenas na hipótese aventada por AGOSTINHO ALVIM de simplesmente *rejeitar a liberalidade*, mas, até mesmo, na situação, menos frequente, embora não impossível, de *o próprio doador atacar o ato, alegando vício de consentimento (coação, por exemplo)*.

No entanto, regra geral, contraído o matrimônio, considera-se aperfeiçoada a doação, não podendo o doador *voltar atrás*.

9.8. Doação com cláusula de reversão

Trata-se de interessante figura jurídica em que se prevê a reversão por premoriência do donatário.

---

efeito da sentença pauliana resulta do objetivo a que colima a ação: declaração de ineficácia jurídica do negócio fraudulento"(*Fraude contra credores*. 2. ed. São Paulo: Revista dos Tribunais, 1999, p. 385-386).

[14] ALVIM, Agostinho, *Da doação*, cit., p. 119.

A cláusula de reversão pode ser definida como *a estipulação negocial por meio da qual o doador determina o retorno do bem alienado, caso o donatário venha a falecer antes dele.*

Tem-se, pois, inequivocamente, uma doação geradora de *propriedade resolúvel* do adquirente.

Nesse sentido, dispõe o art. 547 do Código Civil:

> O doador pode estipular que os bens doados voltem ao seu patrimônio, se sobreviver ao donatário.

Como se pode verificar, a morte é admitida pela lei como causa da reversão, nada obstando que se estipule a doação a termo, no sentido de o bem doado poder reverter ao patrimônio do doador antes mesmo da morte do donatário.

Ensina SÍLVIO VENOSA: "Pergunta-se também se essa cláusula pode ser aposta estipulando reversão antes da morte do donatário. A resposta é afirmativa. Cuida-se de aplicar o princípio geral que admite os negócios a termo"[15].

Tudo fica no âmbito da autonomia da vontade das partes contraentes.

Interessante tema a ser ainda abordado diz respeito à possibilidade de renúncia da reversão. Em outras palavras: *o direito à reversão poderia ser renunciado pelo doador?*

Não temos dúvida de que sim. Trata-se, pois, de um *direito potestativo disponível do doador.*

Nessa mesma linha, o brilhante GUILLERMO BORDA aduz:

> Puesto que la reversión es un derecho de carácter patrimonial, nada impide que sea renunciado por el donante (art. 1.845). La renuncia puede ser expresa o tácita[16].

---

[15] VENOSA, Sílvio de Salvo. *Direito civil:* contratos em espécie e responsabilidade civil. São Paulo: Atlas, 2001, p. 115.

[16] BORDA, Guillermo. *Manual de contratos*, cit., p. 572.

Outro instigante problema diz respeito à possibilidade de o bem ser revertido a terceiro.

O Código anterior era omisso a respeito, o que levava parte da doutrina a admitir essa hipótese, caracterizando uma espécie de *fideicomisso*[17] *inter vivos*, vedado pelo Código de 2002, consoante se depreende do parágrafo único do artigo sob comento: "Não prevalece cláusula de reversão em favor de terceiro".

Talvez a razão de tal proibição resida não apenas na natureza testamentária do fideicomisso, mas também, e especialmente, na necessidade de se preservar o bem em poder de uma das partes, incentivando-a a imprimir-lhe destinação econômica, sem o risco de, ao final, ter de sujeitar-se a uma segunda transferência, em benefício de terceira pessoa.

Resguarda-se, ademais, a segurança nas relações jurídicas.

Por outro lado, caso a cláusula de reversão em favor de terceiro haja sido estipulada em contrato de doação celebrado sob a égide do Código Civil de 1916, admite-se a sua validade, ainda que o implemento da condição somente haja ocorrido já na vigência do Código Civil de 2002:

> É válida e eficaz a cláusula de reversão em favor de terceiro, aposta em contrato de doação celebrado à luz do Código Civil de 1916, ainda que a condição resolutiva se verifique apenas

---

[17] O fideicomisso é um instituto jurídico estudado no âmbito do Direito das Sucessões. Trata-se de modalidade especial de substituição testamentária por meio da qual o testador (fideicomitente) beneficia sucessivamente dois herdeiros ou legatários – o fiduciário (sucessor de 1º grau) e o fideicomissário (sucessor de 2º grau). O Código Civil o disciplina a partir do art. 1.951: "Pode o testador instituir herdeiros ou legatários, estabelecendo que, por ocasião de sua morte, a herança ou o legado se transmita ao fiduciário, resolvendo-se o direito deste, por sua morte, a certo tempo ou sob certa condição, em favor de outrem, que se qualifica de fideicomissário". O fideicomisso *inter vivos*, por sua vez, operaria a transmissibilidade do domínio de um bem doado a um terceiro, sem que tivesse havido a morte do doador. Sua aceitação sempre foi polêmica, antes da edição do Código Civil de 2002, que culminou por proibi-lo.

sob a égide do Código Civil de 2002 (STJ, REsp. 1.922.153/RS, Rel. Min. Nancy Andrighi).

Nessa linha, julgado do Tribunal de Justiça de Minas Gerais:

EMENTA: AÇÃO DE SOBREPARTILHA – BEM IMÓVEL – DOAÇÃO COM CLÁUSULA DE REVERSÃO – BEM PERTENCENTE A TERCEIRO – IMPOSSIBILIDADE DE SOBREPARTILHA – HONORÁRIOS DE SUCUMBÊNCIA – CABIMENTO. O imóvel doado com cláusula de reversão retorna ao patrimônio do doador quando o donatário é premoriente. Tendo o bem que se pretende partilhar retornado ao patrimônio da primeira doadora, não há que se falar em sobrepartilha do mesmo. **É válida a cláusula de reversão em favor de terceiro estabelecida em contrato de doação celebrado à luz do CC/1916, conforme já decidiu o colendo SUPERIOR TRIBUNAL DE JUSTIÇA.** Os artigos 82, § 2º, e 85 do Código de Processo Civil preveem que a sentença condenará o vencido a pagar honorários ao advogado do vencedor e as despesas processuais. (TJMG – Apelação Cível 1.0000.21.238193-3/001, Relator(a): Des.(a) Edilson Olímpio Fernandes, 6ª CÂMARA CÍVEL, julgamento em 29-3-2022, publicação da súmula em 4-4-2022) (grifamos)

9.9. Doação mista (*negotium mixtum cum donatione*)

Trata-se, aqui, de um negócio jurídico de conteúdo prestacional híbrido, com característica de negócio oneroso, mas trazendo em seu bojo também um matiz de liberalidade. Exemplo clássico pode ser invocado no caso de um sujeito pagar, livremente, 400 reais por um bem que vale apenas 100.

Sobre essa peculiar figura jurídica, merece referência interessante julgado do TJDFT:

APELAÇÃO CÍVEL – AGRAVO RETIDO – PRODUÇÃO DE PROVA PERICIAL – CONTRATO DE COMPRA E VENDA DE IMÓVEL CELEBRADO EM 1969 – PRESCRIÇÃO – NÃO OCORRÊNCIA – PREÇO ABAIXO DO VALOR DE MERCADO – VERDADEIRA DOAÇÃO MISTA – DOAÇÃO COM ENCARGO – OBRIGAÇÃO DE FORNECIMEN-

TO DE BOLSAS DE ESTUDO – REGULARIDADE DA OBRIGAÇÃO ASSUMIDA.

1. Não existindo critérios objetivos para a fixação dos honorários periciais, a jurisprudência tem adotado o critério da razoabilidade, devendo levar-se em conta aspectos como o trabalho a ser realizado pelo perito, o tempo necessário, as despesas com deslocamento, o risco da atividade e a capacidade das partes.

2. A prescrição é instituto jurídico para penalizar a inércia da parte e surge com o inadimplemento da obrigação. Em se tratando de obrigação de trato sucessivo o prazo prescricional é renovado em cada prestação não cumprida. Precedentes do STJ.

3. **O contrato de compra e venda que prevê como valor da aquisição do bem apenas 10% (dez por cento) do valor do imóvel, valor simbólico, possui natureza de uma doação mista, apesar da nomenclatura diversa.**

4. Em sendo um contrato de doação, não há qualquer irregularidade na previsão de encargo a ser cumprido pelo donatário.

5. A interpretação das cláusulas contratuais deve ser realizada segundo a boa-fé e os usos e costumes (CC, art. 113).

6. Agravo retido parcialmente provido, rejeitadas as preliminares, deu-se parcial provimento ao apelo dos réus e à remessa necessária.

(TJDFT, 20060110226519APO – 0004469-13.2006.8.07.0001 – Res. 65 CNJ, grifo nosso)

A respeito do tema, observa LUCIANO DE CAMARGO PENTEADO:

O *negotium mixtum cum donatione* é, na opinião de muitos, uma modalidade de negócio indireto porque suporia a utilização de um esquema contratual sinalagmático (troca ou compra e venda, na grande parte dos casos) para fazer, indiretamente, uma liberalidade. A causa do sinalagma subsistiria, mas enfraquecida em um dos polos, permitindo o enriquecimento de um dos contratantes à custa do empobrecimento do outro. A troca, ou a venda, ou a locação estão em um âmbito de querer direto. O fim de cada contrato, no entanto, é alcançado ou buscado mediante uma liberalidade querida indiretamente, ou seja, por meio do sinalagma e não de uma doação típica[18].

Entendemos razoável a corrente que entende tratar-se de um negócio jurídico indireto.

Aliás, lembra THALLES VALIM que:

> A qualificação do *negotium mixtum cum donatione* como espécie de negócio indireto costuma, também, ser apontada como fundamento para a composição do seu regime[19].

De fato, a compreensão do regime jurídico aplicável é fundamental para a resolução das questões – mormente interpretativas – que venham a surgir em torno do contrato celebrado.

A nosso ver, para poder definir em qual categoria o contrato melhor se enquadraria (se na compra e venda ou na doação, no exemplo dado), terá o intérprete de investigar a causa do negócio, para concluir se prepondera o espírito de liberalidade ou apenas a especulação econômica.

E, com base nessa premissa, concordamos com CARLOS ROBERTO GONÇALVES, ao prelecionar que:

> Embora sustentem alguns que o negócio deve ser separado em duas partes, aplicando-se a cada uma delas as regras que lhes são próprias, a melhor solução é verificar a preponderância do negócio, se oneroso ou gratuito, levando-se em conta o art. 112 do Código Civil[20].

---

[18] PENTEADO, Luciano de Camargo. *Doação com encargo e causa contratual*, cit., p. 276.

[19] VALIM, Thalles Ricardo Alciati. *Análise tipológica do contrato de doação*, dissertação apresentada ao Programa de Pós-Graduação da Faculdade de Direito da USP, sob a orientação, do Prof. Otávio Luiz Rodrigues Jr., 2019. Disponível em: https://www.teses.usp.br/teses/disponiveis/2/2131/tde-16072020-161038/publico/6811808_Dissertacao_Original.pdf. Acesso em: 16 jun. 2023.

[20] GONÇALVES, Carlos Roberto. *Direito civil brasileiro*: contratos e atos unilaterais. 17. ed. São Paulo: Saraiva, 2020, v. 3, p. 307.

A preponderância mencionada pelo autor é aferida exatamente quando da investigação da sua causa.

9.10. Doações mútuas

Observe-se que, nesse item, grafamos propositadamente a expressão no plural, pois esse negócio pressupõe que duas partes realizem reciprocamente atos de liberalidade.

Segundo BEVILÁQUA, "as doações mútuas são as que duas ou mais pessoas fazem umas às outras em um só acto". Acrescenta que nada de especial encerra essa espécie, a não ser que a nulidade, por incapacidade de uma das partes ou por vício de forma, acarreta a nulificação de todo o ato[21]. Em outras palavras, uma parte doa à outra, e vice-versa. Aproxima-se da troca, mas com esta não se confunde pela diferença de causa (a liberalidade).

Expliquemos melhor.

No contrato de troca ou permuta, previsto no art. 533, a razão típica da atuação contratual de cada parte é exatamente a prestação da outra, ao passo que, nas doações mútuas, a causa negocial é o benefício que uma parte quer proporcionar à outra, independentemente do favor patrimonial também recebido.

9.11. Doação sob a forma de subvenção periódica

É prevista no art. 545 do Código Civil, que dispõe:

A doação em forma de subvenção periódica ao beneficiado extingue-se morrendo o doador, salvo se este outra coisa dispuser, mas não poderá ultrapassar a vida do donatário.

Regra semelhante é encontrada no Código Civil italiano:

---

[21] BEVILÁQUA, Clóvis. *Direito das obrigações*, cit., p. 310.

772. Donazione di prestazione periodiche. La donazione che ha per oggetto prestazioni periodiche si estingue alla morte del donante, salvo che risulti dall'atto una diversa volontà.

Em tal caso, tem-se um contrato cujas prestações, devidas pelo doador, são pagas periodicamente, nada impedindo, outrossim, que o doador aplique o capital e o donatário passe a perceber os seus frutos, sendo-lhe vedado o levantamento integral do valor.

Claro está que o período de vigência dessa doação dependerá do quanto estipulado livremente pelo doador, salientando-se que a lei, conquanto admita o benefício para depois da morte do doador, veda a possibilidade de os sucessores do donatário beneficiarem-se com o referido rendimento.

Importante também mencionar que este tipo de doação pode gerar controvérsia quando se discute, em Juízo, a exigibilidade da prestação alimentar.

No Tribunal de Justiça de São Paulo, confira-se:

2003799-51.2022.8.26.0000 (Segredo de Justiça)

Classe/Assunto: Agravo de Instrumento / Alimentos

Relator(a): J.L. Mônaco da Silva

Comarca: São Paulo

Órgão julgador: 5ª Câmara de Direito Privado

Data do julgamento: 27-1-2022

Data de publicação: 27-1-2022

Ementa: revisional de acordo para exoneração de obrigações alimentares in natura – Decisão que deferiu a tutela de urgência a fim de exonerar a autora das obrigações previstas na cláusula 10 do contrato de convivência – Inconformismo – Desacolhimento – Decisão surpresa inexistente – Inteligência do art. 9º, parágrafo único, inc. I, do Código de Processo Civil – Partes que firmaram instrumento particular de convivência com previsão de obrigações a cargo da agravada em favor da agravante de: a) troca de veículo a cada 3 anos; b) custeio de três passagens internacionais por ano, além do pagamento de

US$ 30.000,00 dólares; c) manutenção de plano de saúde – Alegação da agravante de que se trata de cláusula de **doação sob a forma de subvenção periódica** – Matéria que envolve o próprio mérito da causa e não pode ser examinada no momento, sob pena de supressão de instância – Incapacidade financeira da agravante não demonstrada – Agravante que é detentora de vultoso patrimônio no valor de R$ 8.609.094,29 e, além disso, recebe por mês da agravada R$ 20.000,00 em razão de outra cláusula do contrato de convivência – Concessão da tutela a fim de exonerar a autora das referidas obrigações que era mesmo de rigor – Decisão mantida – Recurso desprovido.

Em linhas gerais, a obrigação alimentar tem características próprias e principiologia peculiar (do Direito de Família), ao passo em que a doação sob forma de subvenção periódica é eminentemente regida pelo Direito Contratual, à luz da autonomia privada.

9.12. Doação indireta e doação disfarçada

O que a doutrina convencionou chamar de "doação indireta" não traduz, tecnicamente, doação, embora consista em um ato de vantagem patrimonial para uma das partes.

É o que se dá quando o sujeito realiza ato jurídico benéfico a outrem, sem que se trate de uma doação propriamente dita. Exemplo: o perdão de uma dívida.

Segundo a doutrina de RIPERT e BOULANGER, "la donación indirecta es la que resulta de un acto jurídico que no presenta los caracteres de um acto de donación, pero que obliga al que lo celebra a una prestación sin contrapartida"[22].

Escreve, sobre o assunto, PEDRO PAULO DE SIQUEIRA VARGAS:

---

[22] RIPERT, Georges; BOULANGER, Jean. *Tratado de derecho civil – según el Tratado de Planiol*: liberalidades. Buenos Aires: La Ley, 1988, t. XI, p. 76.

As doações indiretas são atos jurídicos que não atendem a forma de doação, mas que têm neles presente o *animus donandi*, com a renúncia de um herdeiro em favor do outro designado, remição de dívida ou a remissão do débito de um terceiro[23].

A doação disfarçada, por sua vez, é aquela que encobre um negócio jurídico simulado ou em fraude à lei.

Essa classificação é encontrada na obra sempre precisa de CARVALHO DE MENDONÇA, que exemplifica:

As indiretas operam-se frequentemente: a) nas renúncias; b) nas estipulações em favor de terceiros; c) nas remissões de débitos.

Outro exemplo seria a própria doação mista, já analisada acima.

E conclui o festejado jurista, distinguindo as duas modalidades: (...) teoricamente, a diferença consiste no seguinte: a indireta resulta de um ato que não é aparente, que é na realidade uma doação; a disfarçada é, ao contrário, uma doação com aparência de um ato jurídico diverso.

Também haverá doação disfarçada na *simulação de contrato de compra e venda por pessoa casada, que visa, em verdade, mascarar uma doação para a sua amante*[24].

Interessante acórdão do Tribunal de Justiça de São Paulo, da lavra do eminente Des. Enio Zuliani, enfrentou a questão da doação disfarçada:

1001615-19.2021.8.26.0407 (Segredo de Justiça)

Classe/Assunto: Apelação Cível / Propriedade

---

[23] VARGAS, Pedro Paulo de Siqueira. *O contrato de doação como instrumento de planejamento sucessório no direito civil brasileiro*, dissertação apresentada à Faculdade de Direito da USP, 2014, p. 119, disponível na Biblioteca de Tese da USP: https://www.teses.usp.br/teses/disponiveis/2/2131/tde-04102017-093200/publico/Dissertacao_versao_completa_PedroPaulo_de_Siqueira_Vargas.pdf. Acesso em: 3 jun. 2023.

[24] MENDONÇA, M. I. Carvalho de. *Contratos no direito civil brasileiro*. 4. ed. Rio de Janeiro: Forense, 1957, t. I, p. 82.

Relator(a): Enio Zuliani
Comarca: Osvaldo Cruz
Órgão julgador: 4ª Câmara de Direito Privado
Data do julgamento: 29-9-2022
Data de publicação: 7-10-2022
Ementa: Simulação. Hipótese em que filho solteiro adquire imóvel de forma onerosa e escritura o negócio em nome da mãe, com quem mantinha relações afetivas e comerciais, o que foi caracterizado pela sentença de Primeiro Grau, como **doação disfarçada** (simulação relativa). O filho faleceu dois anos depois, já casado e com uma filha menor, sendo que a viúva e a criança ingressaram com ação para anular o negócio alegando simulação absoluta. Os elementos dos autos indicam que quando do ato nada impedia ou restringia a doação, que, admitida, não fraude a ordem jurídica, não caracteriza ilicitude e não ofende direitos de terceiros, inclusive da viúva e filha. Interpretação razoável pela conservação do negócio dissimulado (doação) na forma do caput do art.167 do CC, associado ao princípio da conversão previsto no art. 170 do CC. Não provimento.

Do inteiro teor do acórdão, merece transcrição o seguinte trecho:

> Quando uma doação se faz utilizando escritura de compra e venda ocorre a simulação relativa e essa situação é citada como exemplo didático por RAYMUNDO M. SALVAT (Tratado de Derecho Civil Argentino, 15ª edição, Buenos Aires, Editora Argentina, 1954, II, p. 646, § 2509), que aderiu ao princípio de que, apurando ser o ato ocultado na simulação relativa "verdadero o sincero", deve ser confirmado em homenagem a vontade das partes, desde que isso seja possível diante das formalidades legais e que não resulte dano a terceiro (p. 665, § 2521). Idêntica posição assumiu SALVATORE ROMANO, tanto na utilização da hipótese (Contributo esegetico allo studio della simulazione, Giuffrè, Milano, 1995, p. 59, item 20) como na conclusão (pgs. 64-65 do item 20). Assim funciona na Espanha (PABLO CODERCH e JESÚS SANCHES, Simulación y deberes de veracidad, Madrid, Civitas, 1999, p. 54, item 3-4).

Mesmo antes do CC de 1916 a doutrina estimulava o entendimento de que pode acontecer que "as partes realizem uma operação real diversa do ato simulado, como alguém querendo fazer uma doação, imprime-lhe a forma de uma venda e da quitação do preço ser ter recebido. Neste caso produz efeitos o negócio dissimulado se não lhe falta nenhum requisito legal" (JOSÉ AUGUSTO CESAR, Ensaio sobre os actos jurídicos, Campinas, Casa Genoud, 1913, p. 56). Essa diretriz foi adota no CC/2002 (art. 167, *caput*) como, aliás, advertiu JOSÉ CARLOS MOREIRA ALVES (A parte geral do projeto de Código Civil Brasileiro, Saraiva, 2003, p. 118): "A simulação, seja a relativa, seja a absoluta, acarreta a nulidade do negócio simulado. Se relativa, subsistirá o negócio dissimulado, se válido for na substância e na forma".

Note-se, portanto que, em havendo doação "disfarçada" de compra e venda, a conclusão mais provável, por certo, é a nulidade do ato por simulação.

Todavia, em se tratando de simulação relativa, o próprio Código Civil (art. 167) prevê a possibilidade de se aproveitar o ato dissimulado, se válido for na substância e na forma, à luz do princípio da conservação.

Tudo, pois, a depender das circunstâncias do caso concreto.

9.13. Doação com reserva de usufruto

A presente modalidade de doação tem especial interesse no âmbito do *planejamento sucessório*[25].

Consiste o planejamento sucessório em um conjunto de atos que visa a operar a transferência e a manutenção organizada e estável do patrimônio do disponente em favor dos seus sucessores.

Com acuidade, a respeito do tema, preleciona DANIEL MONTEIRO PEIXOTO:

---

[25] Sobre o tema, confira o capítulo respectivo do nosso volume 7 – *Direito das sucessões – Novo curso de direito civil*, 7. ed. 2020, São Paulo: Saraiva, escrito em coautoria com Rodolfo Pamplona Filho.

Planejar a sucessão significa organizar o processo de transição do patrimônio, levando em conta aspectos como (i) ajuste de interesses entre os herdeiros na administração dos bens, principalmente quando compõem capital social de empresa, aproveitando-se da presença do fundador como agente catalisador de expectativas conflitantes, (ii) organização do patrimônio, de modo a facilitar a sua administração, demarcando com clareza o ativo familiar do empresarial, (iii) redução de custos com eventual processo judicial de inventário e partilha que, além de gravoso, adia por demasiado a definição de fatores importantes na continuidade da gestão patrimonial, e, por último, (iv) conscientização acerca do impacto tributário dentre várias opções lícitas de organização do patrimônio, previamente à transferência, de modo a reduzir o seu custo[26].

Nesse contexto, é forçoso convir que o planejamento exige, do profissional que o conduz, um conhecimento interdisciplinar, que englobe, especialmente, além do Direito Civil, o Direito Tributário e o Empresarial.

Um exemplo muito simples esclarecerá a importância do tema.

Carmelo, 55 anos, viúvo, pai de Maicon e Mailon, ambos filhos da sua falecida esposa, pretende se casar novamente com Penélope, jovem de 23 anos.

Como fazer para resguardar a herança dos seus filhos? A nova amada terá direito de concorrer com eles? O regime de bens interfere? Haverá meação? É possível e recomendável elaborar um testamento? Caso Carmelo seja sócio de uma determinada pessoa jurídica, com a sua morte, Penélope passa a deter algum direito societário?

---

[26] Daniel Monteiro Peixoto. Sucessão familiar e planejamento tributário I. In: *Estratégias societárias, planejamento tributário e sucessório*. Roberta Nioac Prado, Daniel Monteiro Peixoto e Eurico Marcos Diniz de Santi (Coords.). 2. ed. São Paulo: Saraiva-FGV, 2011, p. 138.

Todas essas indagações devem ser objeto de estudo no bojo de um cuidadoso planejamento, a fim de que, com a morte de Carmelo, a sua vontade seja preservada, na perspectiva dos interesses daqueles que ficam.

Claro que diversas outras situações, de acentuada complexidade, culminarão por exigir um detido planejamento sucessório.

Mas, qualquer que seja a hipótese, é recomendável e de máxima cautela que se conheça o regime de bens adotado pelos envolvidos, caso constituam sociedade conjugal ou integrem união estável.

Outro instituto que tem grande importância jurídica e social, quando se pesquisa acerca do *planejamento*, é a denominada sociedade *holding*: desde que atendidas as prescrições legais, e não se configurando fraude ou abuso, afigura-se lícita a constituição de determinadas pessoas jurídicas, quer seja para assegurar interesses no âmbito sucessório, quer seja para obter benefícios fiscais permitidos.

É o caso da *sociedade holding*.

"Sociedade *Holding* é, em sentido lato", como preleciona ROBERTA NIOAC PRADO, "aquela que participa de outras sociedades como cotista ou acionista. Ou seja, é uma sociedade formalmente constituída, com personalidade jurídica, cujo capital social, ou ao menos parte dele, é subscrito e integralizado com participações societárias de outras pessoas jurídicas"[27].

A sua base normativa é o art. 2º, § 3º, da Lei n. 6.404, de 15 de dezembro de 1976 (Lei das Sociedades Anônimas)[28]:

---

[27] PRADO, Roberta Nioac; KIRSCHBAUM, Deborah; COSTALUNGA, Karime. Sucessão familiar e planejamento societário II. In: *Estratégias societárias, planejamento tributário e sucessório*. Roberta Nioac Prado, Daniel Monteiro Peixoto e Eurico Marcos Diniz de Santi (Coords.). 2. ed. São Paulo: Saraiva-FGV, 2011, p. 189.

[28] "Em que pese a lei acima tratar das Sociedades Anônimas", observa TIAGO BARROS, "não existe nenhum impedimento para que a socieda-

Art. 2º Pode ser objeto da companhia qualquer empresa de fim lucrativo, não contrário à lei, à ordem pública e aos bons costumes.

(...)

§ 3º A companhia pode ter por objeto participar de outras sociedades; ainda que não prevista no estatuto, a participação é facultada como meio de realizar o objeto social, ou para beneficiar-se de incentivos fiscais.

A entidade assim constituída, portanto, direciona a sua atuação, ou parte dela, para a participação em outras pessoas jurídicas, como sócio ou acionista.

Desse simples, mas preciso, conceito, já se pode notar a possível vantagem proveniente de uma *holding* poder operar, atuar, e até mesmo controlar, diversas outras pessoas jurídicas, pertencentes a um mesmo grupo familiar, evitando, com isso, que dissensões individuais internas, especialmente entre parentes, prejudiquem a atividade econômica de todo o conjunto.

Nesse sentido, observe-se a arguta preleção de ROBERTA PRADO:

> de *holding* seja formalizada sob a égide das normas referentes às sociedades por quotas de responsabilidade limitada ou qualquer outra permitida pelo Direito brasileiro, pois esta modalidade de empresa consiste mais em um objetivo da sociedade – controle e gerenciamento de outras empresas ou patrimônio – do que em um tipo societário específico. Em aspectos gerais, as *holdings* são classificadas como: a) *Holding* Pura: é a sociedade empresária que possui como objetivo social apenas a participação no capital de outras empresas, ou seja, sua atividade é a manutenção de ações/quotas de outras companhias, de modo a controlá-las sem distinção de local, podendo ter sua sede social transferida sem maiores problemas. b) *Holding* Mista: é a sociedade empresária que, além da participação e controle de outras empresas, explora alguma outra atividade empresarial, como prestação de serviços civis e/ou comerciais, sendo este tipo o mais utilizado no país por razões fiscais e administrativas".
> Tiago Pereira Barros. Planejamento sucessório e *holding* familiar/patrimonial, *Jus Navigandi*, Teresina, ano 18, n. 3.529, 28 fev. 2013. Disponível em: <http://jus.com.br/artigos/23837>. Acesso em: 4 dez. 2013.

Além disso, sendo tal sociedade uma pessoa jurídica distinta da(s) operacional(is), ela proporciona uma maior discrição e confidencialidade em relação a dissidências que podem surgir entre membros de uma família controladora de sociedade(s) operacional(is). Com isso, ao menos em tese, as decisões chegam na(s) sociedade(s) controlada(s) mais uniformes e consolidadas[29].

Outra figura digna de nota é a *Holding Patrimonial*.

Esse tipo de sociedade é constituído com o objetivo de titularizar e administrar bens, especialmente imóveis. Vale dizer, é uma sociedade tipicamente de gestão patrimonial.

Preleciona, sobre o tema, FRED JOHN PRADO:

> Nesses últimos anos, a criação da *holding* patrimonial tem, a nosso ver, uma posição primordial e relevante na passagem de uma geração a outra, sem traumas.
>
> Através de uma *Holding* Patrimonial, é possível realizar um planejamento sucessório bastante interessante e eficiente. Sucessão, em sentido comum, implica a ideia de transmissão de bens. Suceder é, no dizer de Sílvio Venosa, substituir, tomar o lugar de outrem, no campo dos fenômenos jurídicos.
>
> Assim, é possível distribuir os bens da pessoa física, que estarão incorporados à pessoa jurídica, antes mesmo que esta venha a falecer. Evitam-se, desta maneira, as ansiedades por parte da linha sucessória, posto que o quinhão de cada participante fica definido antes mesmo do falecimento do sócio.
>
> Outrossim, a transmissão fica facilitada por meio da sucessão de quotas da empresa, senão, vejamos. Consoante regra o art. 1.845 do Código Civil brasileiro, são herdeiros necessários os descendentes, os ascendentes e o cônjuge, sendo que estes concorrem na mesma proporção na meação prevista no art. 1.846, que estabelece pertencer aos herdeiros necessários, de pleno direito, a metade dos bens da herança, constituindo a legítima[30].

---

[29] PRADO, Roberta Nioac, ob. cit., p. 192.
[30] PRADO, Fred John Santana. A *holding* como modalidade de planejamento patrimonial da pessoa física no Brasil, *Jus Navigandi*, Teresina,

Sem dúvida, esse tipo de *holding* afigura-se mais vantajosa do que um condomínio, na medida em que as regras desses últimos, naturalmente mais estáticas, podem se afigurar desvantajosas.

Feitas tais considerações, voltemos os olhos à modalidade de doação tratada neste tópico.

E por que fizemos as considerações *supra*, previamente?

Porque é, especialmente, no contexto do planejamento sucessório – posto não apenas em seu âmbito –, que ganha relevo a denominada *doação com reserva de usufruto*.

Sobre o tema, ensina MIGUEL MARIA DE SERPA LOPES:

> Pode o doador, reservando para si o usufruto, transferir ao donatário a nua-propriedade da coisa doada.
>
> A doação da nua-propriedade implica sempre a reserva de usufruto em favor do doador, mesmo que o ato institutivo silencie a respeito, ficando igualmente prejudicada a existência do usufruto, se não se destinar a uma pessoa determinada. Também inadmissível seria uma reserva de usufruto para si e para os seus herdeiros, pois a estipulação implicaria a aquisição do usufruto pelo doador e este não pode transmitir aos herdeiros, em tais condições, sem conferir ao usufruto uma duração ultravitalícia"[31].

Também discorrendo sobre o tema, escreve MARIO TAVERNARD DE CARVALHO:

> Mesmo com a transferência em vida da propriedade, é possível o doador permanecer com a posse direta, e com os direitos de administrar, usar e perceber os frutos. Isso pode ser feito com a instituição do usufruto, que poderia ser por prazo determinado ou vitalício. Neste caso, exemplificativamente, o doador/

---

ano 16, n. 2.800, 2 mar. 2011. Disponível em: <http://jus.com.br/artigos/18605>. Acesso em: 4 dez. 2013.

[31] LOPES, Miguel Maria de Serpa. *Curso de direito civil – fontes das obrigações:* contratos. 6. ed. Rio de Janeiro: Freitas Bastos, 2001, v. 3, p. 400.

usufrutuário continuaria usufruindo do seu partimos enquanto vivesse e, no momento do falecimento, a posse indireta já transmitida ao herdeiro se consolidaria como plena[32].

Vale dizer, nessa modalidade negocial, opera-se a transferência gratuita da propriedade do doador para o donatário, reservando, aquele, em seu favor, o usufruto do bem doado.

Pela sua própria natureza, a sua aplicação encontra ambiente propício no planejamento sucessório: ao fazer uma "partilha em vida", o sujeito realiza a doação de um dos bens componentes do seu acervo – respeitados, por certo, os limites da legítima –, mantendo, em seu favor, o usufruto temporário ou vitalício do bem transmitido.

No Tribunal de Justiça de Minas Gerais, confiram-se os seguintes julgados:

EMENTA: APELAÇÃO CÍVEL. AÇÃO DE COBRANÇA. CLÁUSULA TESTAMENTÁRIA. RECEBIMENTO DE ALUGUÉIS. IMPOSSIBILIDADE. DOAÇÃO COM RESERVA DE USUFRUTO. DIREITO DE ACRESCER.

A doação feita com reserva de usufruto transmite apenas a nua propriedade, ou seja, despida dos poderes de usar e fruir, reservando ao usufrutuário tais poderes.

Constituído o usufruto em favor de duas ou mais pessoas, extinguir-se-á a parte em relação a cada uma das que falecerem, salvo se, por estipulação expressa, o quinhão desses couber ao sobrevivente, como se observa no presente caso.

Recurso conhecido, mas não provido. (TJMG – Apelação Cível 1.0000.21.149893-6/001, Relator(a): Des.(a) Albergaria Costa, 3ª CÂMARA CÍVEL, julgamento em 18-8-2022, publicação da súmula em 25-8-2022)

EMENTA: APELAÇÃO CÍVEL – EMBARGOS DE TERCEIRO – DOAÇÃO ASCENDENTES – BEM DE FAMÍLIA – IMPENHORABILIDADE –

---

[32] CARVALHO, Mário Tavernard Martins de. *Empresa familiar:* estudos jurídicos. Fábio Ulhoa Coelho e Marcelo Andrade Féres (Coords.). São Paulo: Saraiva, 2014, p. 456.

FRAUDE À EXECUÇÃO – NÃO CONFIGURADA – SIMULAÇÃO – NULIDADE – RECURSO IMPROVIDO.

1. A fraude à execução se consubstancia, nos termos do art. 792 do CC, em conduta fraudulenta perpetrada pelo devedor que dispõe ou onera seus bens, visando prejudicar o credor e, via de consequência, a eficácia de processo já instaurado.

2. Para fins de reconhecimento da ocorrência da fraude à execução, faz-se imprescindível a demonstração de que o devedor possuía ciência inequívoca quanto à existência da demanda judicial.

3. A simulação caracteriza vício social causador de nulidade do negócio jurídico, nos moldes do art. 167 do Código Civil.

4. Segundo o art. 169, do Código Civil a simulação, enquanto negócio jurídico nulo, poderá ser alegada a qualquer tempo, não se sujeitando a prazos prescricionais.

5. Demonstrado o intuito fraudulento, destinado à blindagem patrimonial, de doação de ascendente a descendente, a título gratuito e com reserva de usufruto, tem-se por configurada a ocorrência de simulação, apta a ensejar a declaração de nulidade do negócio jurídico entabulado.

6. Recurso improvido. (TJMG – Apelação Cível 1.0441.19.000127-7/001, Relator(a): Des.(a) Fausto Bawden de Castro Silva (JD Convocado), 9ª CÂMARA CÍVEL, julgamento em 5-7-2022, publicação da súmula em 7-7-2022)

Interessante destacar, nesse último julgado, que a celebração de negócio simulado, ainda que sob o "manto" de uma doação om reserva de usufruto, não impede o reconhecimento da sua invalidade.

Frise-se, como destacado na decisão, que a simulação é causa de nulidade absoluta do negócio jurídico, não se submetendo, portanto, a prazo para a sua impugnação, nos termos do mencionado art. 167 do Código Civil.

Ainda sobre a doação com reserva de usufruto, outro interessante aspecto deve ser ressaltado.

É possível que, ao realizar a doação – reservando para si o usufruto do bem doado –, o doador **grave o bem com cláusula de inalienabilidade**:

> RECURSO ESPECIAL. DIREITO CIVIL. DOAÇÃO. HERDEIROS NECESSÁRIOS. ANTECIPAÇÃO DE LEGÍTIMA. CLÁUSULA DE INALIENABILIDADE E USUFRUTO. MORTE DOS DOADORES.
>
> 1. Controvérsia acerca da possibilidade de cancelamento de cláusula de inalienabilidade instituída pelos pais em relação ao imóvel doado aos filhos.
>
> 2. A doação do genitor para os filhos e a instituição de cláusula de inalienabilidade, por representar adiantamento de legítima, deve ser interpretada na linha do que prescreve o art. 1.848 do CCB, exigindo-se justa causa notadamente para a instituição da restrição ao direito de propriedade.
>
> 3. Possibilidade de cancelamento da cláusula de inalienabilidade após a morte dos doadores, passadas quase duas décadas do ato de liberalidade, em face da ausência de justa causa para a sua manutenção.
>
> 4. Interpretação do art. 1.848 do Código Civil à luz do princípio da função social da propriedade.
>
> 5. Recurso especial provido (REsp 1.631.278/PR, rel. Min. Paulo de Tarso Sanseverino, 3ª T., j. 19-3-2019, *DJe* 29-3-2019).

Inegáveis, pois, as vantagens da doação com reserva de usufruto, especialmente quando se pretenda garantir, ainda em vida – sem prejuízo da continuidade na fruição do bem – que este já seja alienado àqueles que, no futuro, fariam *jus* ao mesmo, após todo o trâmite de um inventário ou arrolamento.

Aspecto interessante que também merece a nossa atenção diz respeito à possibilidade de haver, em situações específicas, no âmbito sucessório, **direito real de habitação em imóvel que fora doado com reserva de usufruto**.

Para a adequada compreensão desse ponto, é importante relembrarmos que, na seara sucessória, o direito real de habitação tanto pode beneficiar o cônjuge como o companheiro sobrevivente. Trata-se de um "direito sucessório paralelo" pois pode coexistir com o próprio direito à herança.

O art. 1.831 do Código Civil assegura ao cônjuge sobrevivente, qualquer que seja o regime de bens, sem prejuízo da participação que lhe caiba na herança, direito real de habitação relativamente ao imóvel destinado à residência da família, desde que seja o único daquela natureza a inventariar.

A norma é bem-intencionada.

Pretende-se, com isso, na perspectiva do direito constitucional à moradia (art. 6º da CF), impedir que a viúva (ou viúvo) – mormente aquele de idade mais avançada – seja alijado do único imóvel integrante do monte partível, em que residiu durante toda uma vida com o falecido.

Se o direito sucessório paralelo não existisse, havendo outros herdeiros, o bem seria partilhado e, certamente, salvo acordo entre os próprios interessados, culminaria por ser alienado, repartindo-se a receita gerada e, por consequência, desalojando-se a viúva (ou viúvo) que lá residia.

No âmbito da união estável, o referido direito encontra-se consagrado no parágrafo único do art. 7º da Lei n. 9.278, de 1996:

Art. 7º (...)
Parágrafo único. Dissolvida a união estável por morte de um dos conviventes, o sobrevivente terá direito real de habitação, enquanto viver ou não constituir nova união ou casamento, relativamente ao imóvel destinado à residência da família.

Pois bem.

Imagine agora a hipótese em que o sujeito, casado, doa a um dos filhos determinado imóvel, reservando para si o usufruto do bem. Com a sua morte, caso o bem retorne ao monte partível em decorrência da colação, a viúva poderá arguir o direito real de habitação.

Nessa linha, o Superior Tribunal de Justiça:

RECURSO ESPECIAL. AÇÃO REIVINDICATÓRIA. SUCESSÕES. CÓDIGO CIVIL DE 1916. ANTECIPAÇÃO DA LEGÍTIMA. DOAÇÃO COM CLÁUSULA DE USUFRUTO. CÔNJUGE SOBREVIVENTE QUE CONTINUOU NA POSSE. IMÓVEL. COLAÇÃO DO PRÓPRIO BEM (EM SUBSTÂNCIA). DIREITO REAL DE HABITAÇÃO. INOCORRÊNCIA.

1. A colação é obrigação imposta aos descendentes que concorrem à sucessão comum, por exigência legal, para acertamento das legítimas, na proporção estabelecida em lei, sob pena de sonegados e, consequentemente, da perda do direitos sobre os bens não colacionados, voltando esses ao monte-mor, para serem sobrepartilhados.

2. A doação é tida como inoficiosa, caso exceda a parte a qual pode ser disposta, sendo nula a liberalidade deste excedente, podendo haver ação de anulação ou de redução. Da mesma forma, a redução será do bem em espécie e, se esse não mais existir em poder do donatário, se dará em dinheiro (CC, art. 2.007, § 2°).

3. **É possível a arguição de direito real de habitação ao cônjuge supérstite em imóvel que fora doado, em antecipação de legítima, com reserva de usufruto.**

4. **Existem situações em que o imóvel poderá ser devolvido ao acervo, volvendo ao seu *status* anterior, retornando ao patrimônio do cônjuge falecido para fins de partilha, abrindo, a depender do caso em concreto, a possibilidade de reconhecimento do direito real de habitação ao cônjuge sobrevivente.**

5. Na hipótese, a partilha dos bens fora homologada em 18-5-1993, não havendo alegação de nulidade da partilha ou de resolução da doação, além de se ter constatado que o imóvel objeto de reivindicação não era o único bem daquela natureza a inventariar.

6. Recurso especial não provido (REsp 1.315.606/SP, rel. Min. Luis Felipe Salomão, 4ª T., j. 23-8-2016, *DJe* 28-9-2016) (grifamos).

9.14. Doação famélica

Trata-se da doação realizada com o propósito de socorrer pessoa necessitada, em prol da sua própria subsistência. A sua referência normativa é a Lei n. 14.016, de 23 de junho de 2020, aprovada durante a gravíssima crise desencadeada pela pandemia da Covid-19.

A referida lei dispôs sobre o "combate ao desperdício de alimentos e a doação de excedentes de alimentos para o consumo humano":

Art. 1º Os estabelecimentos dedicados à produção e ao fornecimento de alimentos, incluídos alimentos *in natura*, produtos industrializados e refeições prontas para o consumo, ficam autorizados a doar os excedentes não comercializados e ainda próprios para o consumo humano que atendam aos seguintes critérios:

I – estejam dentro do prazo de validade e nas condições de conservação especificadas pelo fabricante, quando aplicáveis;

II – não tenham comprometidas sua integridade e a segurança sanitária, mesmo que haja danos à sua embalagem;

III – tenham mantidas suas propriedades nutricionais e a segurança sanitária, ainda que tenham sofrido dano parcial ou apresentem aspecto comercialmente indesejável.

§ 1º O disposto no *caput* deste artigo abrange empresas, hospitais, supermercados, cooperativas, restaurantes, lanchonetes e todos os demais estabelecimentos que forneçam alimentos preparados prontos para o consumo de trabalhadores, de empregados, de colaboradores, de parceiros, de pacientes e de clientes em geral.

§ 2º A doação de que trata o *caput* deste artigo poderá ser feita diretamente, em colaboração com o poder público, ou por meio de bancos de alimentos, de outras entidades beneficentes de assistência social certificadas na forma da lei ou de entidades religiosas.

§ 3º A doação de que trata o *caput* deste artigo será realizada de modo gratuito, sem a incidência de qualquer encargo que a torne onerosa.

Os beneficiários da doação serão pessoas, famílias ou grupos em situação de vulnerabilidade ou de risco alimentar ou nutricional, não se configurando, entre doador e donatário, relação de consumo (art. 2º).

Cuidou, ainda, a lei, de traçar regras no campo da responsabilidade civil, penal e administrativa:

Art. 3º O doador e o intermediário somente responderão nas esferas civil e administrativa por danos causados pelos alimentos doados se agirem com dolo.

§ 1º A responsabilidade do doador encerra-se no momento da primeira entrega do alimento ao intermediário ou, no caso de doação direta, ao beneficiário final.

§ 2º A responsabilidade do intermediário encerra-se no momento da primeira entrega do alimento ao beneficiário final.

§ 3º Entende-se por primeira entrega o primeiro desfazimento do objeto doado pelo doador ao intermediário ou ao beneficiário final, ou pelo intermediário ao beneficiário final.

Art. 4º Doadores e eventuais intermediários serão responsabilizados na esfera penal somente se comprovado, no momento da primeira entrega, ainda que esta não seja feita ao consumidor final, o dolo específico de causar danos à saúde de outrem.

Concordamos com FLÁVIO TARTUCE, no âmbito da responsabilidade civil, quando afirma que haverá o dever de indenizar quando o doador incorrer em culpa grave, como na hipótese em que não verifica as condições gerais de consumo do alimento, incorrendo em descuido crasso[33].

---

[33] TARTUCE, Flávio. *Manual de direito civil* – volume único. 13 ed. São Paulo: Gen-Método, 2023, p. 710.

De fato, até mesmo pela tênue e sutilíssima fronteira entre a culpa grave e o dolo, a melhor intepretação, sem dúvida, é no sentido de se reconhecer a responsabilidade, quando, posto não haja o desiderato ou a intenção de causar o resultado danoso, o agente (doador), por negligência, imperícia ou imprudência, violou o dever de cuidado minimamente exigido.

10

Espécies de Doação com Impacto no Direito de Família

Após passar em revista as modalidades especiais de doação (inoficiosa e universal), com especial impacto no Direito Sucessório, bem como as suas formas comuns, enfrentaremos outros tipos desse contrato, umbilicalmente relacionados ao Direito de Família: *a doação entre cônjuges, entre companheiros e concubinos, e a doação feita ao nascituro e ao embrião*.

10.1. Doação entre cônjuges

10.1.1. Introdução

Para o adequado entendimento desse tópico, reputamos necessária uma breve introdução acerca do sistema legal em vigor referente aos regimes de bens disponíveis, com ênfase nos aspectos inovadores consagrados na codificação de 2002[1].

Como se sabe, segundo o sistema do revogado Código de 1916, os nubentes tinham, à sua disposição, quatro regimes de bens, podendo livremente escolhê-los, por meio do pacto

---

[1] GAGLIANO, Pablo Stolze. *O impacto do novo Código Civil no regime de bens do casamento.* Disponível em: <http://www.novodireitocivil.com.br>. Acesso em: 1º mar. 2006.

antenupcial, e desde que não houvesse causa para a imposição do regime legal de separação obrigatória (art. 258, parágrafo único).

Esses regimes, de todos conhecidos, eram: *comunhão universal, comunhão parcial, dotal, e separação absoluta*.

Afastada a aplicabilidade social do regime dotal, que já não correspondia aos anseios da sociedade brasileira, tínhamos a subsistência dos outros três, sendo que, em geral, as partes não cuidavam de escolher previamente um regime, oportunizando a incidência da regra legal supletiva do referente ao regime da comunhão parcial.

A partir do casamento, pois, até a entrada em vigor do Código novo, firmava-se a imutabilidade do regime escolhido, nos termos do art. 230 do Estatuto revogado.

O que se disse até aqui não é novidade.

O Código Civil de 2002, por sua vez, ao disciplinar o direito patrimonial no casamento, alterou profundamente essas regras, historicamente assentadas em nosso cenário jurídico nacional.

Revogou, por exemplo, as normas do regime dotal (o que já não era sem tempo), adotando uma nova modalidade de regime, que passa a coexistir com os demais, o denominado *regime de participação final nos aquestos* (arts. 1.672 a 1.686).

Comentando esse novo instituto, SÍLVIO DE SALVO VENOSA pondera que:

> É muito provável que esse regime não se adapte ao gosto de nossa sociedade. Por si só verifica-se que se trata de estrutura complexa, disciplinada por nada menos do que 15 artigos, com inúmeras particularidades. Não se destina, evidentemente, à grande maioria da população brasileira, de baixa renda e de pouca cultura. Não bastasse isso, embora não seja dado ao jurista raciocinar sobre fraudes, esse regime fica sujeito a vicissitudes e abrirá campo vasto ao cônjuge de má-fé[2].

---

[2] VENOSA, Sílvio de Salvo. *Direito civil*: direito de família. 3. ed. São Paulo: Atlas, 2003, p. 191.

Nesse novo regime, cada cônjuge possui patrimônio próprio (como no regime da separação), cabendo-lhe, todavia, à época da dissolução da sociedade conjugal, *direito à metade dos bens adquiridos pelo casal, a título oneroso, na constância do casamento* (art. 1.672).

Embora se assemelhe ao regime da comunhão parcial, não há identidade, uma vez que, neste último, entram também na comunhão os bens adquiridos por apenas um dos cônjuges, e, da mesma forma, determinados valores, havidos por fato eventual (a exemplo do dinheiro proveniente de loteria).

No regime de participação final, por sua vez, apenas os bens adquiridos a *título oneroso, por ambos os cônjuges*, serão partilhados quando da dissolução da sociedade, permanecendo, no patrimônio pessoal de cada um, todos os outros bens que *cada cônjuge, separadamente*, possuía ao casar, ou aqueles por ele adquiridos, a qualquer título, no curso do casamento.

Outra modificação legislativa chama ainda a nossa atenção.

Subvertendo o tradicional princípio da imutabilidade do regime de bens, o Código de 2002, em seu art. 1.639, § 2º, admite a *alteração do regime, no curso do casamento, mediante autorização judicial, em pedido motivado de ambos os cônjuges, apurada a procedência das razões invocadas, e ressalvados os direitos de terceiros*[3].

---

[3] No CPC-2015: "Art. 734. A alteração do regime de bens do casamento, observados os requisitos legais, poderá ser requerida, motivadamente, em petição assinada por ambos os cônjuges, na qual serão expostas as razões que justificam a alteração, ressalvados os direitos de terceiros.

§ 1º Ao receber a petição inicial, o juiz determinará a intimação do Ministério Público e a publicação de edital que divulgue a pretendida alteração de bens, somente podendo decidir depois de decorrido o prazo de 30 (trinta) dias da publicação do edital.

§ 2º Os cônjuges, na petição inicial ou em petição avulsa, podem propor ao juiz meio alternativo de divulgação da alteração do regime de bens, a fim de resguardar direitos de terceiros.

Não cabe aqui a análise pormenorizada desse dispositivo. Ressaltamos apenas que tal pleito deverá ser formulado no bojo do procedimento de jurisdição graciosa, com a necessária intervenção do Ministério Público, a fim de que o juiz da Vara de Família avalie a conveniência e a razoabilidade da mudança, que se efetivará mediante a concessão de alvará de autorização, seguindo-se a necessária expedição de mandado de averbação.

Entretanto, feitas tais ponderações, uma indagação se impõe: *terão direito à alteração de regime as pessoas casadas antes do Código de 2002?*

Essa indagação reveste-se de maior importância quando consideramos o princípio da irretroatividade das leis, e, sobretudo, o fato de o próprio Código hoje em vigor estabelecer, em seu art. 2.039, que: "o regime de bens nos casamentos celebrados na vigência do Código Civil anterior, Lei n. 3.071, de 1º de janeiro de 1916, *é o por ele estabelecido*". (grifamos)

Uma primeira interpretação conduz-nos à conclusão de que os matrimônios contraídos na vigência do Código de 1916 não admitiriam a incidência da lei nova, razão por que esses consortes não poderiam pleitear a modificação do regime.

Não concordamos, todavia, com esse entendimento.

Em nossa opinião, o regime de bens consiste em uma instituição patrimonial de eficácia continuada, gerando efeitos durante todo o tempo de subsistência da sociedade conjugal, até a sua dissolução. Dessa forma, mesmo casados antes de 11 de janeiro de 2003 – data da entrada em vigor do atual Código –, os cônjuges poderiam pleitear a modificação do regime, já que os seus

---

§ 3º Após o trânsito em julgado da sentença, serão expedidos mandados de averbação aos cartórios de registro civil e de imóveis e, caso qualquer dos cônjuges seja empresário, ao Registro Público de Empresas Mercantis e Atividades Afins".

efeitos jurídico-patrimoniais adentrariam a incidência do novo diploma, submetendo-se às suas normas.

Raciocínio contrário coroaria a injustiça de admitir a modificação do regime de bens de pessoas que se uniram matrimonialmente um dia após a vigência da lei, negando-se o mesmo direito aos casais que se hajam unido um dia antes.

A jurisprudência brasileira, por seu turno, já se manifestou a respeito do tema, firmando posicionamento correto, ao permitir a mudança do regime de bens para casamentos anteriores, consoante podemos observar da análise dos seguintes acórdãos do Tribunal de Justiça do Rio Grande do Sul, e, também, do próprio Superior Tribunal de Justiça:

REGISTRO CIVIL. REGIME DE BENS. ALTERAÇÃO. REQUISITOS. CASAMENTO CELEBRADO SOB A ÉGIDE DO CÓDIGO CIVIL DE 1916. POSSIBILIDADE. O art. 2.039, constante das disposições finais e transitórias do Código Civil, em vigor não impede a mudança do regime de bens para casamentos celebrados na vigência do Código Civil de 1916. Ao dispor que *o regime de bens nos casamentos celebrados na vigência do Código Civil anterior (...) é o por ele estabelecido*, claramente visa a norma resguardar o direito adquirido e o ato jurídico perfeito. Isso porque ocorreram diversas modificações nas regras próprias de cada um dos regimes de bens normatizados no Código de 2002 em relação aos mesmos regimes no Código de 1916, e, assim, a alteração decorrente de lei posterior viria a malferir esses cânones constitucionais. Negaram provimento. Unânime (TJRS, 7ª Câm. Cív., AC 70010230324, rel. Des. Luiz Felipe Brasil Santos).

CIVIL. REGIME MATRIMONIAL DE BENS. ALTERAÇÃO JUDICIAL. CASAMENTO OCORRIDO SOB A ÉGIDE DO CC/1916 (LEI N. 3.071). POSSIBILIDADE. ART. 2.039 DO CC/2002 (LEI N. 10.406). CORRENTES DOUTRINÁRIAS. ART. 1.639, § 2º, C/C O ART. 2.035 DO CC/2002. NORMA GERAL DE APLICAÇÃO IMEDIATA.

1. Apresenta-se razoável, *in casu*, não considerar o art. 2.039 do CC/2002 como óbice à aplicação de norma geral, constante do art. 1.639, § 2º, do CC/2002, concernente à alteração incidental

de regime de bens nos casamentos ocorridos sob a égide do CC/1916, desde que ressalvados os direitos de terceiros e apuradas as razões invocadas pelos cônjuges para tal pedido, não havendo que se falar em retroatividade legal, vedada nos termos do art. 5º, XXXVI, da CF/88, mas, ao revés, nos termos do art. 2.035 do CC/2002, em aplicação de norma geral com efeitos imediatos.

2. Recurso conhecido e provido pela alínea *a* para, admitindo-se a possibilidade de alteração do regime de bens adotado por ocasião de matrimônio realizado sob o pálio do CC/1916, determinar o retorno dos autos às instâncias ordinárias a fim de que procedam à análise do pedido, nos termos do art. 1.639, § 2º, do CC/2002 (STJ, 4ª T., REsp 730.546/MG, rel. Min. Jorge Scartezzini, j. 23-8-2005, *DJ*, 3-10-2005, p. 279).

DIREITO DE FAMÍLIA. RECURSO ESPECIAL. ALTERAÇÃO DE REGIME DE BENS DO CASAMENTO DE COMUNHÃO PARCIAL PARA SEPARAÇÃO TOTAL. OMISSÃO DO ACÓRDÃO RECORRIDO. INEXISTÊNCIA. PARTILHA DOS BENS ADQUIRIDOS NO REGIME ANTERIOR. POSSIBILIDADE. RECURSO PROVIDO.

1. Consoante dispõe o art. 535 do Código de Processo Civil, destinam-se os embargos de declaração a expungir do julgado eventuais omissão, obscuridade ou contradição, não se caracterizando via própria ao rejulgamento da causa.

2. É possível a alteração de regime de bens de casamento celebrado sob a égide do CC de 1916, em consonância com a interpretação conjugada dos arts. 1.639, § 2º, 2.035 e 2.039 do Código atual, desde que respeitados os efeitos do ato jurídico perfeito do regime originário.

3. No caso, diante de manifestação expressa dos cônjuges, não há óbice legal que os impeça de partilhar os bens adquiridos no regime anterior, de comunhão parcial, na hipótese de mudança para separação total, desde que não acarrete prejuízo para eles próprios e resguardado o direito de terceiros. Reconhecimento da eficácia *ex nunc* da alteração do regime de bens que não se mostra incompatível com essa solução.

4. Recurso especial provido (REsp 1.533.179/RS, rel. Min. Marco Aurélio Bellizze, 3ª T., j. 8-9-2015, *DJe* 23-9-2015).

Feitas as considerações introdutórias, passemos a enfrentar a instigante questão da doação entre cônjuges em nosso sistema.

10.1.2. Tratamento jurídico da doação entre cônjuges

Existe, sobre o contrato de compra e venda, expressa disposição legal no sentido de considerar lícita a venda entre cônjuges *apenas no que tange aos bens excluídos da comunhão* (art. 499).

Pode-se indagar o porquê de o legislador cuidar de uma situação aparentemente óbvia, uma vez que não existiria razão plausível para negar a venda entre os consortes de bens integrantes do patrimônio pessoal do marido ou da esposa.

Quer-se, em verdade, explicitando essa regra, evitar burla ou fraude ao regime de bens no casamento, que poderia encontrar nessa via um meio de agredir o patrimônio comum ou as regras do regime de bens escolhido.

Aliás, no afã de coibir abuso patrimonial ou fraude no casamento também prevê, o Código de 2002, que marido e mulher, casados em comunhão universal ou separação obrigatória, não podem constituir nenhum tipo de sociedade (art. 977).

Trata-se de norma proibitiva, em nosso sentir, de uma infelicidade manifesta, não apenas por firmar uma absurda "presunção de fraude" – pois toda fraude deve ser demonstrada –, mas especialmente por manchar-se pelo vício da inconstitucionalidade por afronta ao princípio da isonomia.

Comentando esse dispositivo, tivemos a oportunidade de anotar:

> (...) uma primeira interpretação do Código conduz à ideia de que a sociedade formada com a presença de marido e mulher, desde que casados sob o regime da *comunhão universal* ou da *separação obrigatória*, tem o prazo de um ano para ter o seu contrato social modificado, com a saída de um ou de outro, e o ingresso de um terceiro, sob pena de ser considerada ineficaz.

A impressão que se tem é de que a lei teria "oficializado a figura do laranja".

Tudo isso porque, inadvertidamente, o legislador firmou uma espécie de "presunção de fraude" pelo simples fato de os consortes constituírem sociedade, impondo-lhes o desfazimento da sociedade, se forem casados sob os regimes referidos pelo art. 977.

Não concordamos com essa postura.

A condição de casados, por si só, ou a adoção deste ou daquele regime, não poderia interferir na formação de uma sociedade, sob o argumento da existência de fraude.

Toda fraude deve ser apreciada *in concreto*, e não segundo critérios *apriorísticos* injustificadamente criados pelo legislador.

O que dizer, então, daquela sociedade formada há anos por pessoas casadas em regime de comunhão universal de bens?

Desfazer-se da empresa?

Providenciar um substituto às pressas?

Em nosso entendimento, a solução está na alteração do regime de bens, *desde que não haja prejuízo a terceiros de boa-fé*, especialmente os credores.

Como sabemos, o art. 1.639, § 2º, admite a *"alteração do regime, no curso do casamento, mediante autorização judicial, em pedido motivado de ambos os cônjuges, apurada a procedência das razões invocadas, e ressalvados os direitos de terceiros"*.

Já defendemos, aliás, que, a despeito de o art. 2.039 determinar que *"o regime de bens nos casamentos celebrados na vigência do Código Civil anterior, Lei n. 3.071, de 1º de janeiro de 1916, é o por ele estabelecido"*, esta regra apenas explicita que para os casamentos anteriores ao Código de 2002, o juiz, quando da separação ou do divórcio, não poderá lançar mão das regras do novo Código Civil referentes às espécies de regimes de bens (arts. 1.658 a 1.688), para efeito de partilhar o patrimônio do casal. Deverá, pois, aplicar ainda os dispositivos do Código de 1916 (arts. 262 a 311).

Entretanto, no que tange à sua *modificação* (inovação do Código de 2002 – art. 1.639), pelo fato de o regime de bens consistir em uma instituição patrimonial de eficácia continuada, gerando efeitos durante todo o tempo de subsistência da sociedade conjugal, até a sua dissolução, a alteração poderá ocorrer mesmo em face de matrimônios anteriores à nova lei.

Aliás, essa possibilidade de incidência do Código novo em face de atos jurídicos já consumados, mas de execução continuada ou diferida, apenas no que tange ao seu *aspecto eficacial*, não é surpresa, consoante se pode constatar da análise do art. 2.035 do presente Código, referente aos contratos.

E note-se que mesmo as pessoas casadas sob o regime de separação obrigatória poderão, *excepcionalmente*, e desde que o juiz avalie a *justa causa* da medida, realizar a mudança do regime. Darei um exemplo. Imagine que dois jovens se casem por força de suprimento judicial (art. 1.517, parágrafo único). Neste caso, o regime é o de separação obrigatória (art. 1.641, III). Teria sentido, pois, à luz da mudança de paradigmas proposta pelo novo Código, que estas pessoas vivessem 40, 50 ou 60 anos unidos sob o intransponível regime da separação obrigatória? Ou não poderia o julgador, analisando com cautela o caso concreto, afastar a rigidez da norma e, sem prejuízo aos terceiros de boa-fé, permitir a modificação de regime?

Por tudo que se expôs, concluímos que, mesmo casados antes de 11 de janeiro de 2003 – data da entrada em vigor do novo Código –, os cônjuges poderiam pleitear a *modificação do regime*, eis que os seus efeitos jurídico-patrimoniais adentrariam a incidência do novo diploma, submetendo-se às suas normas.

Tal providência se nos afigura bastante útil especialmente para as centenas – senão milhares – de pessoas casadas sob o regime de comunhão universal e que hajam estabelecido sociedade comercial antes da entrada em vigor do novo Código.

É preciso, diante das perplexidades existentes em inúmeros pontos do novo diploma, que afastemos formalismos inúteis, visando imprimir plena eficácia à nova lei, sem prejuízo da dinâmica das relações econômicas, e, principalmente, dos ditames constitucionais, a exemplo da *valorização social do trabalho* e da *livre-iniciativa*.

Por isso, defendemos a possibilidade da mudança do regime de bens, a critério do magistrado, a quem se incumbe a tarefa de avaliar, ouvido sempre o Ministério Público, em procedimento de jurisdição graciosa e com ampla publicidade, a conveniência da medida[4].

Especificamente no que tange à doação, tomando de empréstimo o que dissemos a respeito da compra e venda, temos que é perfeitamente possível a doação entre os cônjuges, desde que a liberalidade não agrida o regime de bens escolhido.

Assim, casados, por exemplo, em comunhão parcial de bens, não vemos óbice a que o marido doe à esposa um imóvel adquirido por causa anterior ao casamento, bem este, como se sabe, não integrante da comunhão (art. 1.661).

Na mesma linha, se aplicável o regime da separação obrigatória (art. 1.641), não poderá a doação burlar a restrição legal que preserva, com os temperamentos da Súmula 377 do STF[5], o patrimônio pessoal de cada cônjuge.

Em razão da flexibilização experimentada pelo regime de separação obrigatória por incidência do entendimento sumulado, observamos que, paulatinamente, vem ganhando força a ideia no sentido da admissibilidade da doação, no referido regime de separação legal.

---

[4] GAGLIANO, Pablo Stolze. *Sociedade formada por cônjuges e o novo Código Civil*. Disponível em: <http://www.novodireitocivil.com.br>. Acesso em: 1º mar. 2006. Ainda no que tange a sociedades anteriores, o Departamento Nacional do Registro do Comércio (DNRC), por meio de sua procuradoria jurídica, apresentou o Parecer Jurídico n. 125/03, no sentido de tal proibição somente se aplicar a sociedades constituídas após a entrada em vigor do Código novo. Todavia, não havendo ainda pronunciamento definitivo do Supremo Tribunal Federal, a mudança do regime de bens pode continuar servindo *como última medida para tentar contornar a injustiça da norma prevista no art. 977*.

[5] Súmula 377 do Supremo Tribunal Federal: "No regime de separação legal de bens, comunicam-se os adquiridos na constância do casamento".

Nesse sentido, destacamos o Enunciado 654, da IX Jornada de Direito Civil:

> ENUNCIADO 654 – Art. 544: Em regra, é válida a doação celebrada entre cônjuges que vivem sob o regime da separação obrigatória de bens.

Note-se que a dicção do enunciado utiliza a expressão "em regra", logo em seu início, o que deixa claro, para o intérprete, a inviabilidade da doação se houver risco de fraude ou dano à diretriz do regime, na linha do entendimento sumulado que admite a comunicabilidade de bens adquiridos no curso do casamento.

Na mesma linha, enunciado da I Jornada de Direito Notarial e Registral:

> ENUNCIADO 82 – Em regra, é válida a doação entre cônjuges que vivem sob o regime de separação obrigatória de bens.

Confira-se a justificativa:

> A proposta segue a mesma linha de Enunciado aprovado na IX Jornada de Direito Civil, em maio de 2022 (ainda sem numeração); afastando-se eventuais decisões judiciais ou mesmo de Corregedorias Gerais de Justiça que não admitem a doação entre cônjuges casados pelo regime de separação obrigatória de bens, nos termos do art. 1.641 do Código Civil. Interpreta, de forma correta, o art. 544 do Código Civil, que tem a seguinte redação: "A doação de ascendentes a descendentes, ou de um cônjuge a outro, importa adiantamento do que lhes cabe por herança". A proposição também está na linha de julgado do Superior Tribunal de Justiça, que traz uma revisão da visão anterior, que entendia pela invalidade da doação entre os cônjuges no regime da separação obrigatória de bens, por suposta fraude ao regime legal. Conforme o *decisum*, são perfeitamente válidas tais doações entre os cônjuges por três razões fundamentais. A primeira delas é que tanto o CC/1916 quanto o CC2002 não as veda, fazendo-o apenas com relação a doações antenupciais. Por segundo, o fundamento que justificaria a restrição, presente à época em que promulgado o CC/1916, não

mais se justificaria nos dias de hoje, de modo que a manutenção de tais restrições representam ofensa à liberdade individual. Como terceira razão, nenhuma restrição seria imposta pela lei às referidas doações caso o doador não tivesse se casado com a donatária (STJ, AgRg-REsp 194.325/MG, 3ª Turma, Rel. Des. Conv. Vasco Della Giustina, j. 8-2-2011, *DJe* 1º-4-2011). Acrescente-se que a jurisprudência do Superior Tribunal de Justiça tem aplicado ao regime da separação obrigatória a Súmula n. 377 do Supremo Tribunal Federal, reconhecendo a comunicação dos bens havidos durante o casamento. Em havendo comunicação de alguns bens, deve-se reconhecer uma abertura na autonomia privada para as doações entre os cônjuges, pelo menos em regra, não se podendo presumir a fraude.

Comentando o tema, escreve FLÁVIO TARTUCE:

Exatamente no mesmo sentido concluiu o Superior Tribunal de Justiça em 2011, em acórdão que analisou doação realizada na vigência da codificação anterior. Nos seus termos, "são válidas as doações promovidas, na constância do casamento, por cônjuges que contraíram matrimônio pelo regime da separação legal de bens, por três motivos: (I) o CC/16 não as veda, fazendo-o apenas com relação às doações antenupciais; (II) o fundamento que justifica a restrição aos atos praticados por homens maiores de sessenta anos ou mulheres maiores que cinquenta, presente à época em que promulgado o CC/16, não mais se justificam nos dias de hoje, de modo que a manutenção de tais restrições representam ofensa ao princípio da dignidade da pessoa humana; (III) nenhuma restrição seria imposta pela Lei às referidas doações caso o doador não tivesse se casado com a donatária, de modo que o Código Civil, sob o pretexto de proteger o patrimônio dos cônjuges, acaba fomentando a união estável em detrimento do casamento, em ofensa ao art. 226, § 3º, da Constituição Federal" (STJ, AgRg-REsp 194.325/MG, Terceira Turma, Rel. Des. Conv. Vasco Della Giustina, j. 8-2-2011, *DJe* 1-4-2011). Entendo que os dois primeiros fundamentos ainda subsistem atualmente, somando-se aos dois argumentos anteriores, destacados por mim.

Pois bem, na linha desse entendimento, na IX Jornada de Direito Civil, promovida nos últimos dias 19 e 20 de maio deste ano de 2022, a comissão de Contratos aprovou enunciado doutrinário segundo o qual, "em regra, é válida a doação celebrada entre cônjuges que vivem sob o regime da separação obrigatória de bens". A ementa traduz o entendimento majoritário da doutrina e também a posição jurisprudencial aqui antes exposta, a demonstrar um diálogo perfeito entre ambos. Além dos argumentos aduzidos, representa legítimo exercício da autonomia privada e importante instrumento de planejamento familiar e sucessório.

Pontue-se que, nos debates que circundaram a proposta na comissão da IX Jornada – que teve a coordenação geral do Ministro Marco Buzzi –, cogitou-se incluir a doação entre companheiros, pela existência de posição na jurisprudência do Superior Tribunal de Justiça no sentido de se aplicar o regime da separação obrigatória à união estável (STJ, EREsp. 1.171.820/PR, Segunda Seção, Rel. Min. Raul Araújo, *DJe* 21-9-2015). Porém, esse entendimento ainda gera controvérsias doutrinárias, razão pela qual se manteve apenas a doação entre cônjuges[6].

Peculiar é a situação da doação entre consortes cujas relações patrimoniais são regidas pela comunhão universal de bens, pois, por força da regra da comunicabilidade, ao adjudicar ao seu patrimônio o bem doado, o donatário culminará por admitir que o mesmo se agregue ao patrimônio comum, carecendo de sentido a liberalidade, como já decidiu o Superior Tribunal de Justiça:

CIVIL. DOAÇÃO ENTRE CÔNJUGES. INCOMPATIBILIDADE COM O REGIME DA COMUNHÃO UNIVERSAL DE BENS.

A DOAÇÃO ENTRE CÔNJUGES, NO REGIME DA COMUNHÃO UNIVERSAL DE BENS, É NULA, POR IMPOSSIBILIDADE JURÍDICA DO SEU OBJETO (2ª Seção AR 310/PI, rel. Min. Dias Trindade, j. 26-5-1993, *DJ*, 18-10-1993, p. 21.828).

---

[6] TARTUCE, Flávio. *Doação entre cônjuges no regime da separação obrigatória de bens.* Disponível em: https://www.migalhas.com.br/coluna/familia-e-sucessoes/366691/doacao-entre-conjuges-no-regime-da-separacao-obrigatoria-de-bens. Acesso em: 24 maio 2023.

Entendimento mais recente do Superior Tribunal reafirma a mesma ideia no sentido de ser nula a doação entre cônjuges casados sob o regime da comunhão universal de bens (REsp 1.787.027-RS, rel. Min. Nancy Andrighi, Terceira Turma, por maioria, j. 4-2-2020, *DJe*, 24-4-2020).

Finalmente, cumpre-nos lembrar ser muito comum, nos acordos de separação ou divórcio, um cônjuge doar ao outro bens integrantes do seu próprio patrimônio, não havendo impedimento, pois, para que no curso do casamento, desde que respeitado o regime escolhido, possam fazer o mesmo.

A remota hipótese em que se afigura útil a doação entre cônjuges, casados segundo o regime de comunhão universal, seria em caso de haver bem particular (a ser doado), gravado com cláusula de incomunicabilidade, como bem observa ZENO VELOSO:

> Se o regime é da comunhão universal, além da necessidade de o bem doado ser de propriedade exclusiva do doador, é preciso que seja imposta a cláusula de incomunicabilidade. Sem essas ressalvas, a doação seria impossível, logicamente impossível, nesse regime, conforme a aguda observação de Pontes de Miranda: "Se um cônjuge doasse ao outro determinado bem, esse passaria a ser, novamente, bem comum, uma vez que no regime da comunhão universal todos os adquiridos se comunicam". No mesmo sentido, é a lição de Agostinho Alvim. Teixeira de Freitas, em nota ao art. 136 da Consolidação das Leis Civis, já observara que no regime da comunhão a doação entre marido e mulher torna-se inútil, e só pode ser celebrada se o regime do casamento for de separação de bens. Lafayette Rodrigues Pereira ensina que se o casamento foi por carta de metade (ou segundo o costume geral do Império, ou pelo regime de comunhão universal), as doações entre marido e mulher são impraticáveis: 'anular-se-iam de si mesmas, visto como tudo que adquirem os casados por carta de metade, *ipso facto*, faz-se comum entre eles[7].

---

[7] VELOSO, Zeno. *Direito civil – temas*. Belém: Artes Gráficas Perpétuo Socorro, 2018, p. 267-268.

Em suma, podemos fixar como regra geral a admissibilidade da doação entre cônjuges, desde que a liberalidade não traduza afronta ao regime de bens, por ocorrência de simulação ou fraude à lei.

10.2. Doação entre companheiros e concubinos

Para que possamos entender claramente esse tópico, faz-se necessário tecer breves considerações acerca da união estável, diferenciando-a do concubinato.

Em um primeiro momento da nossa história, falava-se apenas em *concubinato* – expressão de raiz latina que significa *cum cubere* (dormir com) – para caracterizar uma forma espúria de união entre pessoas de sexos distintos, que passavam a conviver extramatrimonialmente, figura esta já conhecida desde o Direito Romano: "O concubinato já era consagrado na Roma Clássica, tendo adquirido efeitos jurídicos na legislação matrimonial de Augusto. Era conceituado como 'la unión estable del hombre y la mujer sin la recíproca intención de estar unidos pelo matrimonio'"[8].

Um breve voltar de olhos nos indicará que essa forma de convivência informal não receberia o beneplácito legal por ser travada fora dos cânones legitimadores da Igreja. Aliás, a resistência religiosa, refletida em nossa legislação, consistiu, sem sombra de dúvida, no principal empecilho ao reconhecimento e tutela jurídica do concubinato.

Emblemático, nesse ponto, é o pensamento de WASHINGTON DE BARROS MONTEIRO, em obra editada em 1957:

---

[8] CHAVES, Sérgio Fernando de Vasconcellos, citando Manuel Jesus Garcia Garrido, A família e a união estável no novo Código Civil e na Constituição Federal. In: *Direitos fundamentais do direito de família*. Belmiro Pedro Welter e Rolf Madaleno (Coords.). Porto Alegre: Livr. do Advogado Ed., 2004, p. 391.

Presentemente, porém, por toda parte, nota-se generalizada condescendência em relação ao concubinato. Mas os que assim se mostram indulgentes, a pretexto de que se trata de fato frequente, sobretudo, entre as classes populares, concorrem indiretamente para a desagregação da família legítima. Primeiro, foi a tolerância com o adultério, depois, a maior facilidade para a obtenção do divórcio; procura-se outorgar, assim, ao concubinato, melhor tratamento jurídico, esquecidos os seus propugnadores de que estender o braço protetor aos concubinos será, sem dúvida, afetar e comprometer a estabilidade e a dignidade da família legítima. Inegável, todavia, a generalização do fato social, que revela o estado de decadência a que chegou a sociedade brasileira[9].

A despeito do inegável quilate intelectual desse renomado jurista, forçoso convir que as vicissitudes do fato social culminariam por demonstrar o grave equívoco de se tentar cunhar um conceito ou *standard* fechado de *família* – tutelando-a apenas se revestida do qualificativo "legítima" –, quando, em verdade, outras formas de arranjos familiares tornar-se-iam mais evidentes, merecendo a mesma proteção do legislador, especialmente por se encontrar nesses ninhos a pedra de toque de toda definição de família: a *afetividade*.

Em verdade, o século XX marcou a história da humanidade, não apenas como a *era da tecnologia*, mas também da profunda mudança de valores, refletindo-se, por consequência, no âmbito da família: *o casamento deixa de ser a única instância legitimadora e passa a conviver com outras formas de união livre.*

E mesmo no âmbito matrimonial, com a difusão do divórcio, surgiriam também as famílias recombinadas ou reorganizadas, de segundas ou terceiras núpcias, muito frequentes nos dias de hoje.

---

[9] MONTEIRO, Washington de Barros. *Curso de direito civil*: direito de família. 3. ed. São Paulo: Saraiva, 1957, p. 23.

Tal fenômeno é especialmente observado na sociedade norte-americana, como anotou CONSTANCE R. AHRONS e ROY H. RODGERS, ao tratar da *blended family*:

> The high incidence of divorce, along with high remarriage rates, provides evidence for a well-established pattern of "serial monogamy" or, as one set of analysts has termed it, "conjugal succession" (Furstenberg e Nord, 1985, p. 903). This pattern gives rise to one of several new family forms that have resulted from the changing characteristics of marriage, divorce, and remarriage – "the blended family" composed of at least one formerly married spouse, the children of the previous marriage or marriages, and any offspring of the new union.

E mais adiante, na mesma obra:

> Still another new family form is the nonremarried divorced couple who continue to relate at some level as parents to their children. Finally, there is the genuine "single-parent family" in which a custodial parent – usually the mother – has not remarried and no longer has any meaningful contact with the former spouse. As we will see, each of these family forms has its own distinctive characteristics[10].

Ainda nessa linha, demonstrando as mudanças por que passou o conceito de família, pondera ANTÔNIO CARLOS MATHIAS COLTRO:

> De forma inevitável e na mesma esteira de tudo que o século passado assistiu alterar-se (sob o influxo de pressões sociais, psicológicas, antropológicas, com evidentes consequências no plano jurídico), também a família submeteu-se a uma visceral mudança. Apresenta-se como instituição, com forma multifária. A respeito dela sequer é possível afirmar um conceito único. Varia conforme o aspecto sob o qual se analisa e suscita inda-

---

[10] AHRONS, Constance R. e RODGERS, Roy H. *Divorced families – a multidisciplinary development view*. EUA: W. W. Norton e Company, 1987, p. 21-22.

gações cada vez mais intrincadas quanto aos aspectos que a envolvem e os efeitos que produzem[11].

Sem pretender ofuscar a importância do casamento, o fato é que a sociedade atual mudou muito, forçando o legislador a absorver e admitir outras formas de arranjos familiares, a exemplo da união estável e da família monoparental.

Observando esse processo de reorganização do Direito de Família, GUILHERME DE OLIVEIRA, professor catedrático da Faculdade de Direito da Universidade de Coimbra, analisa a questão, concluindo ter-se criado uma noção fundamental de "família autopoiética":

> Conscientemente ou não, a primeira batalha travada, com êxito, contra a legitimação externa tradicional foi a da não discriminação dos "filhos ilegítimos", com o álibi perfeito da inocência dos filhos relativamente aos "pecados" dos pais. Aqui terá começado a mostrar-se aquela tendência.
>
> Desde então tem-se tornado mais nítida a perda do valor do Estado e da Igreja como instância legitimadora da comunhão de vida e nota-se uma crescente rejeição da tabela de valores e dos "deveres conjugais" predeterminados por qualquer entidade externa aos próprios conviventes. A "família autopoiética" pode receber estímulos do exterior mas todas as informações recebidas serão reelaboradas de acordo com as modalidades internas de comunicação. Neste sentido, pode dizer-se que o casal e a família acompanham o movimento para a criação de "sistemas internamente referenciais", característico da sociedade moderna, e, assim, dentro do casal "a lei é a ausência de lei", "o amor torna-se um assunto exclusivo dos amantes" e o casal tornou-se seu próprio legislador[12].

---

[11] COLTRO, Antônio Carlos Mathias. "Um valor imprescindível". Texto publicado na *Revista Jurídica Del Rey*, Del Rey/IBDFAM, ano IV, n. 8, p. 16, maio 2002.

[12] OLIVEIRA, Guilherme de. *Temas de direito de família*. 2. ed. Coimbra: Coimbra Ed., 2001, p. 336-337.

Nesse diapasão, com especial influência do Direito francês[13], o nosso sistema jurídico, paulatinamente, passaria a ceder espaço ao concubinato – entidade familiar não matrimonializada[14] –, preferindo, inclusive, substituir essa expressão – indicativa de uma relação proibida – pela noção de *companheirismo*.

Ora, podemos observar que a evolução desse instituto deu-se a passos lentos, no âmbito do Direito Civil, que, de maneira tímida, apenas em 1912, por ocasião da entrada em vigor do Decreto n. 2.681, reconheceria à concubina direito à indenização pela morte do companheiro em estradas de ferro[15].

A partir daí, apenas o Direito Obrigacional deitaria seus olhos à tutela da companheira, para admitir, em um primeiro momento, a possibilidade de se pleitear *indenização pelos serviços prestados* durante o período de convivência. Observava-se, pois, aqui, a preocupação da jurisprudência em evitar o enriquecimento sem causa de uma das partes da relação, mas sempre a situando no

---

[13] Dispõe o art. 515-8 do Código francês, alterado pela Lei n. 99-944, de 15-11-1999, no sentido de que: "Le concubinage est une union de fait, caractérisée par une vie commune présentant un caractère de stabilité et de continuité, entre deux personnes, de sexe différént ou de même sexe, qui vivent em couple". Nota-se, pois, que também é reconhecida a união entre pessoas do mesmo sexo, tendência sentida nas legislações da maioria dos Estados europeus.

[14] O Código Civil de 1916, lembra-nos CLÁUDIA GRIECO TABOSA PESSOA, não tratou o concubinato como instituto, "tendo havido, tão somente, previsões quanto ao impedimento absoluto para o casamento do cônjuge adúltero com o seu corréu condenado (art. 183, VII), à possibilidade de reivindicação de bens transferidos à concubina (art. 248, IV), ao reconhecimento da filiação em relação à prole havida das uniões concubinárias (art. 363, I), à proibição de doação (art. 1.177), à declaração de ilegitimidade passiva testamentária à concubina (art. 1.719, III) e à proibição de instituição de seguro de vida (art. 1.474)" (cf. a excelente obra *Efeitos patrimoniais do concubinato*. São Paulo: Saraiva, 1997, p. 17-18).

[15] Referência feita por CLÁUDIA GRIECO TABOSA PESSOA (*Efeitos patrimoniais do concubinato*, cit., p. 18).

árido terreno obrigacional, razão por que, no âmbito judicial, as demandas porventura instauradas tramitariam em Varas Cíveis.

E note-se que, nessa primeira fase, a companheira era tratada como mera *prestadora de serviços domésticos*.

Mas a jurisprudência evoluiria, em um segundo momento, para admitir o reconhecimento de uma *sociedade de fato* entre os companheiros, de maneira que a companheira deixaria de ser mera prestadora de serviços com direito a simples indenização, para assumir a posição de *sócia* na relação concubinária, *com direito à parcela do patrimônio comum*, na proporção do que houvesse contribuído.

Segundo ARNOLDO WALD:

> É necessário lembrar que a jurisprudência sobre a sociedade de fato surgiu no direito brasileiro, pela primeira vez, para favorecer os casais de imigrantes estrangeiros, que tinham convolado núpcias especialmente na Itália, sob o regime da separação de bens e que constituíram um patrimônio comum no Brasil, sentindo os Tribunais a injustiça de não se atribuir à mulher parte do patrimônio comum, embora estivesse o mesmo em nome do marido[16].

Nessa linha, o Supremo Tribunal Federal, que já havia editado súmula admitindo o direito da companheira à indenização por acidente de trabalho ou transporte do seu companheiro, se não houvesse impedimento para o matrimônio (S. 35), avançaria mais ainda, para reconhecer, na Súmula 380, *direito à partilha do patrimônio comum*:

> S. 380. Comprovada a existência da sociedade de fato entre os concubinos, é cabível a sua dissolução judicial, com a partilha do patrimônio adquirido pelo esforço comum.

---

[16] WALD, Arnoldo. *Curso de direito civil brasileiro*: direito de família. 11. ed. São Paulo: Revista dos Tribunais, p. 195.

A contribuição da companheira, que tanto poderia ser direta (econômica) como, em uma visão mais avançada, indireta (psicológica), justificaria, pois, a demanda voltada à divisão proporcional do patrimônio, cujo trâmite seria feito em sede do Juízo Cível, como já mencionado, visto que, até então, a relação entre os companheiros não era admitida como uma forma de família.

A Constituição Federal de 1988, todavia, modificaria profundamente esse cenário, retirando o concubinato puro (entre pessoas desimpedidas ou separadas de fato) da zona do Direito das Obrigações, para reconhecer-lhe dignidade constitucional, alçando-o ao patamar de instituto do Direito de Família, consoante se depreende da leitura de seu art. 226, § 3º:

> Para efeito da proteção do Estado, é reconhecida a união estável entre o homem e a mulher como entidade familiar, devendo a lei facilitar a sua conversão em casamento.

Note-se, aqui, não ter havido uma *identificação com o casamento* – tanto é que se dispôs *facilitar a conversão em matrimônio* –, mas sim uma equiparação em nível constitucional, para efeito protetivo, no âmbito do Direito Constitucional de Família.

Ao perceber essa importante evolução, GUSTAVO TEPEDINO prelecionou que:

> O ingresso do concubinato no direito de família caracterizaria, com efeito, uma nova e importante fase, na qual o legislador especial e, paulatinamente, a jurisprudência passariam a considerá-lo não só do ponto de vista das relações obrigacionais interpostas, tendo-se, ao contrário, em conta as relações de afeto e de solidariedade levadas a cabo pelos companheiros[17].

Seguindo, pois, esse referido mandamento constitucional, duas importantes leis foram editadas: a Lei n. 8.971, de 1994 (que

---

[17] TEPEDINO, Gustavo. *Temas de direito civil*. 2. ed. Rio de Janeiro: Renovar, 2001, p. 333.

regulou os direitos dos companheiros aos alimentos e à sucessão), e a Lei n. 9.278, de 1996 (que revogou parcialmente o diploma anterior, ampliando o âmbito de tutela dos companheiros).

O Código Civil de 2002, por sua vez, culminaria por derrogar[18] a Lei de 1996, uma vez que a disciplina da união estável passaria a integrar o corpo do nosso próprio Estatuto Civil:

TÍTULO III
DA UNIÃO ESTÁVEL

Art. 1.723. É reconhecida como entidade familiar a união estável entre o homem e a mulher, configurada na convivência pública, contínua e duradoura e estabelecida com o objetivo de constituição de família.

§ 1º A união estável não se constituirá se ocorrerem os impedimentos do art. 1.521; não se aplicando a incidência do inciso VI no caso de a pessoa casada se achar separada de fato ou judicialmente.

§ 2º As causas suspensivas do art. 1.523 não impedirão a caracterização da união estável.

Art. 1.724. As relações pessoais entre os companheiros obedecerão aos deveres de lealdade, respeito e assistência, e de guarda, sustento e educação dos filhos.

Art. 1.725. Na união estável, salvo contrato escrito entre os companheiros, aplica-se às relações patrimoniais, no que couber, o regime da comunhão parcial de bens.

---

[18] "Não é correto dizer, em nosso sentir, que a Lei de 1996 teria sido totalmente revogada (ab-rogada). Tome-se, a título exemplificativo, a norma referente ao direito real de habitação da(o) companheira(o) sobrevivente, que, posto não expressamente regulado no Código novo, ainda estaria em vigor. A negação desse direito, 'afigura-se grave, à medida que a difícil situação sucessória do companheiro [no Código de 2002] deve ser atenuada, segundo uma interpretação constitucional, e em atenção ao superior princípio da vedação ao retrocesso', desenvolvido por CANOTILHO" (GAGLIANO, Pablo Stolze. *Código Civil comentado*, cit., v. XIII, p. 218).

Art. 1.726. A união estável poderá converter-se em casamento, mediante pedido dos companheiros ao juiz e assento no Registro Civil.

Art. 1.727. As relações não eventuais entre o homem e a mulher, impedidos de casar, constituem concubinato.

Note-se que, para efeito de reconhecimento da união estável, não se exige lapso temporal predeterminado, bem como não são indispensáveis a convivência *more uxório* (S. 382 do STF) nem a existência de prole comum. Claro que todos esses fatores, isoladamente ou, com mais razão ainda, reunidos, facilitarão a admissibilidade do vínculo concubinário, mas não podem ser encarados como requisitos imprescindíveis.

Ademais, relembre-se que apenas a relação de companheirismo – vale dizer, entre pessoas desimpedidas ou separadas de fato – merece, regra geral, a tutela do Direito de Família, sendo esta a orientação da jurisprudência:

CIVIL. PROCESSUAL CIVIL. FAMÍLIA. AGRAVO INTERNO NO AGRAVO EM RECURSO ESPECIAL. UNIÃO ESTÁVEL NÃO RECONHECIDA. HOMEM CASADO.
SEPARAÇÃO DE FATO NÃO COMPROVADA. REEXAME DO CONJUNTO FÁTICO-PROBATÓRIO DOS AUTOS. INADMISSIBILIDADE. INCIDÊNCIA DA SÚMULA 7/STJ. DECISÃO MANTIDA.

1. "A jurisprudência do STJ e do STF é sólida em não reconhecer como união estável a relação concubinária não eventual, simultânea ao casamento, quando não estiver provada a separação de fato ou de direito do parceiro casado" (AgRg no AREsp 748.452, rel. Min. Raul Araújo, 4ª T., j. 23-2-2016, *DJe* 7-3-2016).

2. O recurso especial não comporta o exame de questões que impliquem revolvimento do contexto fático-probatório dos autos (Súmula 7 do STJ).

3. No caso concreto, o Tribunal de origem concluiu pela ausência de comprovação da separação de fato. Alterar esse entendimento demandaria o reexame das provas produzidas nos autos, o que é vedado em recurso especial.

4. Agravo interno a que se nega provimento (AgInt no AREsp 999.189/MS, rel. Min. Antonio Carlos Ferreira, 4ª T., j. 16-5-2017, DJe 23-5-2017).

Nesse contexto, uma vez reconhecida a união, importantes efeitos patrimoniais daí são extraídos, como bem observou EUCLIDES DE OLIVEIRA:

No aspecto patrimonial, praticamente iguala-se a união estável ao casamento, por sujeitar-se, no que couber, ao regime da comunhão parcial de bens (art. 1.725 do novo Código). Da mesma forma, o direito a alimentos entre companheiros obedece aos critérios previstos para parentes e cônjuges, fixando-se de acordo com as necessidades do reclamante e os recursos da pessoa obrigada[19].

Interessante registrar que o receio de ter a sua relação "encartada" no conceito da união estável, com os naturais e consequentes efeitos patrimoniais daí decorrentes, levou o brasileiro a inovar, criando o denominado "contrato de namoro", tema dos mais instigantes[20].

Trata-se de um negócio jurídico celebrado por duas pessoas que mantêm relacionamento amoroso — namoro, em linguagem comum — e que pretendem, por meio da assinatura de um documento, a ser arquivado em cartório, afastar os efeitos da união estável.

Essa preocupação, aliás, como sabemos, seria compreensível.

Quando a Lei n. 8.971, de 1994, regulamentou a união estável no Brasil, exigiu, para a sua configuração, uma convivência superior a cinco anos ou a existência de prole comum. Em outras palavras, utilizou referenciais objetivos para o reconhecimento

---

[19] OLIVEIRA, Euclides Benedito de. Direito de família no novo Código Civil, *Revista Brasileira de Direito de Família*, ano V, n. 18, p. 24, jun./jul. 2003.
[20] GAGLIANO, Pablo Stolze. *Contrato de namoro*. Disponível em: <http://www.novodireitocivil.com.br>. Acesso em: 26 dez. 2005.

da união concubinária e os seus efeitos. Acontece que a Lei n. 9.278, de 1996, operou a revogação parcial da lei anterior, colocando por terra os critérios objetivos supramencionados, passando a admitir a existência da união estável pelo simples fato de um homem e uma mulher conviverem, de forma pública e duradoura, com o objetivo de constituir família.

Com isso, a diferença do simples namoro para a união estável tornou-se tênue, senão nebulosa, passando a depender sobremaneira do juízo de convencimento do magistrado.

Qualquer relação, não importando o tempo de sua existência, poderia, teoricamente, desde que verificada a estabilidade e o objetivo de constituição de família, converter-se em união estável. E o reconhecimento de que a relação se converteu em companheirismo geraria efeitos jurídicos de alta significação: direito aos alimentos, direito à herança, partilha de bens, deveres recíprocos de convivência.

O Código de 2002, por seu turno, como vimos acima, manteve a mesma linha da legislação anterior, não estabelecendo critérios ou parâmetros objetivos para a configuração da relação de companheirismo (arts. 1.723 e s.).

União estável é coisa séria e, nos dias que correm, encontra-se ombreada ao casamento em termos de importância jurídica e social.

E tal fato se torna ainda mais grave se considerarmos que esse tipo de união informal ganha cada vez mais novos adeptos, até mesmo entre os mais jovens. Pesquisa da Fundação Getulio Vargas, veiculada em 2000, demonstra que, na faixa etária entre 15 e 24 anos, 49% dos casais se unem informalmente. Somente 30% optam pelo casamento religioso com efeitos civis; 17,5% escolhem apenas o matrimônio civil; e 3,4% realizam apenas a cerimônia religiosa (o que faz com que acabem incidindo nas regras da união estável, uma vez que não obtiveram, no caso, o reconhecimento do Estado).

Em 2016, apontou, o IBGE, redução no número de casamentos:

> Foram registrados 1.095.535 casamentos civis em 2016 em todo o país, sendo 5.354 entre pessoas do mesmo sexo. Houve redução de 3,7% no total de casamentos registrados em relação ao ano de 2015. Essa redução foi observada em todas as Grandes Regiões do país, variando de -4,6% no Nordeste a -1,3% no Norte.
>
> Este comportamento foi observado tanto nos casamentos entre cônjuges de sexos diferentes quanto para os cônjuges do mesmo sexo, a exceção das Regiões Sudeste e Centro-Oeste que apresentaram aumento nos casamentos civis entre pessoas do mesmo sexo, de 1,6% e 7,7%, respectivamente.
>
> Das 27 Unidades da Federação, 20 apresentaram redução dos registros civis de casamentos entre 2015 e 2016, sendo o Piauí (-13,2%), Alagoas (-12,5%) e Paraíba (-11,3%), com reduções acima de 10,0%. O Amapá se destaca pelo aumento de 20,0% no número de casamentos registrados.
>
> Para cada mil habitantes do país com 15 anos ou mais de idade, sete registraram casamento civil em 2016. A taxa de nupcialidade legal é menor da região Sul (6,03 casamentos por mil habitantes com 15 anos ou mais de idade) e maior no Sudeste (8,35%)[21].

Outros dados relevantes podem ser extraídos da página eletrônica do IBGE[22]:

> Pelo quarto ano consecutivo, o número de casamentos civis caiu em 2019. Os registros totalizaram 1.024.676, o que representa uma queda de 2,7% no número de certidões. Foi ainda maior a redução nos casamentos entre pessoas do mesmo sexo, – 4,9%,

---

[21] Disponível em: <https://www.anoreg.org.br/site/2017-11-14/ibge-divulga-pesquisa-estatisticas-do-registro-civil-de-2016/>. Acesso em: 31 dez. 2019.

[22] Disponível em: https://agenciadenoticias.ibge.gov.br/agencia-noticias/2012-agencia-de-noticias/noticias/29647-casamentos-reduzem-pelo-quarto-ano-seguido-e-passam-a-durar-menos-tempo. Acesso em: 26 junho 2023.

com 9.056 formalizações de uniões civis. Desde 2009, a duração média dos casamentos caiu em quase 4 anos. As informações integram a 46º edição das Estatísticas do Registro Civil, divulgadas hoje (9) pelo IBGE, e que trazem informações também sobre divórcios, nascimentos e óbitos de mais de 20.000 cartórios, varas de família, cíveis, foros e tabelionatos do país.

Todas as regiões tiveram queda nos casamentos civis registrados em cartório, mas enquanto no Sudeste a redução foi de 4,0%, na região Norte não alcançou 0,5%. Em relação aos casamentos civis entre pessoas do mesmo sexo, as maiores reduções foram observadas no Centro-Oeste, onde chegou a -13,1%, e na região Sul, -12,8%. A região Norte foi a única onde ocorreu aumento no número de casamentos de pessoas do mesmo sexo, 6,5%, no ano.

O tempo médio entre a data do casamento e a data da sentença ou escritura do divórcio, em 2009 era de 17,5 anos. Na década seguinte, em 2019, houve uma diminuição no tempo de duração do casamento para 13,8 anos, ou seja, cerca de quatro anos a menos.

Quase metade dos casamentos que foram desfeitos em 2019 duraram menos de 10 anos. Entre 10 a 14 anos de duração foram 14,2%. Já em 18,3% dos divórcios, o casamento havia durado 26 anos ou mais, ou seja, tinham ultrapassado os 25 anos, etapa conhecida como bodas de prata.

Pois bem.

Nesse contexto, o denominado "contrato de namoro" poderia ser considerado uma alternativa para aqueles casais que pretendessem manter a sua relação fora do âmbito de incidência das regras da união estável?

Poderiam, pois, por meio de um documento, tornar firme o reconhecimento de que aquela união é apenas um namoro, sem compromisso de constituição de família?

Em nosso pensamento, temos a convicção de que tal contrato *é completamente desprovido de validade jurídica, no sentido de se pretender, por meio dessa pactuação, um "salvo conduto" para se evitar o regramento da união estável.*

Pode até, em certos casos, servir de meio, no curso do processo, para o juiz, diante de outros elementos, investigar a vontade das partes, mas com isso não se conclua que se trata de uma "blindagem" em face das normas da união estável.

A união estável é um *fato da vida*, uma situação fática reconhecida pelo Direito de Família que se constitui durante todo o tempo em que as partes se portam como se casadas fossem, e com indícios de definitividade.

Não se poderia, por isso, ter como válido um contrato que pretendesse afastar o reconhecimento da união, cuja regulação é feita por *normas cogentes, de ordem pública*, indisponíveis pela simples vontade das partes.

Nesse contexto, se tem por escopo afastar as regras da união estável, trata-se de contrato nulo, pela impossibilidade jurídica do objeto (art. 166, II, CC).

Pode até auxiliar o juiz, no caso concreto, a investigar a intenção das partes, mas não é um "salvo-conduto" em face da incidência das regras da união estável.

Lembre-se, ademais, em abono de nosso entendimento, que a Lei n. 9.278, de 1996, teve alguns de seus artigos vetados pelo Presidente da República exatamente porque se pretendia admitir a "união estável contratual", em detrimento do princípio segundo o qual a relação de companheirismo seria um **fato da convivência humana** e que não poderia ser previamente discutida pelas partes em um contrato.

Em conclusão, pensamos que o "contrato de namoro" é, em muitos casos, uma írrita tentativa de evitar o "inevitável".

Essa nova modalidade contratual, vale dizer, não se confundiria com o denominado *contrato de convivência*, perfeitamente admissível e bastante comum, *pacto firmado entre os companheiros, por meio do qual são disciplinados os efeitos patrimo-*

niais da união, como a pensão alimentícia e o regime de bens. Nesse caso, o vínculo não é negado; ao invés, é voluntariamente reconhecido e amigavelmente disciplinado.

Mas, importante lembrar, com FRANCISCO CAHALI, em clássica e pioneira obra do Direito brasileiro, que:

> O contrato de convivência não tem força para criar a união estável, e, assim, tem sua eficácia condicionada à caracterização, pelas circunstâncias fáticas, da entidade familiar em razão do comportamento das partes. Vale dizer, a união estável apresenta-se como *conditio juris* ao pacto, de tal sorte que, se aquela inexistir, a convenção não produz os efeitos nela projetados[23].

Também abordando o contrato de convivência, pontifica, com propriedade, ROLF MADALENO:

> É a festejada autonomia da vontade com tratamento diferenciado na união estável, particularmente diante da redação colhida do art. 1.725 do Código Civil, que manda aplicar à união estável a comunicação dos bens exclusivamente adquiridos de forma onerosa, afastando da mancomunhão presumida os bens havidos a título gratuito ou por fato eventual. E esta presunção, que em princípio só se faz absoluta sobre os aquestos adquiridos de modo oneroso, pode ser livremente relativizada por contrato escrito dos conviventes, cogitando em estabelecer em pacto escrito, tanto para o futuro quanto para o passado, fração diversa da metade ou regime de separação de bens[24].

Em conclusão, podemos afirmar que, no atual momento da história do Direito brasileiro, o namoro ainda não recebeu roupagem jurídica que justifique amparo judicial, inclusive em caso de rompimento da relação afetiva, como já decidiu o Tribunal de Justiça do Rio Grande do Sul, em curioso acórdão:

---

[23] CAHALI, Francisco José. *Contrato de convivência na união estável.* São Paulo: Saraiva, 2002, p. 306.
[24] MADALENO, Rolf. A retroatividade restritiva do contrato de convivência. *Revista Brasileira de Direito de Família*, a. VII, n. 33, p. 153, dez. 2005/jan. 2006.

APELAÇÃO CÍVEL. INEXISTÊNCIA DE UNIÃO ESTÁVEL. Na inicial a autora afirmou que manteve com o demandado namoro que perdurou por dez anos. Os namoros, mesmo prolongados e privando as partes de vida íntima como soe ocorrer atualmente, são fatos da vida não recepcionados pela legislação civil e, por isso, não ensejam efeitos jurídicos, seja durante ou após o fim do relacionamento. Somente as relações jurídicas que surgem pelo casamento ou pela constituição de uma união estável asseguram direitos pessoais e patrimoniais. SOCIEDADE DE FATO. Não caracterizada também qualquer contribuição para a formação do patrimônio, descabida indenização sob tal fundamento. IMPOSSIBILIDADE DE INDENIZAÇÃO POR DANO MORAL DECORRENTE DO ROMPIMENTO DA RELAÇÃO. Os sentimentos que aproximam e vinculam homem e mulher por vezes se transformam e até mesmo acabam, nem sempre havendo um justo motivo para explicar seu fim. A dor da ruptura das relações pessoais, a mágoa, a sensação de perda e abandono, entre outros sentimentos, são custos da seara do humano. Fazendo parte da existência pessoal não constituem suporte fático a autorizar a incidência de normas que dispõem sobre a reparação pecuniária. Possibilidade de indenização somente surgiria se restasse caracterizado um ato ilícito de extrema gravidade, cuja indenizabilidade seria cabível independentemente do contexto da relação afetiva entretida pelas partes. A simples dor moral resultante da ruptura, entretanto, não é indenizável. Ao fim, não estando caracterizado qualquer instituto jurídico reconhecido pelas normas de direito de família, o pedido indenizatório para recomposição patrimonial de eventuais gastos feitos pela autora deverá ser analisado em ação própria, a partir das regras e princípios gerais da Teoria da Responsabilidade Civil. Negaram provimento, à unanimidade (TJRS, 7ª Câm. Cív., AC 70008220634, rel. Luiz Felipe Brasil Santos, j. 14-4-2004).

Tecidas tais considerações, e no que tange especificamente à problemática da doação, cumpre-nos observar que o codificador dedicou as suas regras tutelares à relação familiar constituída entre COMPANHEIROS (pessoas desimpedidas ou simplesmente separadas de fato), e não aos CONCUBINOS (pessoas de convivência proibida)[25].

E, aqui, chegamos ao clímax do nosso pensamento: para que possamos compreender devidamente o problema da doação, necessário se faz que tracemos uma diagnose diferencial entre a *relação travada entre companheiros* (inserida no âmbito do Direito de Família) e a *relação travada entre concubinos* (inserida no âmbito do Direito Obrigacional).

O que notamos é que o Código Civil, ao tratar do contrato de doação, *proíbe a doação entre concubinos* (especialmente na hipótese de quebra do dever de fidelidade por subsistência de outra relação amorosa, ao lado do casamento), e *não entre companheiros (partes em uma união estável)*:

> Art. 550. A doação do cônjuge adúltero ao seu cúmplice *pode ser anulada* pelo outro cônjuge, ou por seus herdeiros necessários, até *dois anos* depois de dissolvida a sociedade conjugal. (grifamos)

Fixada, portanto, a premissa de que a proibição sob análise diz respeito à doação entre *concubinos*, podemos concluir, por consequência, que pretendeu o legislador, no caso, preservar a estabilidade patrimonial do casamento e dos próprios herdeiros necessários do doador.

Tal distinção, aliás, já fazia o Superior Tribunal de Justiça, mesmo na vigência do Código anterior:

> *DOAÇÃO*. AQUISIÇÃO DE IMÓVEL EM NOME DA COMPANHEIRA POR HOMEM CASADO, APÓS, ENTRETANTO, O ROMPIMENTO DA VIDA CONJUGAL DESTE. DISTINÇÃO ENTRE CONCUBINA E *COMPANHEIRA*. NÃO INCIDEM AS NORMAS DOS ARTS. 248, INC. IV, E 1.177 DO CÓDIGO CIVIL, QUANDO OCORRIDA A DOAÇÃO APÓS O ROMPIMENTO DA VIDA EM COMUM ENTRE O FINADO DOA-

---

[25] Código Civil: "Art. 1.727. As relações não eventuais entre o homem e a mulher, impedidos de casar, constituem concubinato".

DOR E SUA MULHER; QUANDO, ENFIM, JÁ SE HAVIAM FINDADO AS RELAÇÕES PATRIMONIAIS DECORRENTES DO CASAMENTO. PRECEDENTES DO STJ QUANTO À DISTINÇÃO ENTRE "CONCUBINA" E "COMPANHEIRA". RECURSO ESPECIAL CONHECIDO, MAS IMPROVIDO (4ª T., REsp 36.206/RS, rel. Min. Barros Monteiro, j. 18-4-1995, *DJ*, 19-6-1995, p. 18.707).

Frise-se, outrossim, que, embora não haja tendência, no atual estágio do nosso Direito, em se reconhecer à concubina *status* equiparado ao da companheira ou ao do cônjuge, já houve decisão, proferida pelo STJ, no sentido de se admitir, **em caráter excepcional**, o direito aos alimentos:

> RECURSO ESPECIAL. CONCUBINATO DE LONGA DURAÇÃO. CONDENAÇÃO A ALIMENTOS. NEGATIVA DE VIGÊNCIA DE LEI FEDERAL. CASO PECULIARÍSSIMO.
>
> PRESERVAÇÃO DA FAMÍLIA x DIGNIDADE E SOLIDARIEDADE HUMANAS.
>
> SUSTENTO DA ALIMENTANDA PELO ALIMENTANTE POR QUATRO DÉCADAS. DECISÃO.
>
> MANUTENÇÃO DE SITUAÇÃO FÁTICA PREEXISTENTE. INEXISTÊNCIA DE RISCO PARA A FAMÍLIA EM RAZÃO DO DECURSO DO TEMPO. COMPROVADO RISCO DE DEIXAR DESASSISTIDA PESSOA IDOSA. INCIDÊNCIA DOS PRINCÍPIOS DA DIGNIDADE E SOLIDARIEDADE HUMANAS. DISSÍDIO JURISPRUDENCIAL.
>
> INEXISTÊNCIA DE SIMILITUDE FÁTICO-JURÍDICA.
>
> 1. De regra, o reconhecimento da existência e dissolução de concubinato impuro, ainda que de longa duração, não gera o dever de prestar alimentos a concubina, pois a família é um bem a ser preservado a qualquer custo.
>
> 2. Nada obstante, dada a peculiaridade do caso e em face da incidência dos princípios da dignidade e solidariedade humanas, há de se manter a obrigação de prestação de alimentos a concubina idosa que os recebeu por mais de quatro décadas, sob pena de causar-lhe desamparo, mormente quando o longo decurso do tempo afasta qualquer risco de desestruturação familiar para o prestador de alimentos.

3. O acórdão recorrido, com base na existência de circunstâncias peculiaríssimas – ser a alimentanda septuagenária e ter, na sua juventude, desistido de sua atividade profissional para dedicar-se ao alimentante; haver prova inconteste da dependência econômica; ter o alimentante, ao longo dos quarenta anos em que perdurou o relacionamento amoroso, provido espontaneamente o sustento da alimentanda –, determinou que o recorrente voltasse a prover o sustento da recorrida. Ao assim decidir, amparou-se em interpretação que evitou solução absurda e manifestamente injusta do caso submetido à deliberação jurisprudencial.

4. Não se conhece da divergência jurisprudencial quando os julgados dissidentes tratam de situações fáticas diversas.

5. Recurso especial conhecido em parte e desprovido (REsp 1.185.337/RS, rel. Min. João Otávio de Noronha, 3ª T., j. 17-3-2015, DJe 31-3-2015).

No que se refere, no entanto, à doação, *a proibição legal e a consequente restrição patrimonial ainda prevalecem*, em respeito, especialmente, à legítima dos herdeiros necessários.

Volvendo, assim, os olhos ao art. 550, concluímos tratar-se de *demanda anulatória*, com prazo decadencial de dois anos (a contar da dissolução da sociedade conjugal[26]). Note-se, nesse particular, que o codificador foi explícito ao consagrar a tese da anulabilidade, diferentemente do que fez quando regulou a doação inoficiosa, taxando-a de nula.

Esse prazo decadencial de dois anos, como se pode ver, é contado a partir da dissolução da sociedade conjugal (por morte, divórcio ou separação judicial), cumprindo-nos registrar, a respeito, as palavras de PAULO LÔBO:

Apenas o cônjuge ou os demais herdeiros necessários (descendentes e ascendentes) podem reclamar judicialmente a

---

[26] STJ: REsp 1.192.243/SP, rel. Min. Luis Felipe Salomão, 4ª T., j. 7-5-2015, DJe 23-6-2015.

anulação da doação, no prazo de dois anos a partir da dissolução da sociedade conjugal. A doação será automaticamente convalidada se a ação não for ajuizada até o final do prazo. Se a doação foi realizada após a separação judicial e antes da decretação do divórcio, não se aplica a norma. Também não se aplica na hipótese de o(a) donatário(a) iniciar relação concubinária após a doação[27].

Nesse diapasão, outro importante aspecto deve ser observado.

Nada impede, em nosso sentir, que mesmo *durante a vigência da sociedade conjugal* possa o cônjuge prejudicado intentar a ação anulatória, ou até outra medida cautelar, para evitar a consumação do ato de alienação.

Nesse caso, não reconhecemos legitimidade aos demais herdeiros necessários, pois estariam interferindo em aspectos íntimos da vida do casal (fidelidade recíproca), muito embora pudessem impugnar o negócio por outra via, caso houvesse violação da legítima, *ex vi* do disposto no art. 549 do Código Civil.

E há precedente na jurisprudência, nesse sentido:

Cônjuge adúltero. Ação de anulação. Prazo. É de dois anos, a partir da dissolução da sociedade conjugal, o prazo para o cônjuge ou o herdeiro necessário propor ação de anulação de doação do cônjuge adúltero ao seu cúmplice. A ação de anulação de doação de cônjuge adúltero à concubina, enquanto o cônjuge inocente for vivo, deve ser proposta por este, só se transferindo tal direito ao herdeiro necessário, depois do falecimento do cônjuge ofendido, porque apenas então é que aparece a figura do herdeiro (TJMG, AC 78.164/1, *RJ* 168/74).

Uma interessante questão, nesse ponto, ainda merece a nossa atenção.

O legislador, no artigo sob análise, considerou *anulável* a doação feita ao cônjuge adúltero, legitimando o outro consorte e

---

[27] LÔBO, Paulo Luiz Netto. *Comentários ao Código Civil*, cit., p. 342.

o herdeiro necessário a invalidarem o ato. Trata-se, pois, de causa de nulidade relativa ou de anulabilidade, com prazo decadencial de dois anos para o exercício do direito potestativo de anular.

Todavia, caso estejamos diante de uma situação de doação disfarçada, ou seja, de simulação de compra e venda para mascarar doação a cônjuge adúltero, ou, até mesmo, doação simulada por interposta pessoa (doa-se a um amigo, para que este aliene gratuitamente o bem à amante do primeiro doador), o tratamento dispensado pelo legislador não será o mesmo.

Como se sabe, o art. 167 do Código Civil alterou profundamente o disciplinamento da simulação, considerando-a *causa de nulidade absoluta do negócio jurídico*.

Assim, além da impossibilidade de confirmação do ato e da imprescritibilidade do vício (art. 169), este poderá ser impugnado por qualquer pessoa, admitindo-se até a declaração de ofício pelo próprio magistrado (art. 168). Isso porque considerou o legislador que o negócio simulado, desvalioso por excelência, vulnera normas de ordem pública.

Importante aspecto, finalmente, deve ser relembrado.

A imprescritibilidade característica do ato nulo refere-se à declaração da invalidade em si, e não à eventual pretensão patrimonial daí decorrente:

> Preferível, por isso, é o entendimento de que a ação declaratória de nulidade é realmente imprescritível, como, aliás, toda ação declaratória deve ser, mas os efeitos do ato jurídico – existente, porém nulo – sujeitam-se ao prazo máximo prescricional para as ações pessoais (...) foi reduzido pelo Novo Código Civil de vinte para dez anos.

> Isso porque se a ação ajuizada for, do ponto de vista técnico, simplesmente declaratória, sua finalidade será apenas a de certificar uma situação jurídica da qual pende dúvida, o que jamais poderia ser objeto de prescrição.

> Todavia, se a ação declaratória de nulidade for cumulada com pretensões condenatórias, como acontece na maioria dos casos,

de restituição dos efeitos pecuniários ou indenização correspondente, admitir-se a imprescritibilidade seria atentar contra a segurança das relações sociais. Neste caso, entendemos que prescreve sim a pretensão condenatória, uma vez que não é mais possível retornar-se ao estado de coisas anterior.

A evidente confusão nesta matéria parece-nos decorrente da imprecisão terminológica do CC-16 (no que foi seguido, na espécie, pelo CC/2002) de não distinguir a inexistência do ato em relação à sua nulidade, o que leva diversos autores, nesse sentido, a prelecionar que a "nulidade absoluta, ora é imprescritível (nos casos de matrimônio nulo, menos a hipótese do art. 208), ora prescreve, mas dentro do prazo das ações pessoais"[28].

Por imperativo de segurança jurídica, melhor nos parece que se adote o critério da prescritibilidade da pretensão condenatória de perdas e danos ou restituição do que indevidamente se pagou, correspondente à nulidade reconhecida, uma vez que a situação consolidada ao longo de dez anos provavelmente já terá experimentado uma inequívoca aceitação social. Aliás, se a gravidade, no caso concreto, repudiasse a consciência social, que justificativa existiria para tão longo silêncio? Mais fácil crer que o ato já atingiu a sua finalidade, não havendo mais razão para desconsiderar os seus efeitos.

Em síntese: a imprescritibilidade dirige-se, apenas, à declaração de nulidade absoluta do ato, não atingindo as eventuais pretensões condenatórias correspondentes[29].

10.3. Doação entre companheiros do mesmo sexo

Como a doação entre companheiros do mesmo sexo é tratada em nosso sistema?

Tal indagação merece algumas considerações.

---

[28] MONTEIRO, Washington de Barros. *Curso de direito civil*, cit., v. I, p. 277-278.
[29] GAGLIANO, Pablo Stolze; PAMPLONA FILHO, Rodolfo. *Novo curso de direito civil*: parte geral. 25. ed. São Paulo: SaraivaJur, 2023, v. 1, p. 431.

O Direito de Família moderno descortinou novos horizontes, para admitir outros arranjos familiares, até então postos à margem da sociedade, em uma atitude insustentável de *invisibilidade jurídica*.

A união entre pessoas do mesmo sexo, a exemplo do que ocorreu com a união estável entre homem e mulher, alcançou o necessário e justo reconhecimento jurisprudencial.

Desde edições anteriores, defendemos que as uniões livres entre pessoas do mesmo sexo, calcadas no afeto, mereceriam a proteção do Direito de Família.

Ora, se partirmos da ideia de que o conceito de família é cunho socioafetivo, forçoso convir que não poderia o legislador pretender esgotar, em uma definição técnica e apriorística, o que se entende por família[30].

E não se diga que a Constituição Federal fechou as portas ao reconhecimento de outras formas de união livre por apenas ter feito referência à união estável entre "homem e mulher" (art. 226, § 3º). Em verdade, não se pode concluir haver o constituinte esgotado o multidimensional conceito de família em apenas três *standards* (casamento, união estável entre homem e mulher e núcleo monoparental).

De maneira nenhuma.

A norma constitucional trouxe um núcleo mínimo, embora não necessário, compreensivo das relações de família.

Esta é a lição de DIOGO DE CALASANS MELO DE ANDRADE, analisando o art. 226, §§ 3º e 4º, da Constituição Federal:

---

[30] Interessante registrar que ULPIANO, em contexto diverso, defendeu ideia semelhante, como nos lembra CLÓVIS BEVILÁQUA, em obra clássica: "A palavra família, como já notara ULPIANO, tem várias acepções jurídicas, que se desprendem do vocábulo, em gradações cromáticas, segundo a situação, em que se acha o observador" (*Direito de família*. Campinas: RED, 2001, p. 29).

Não podemos fazer uma interpretação gramatical do dispositivo, mas inseri-lo no contexto da realidade social em que vivemos, que fundamenta a família nos laços de afeto, e interpretá-lo conforme os princípios constitucionais. Mesmo para os conservadores que entendem que o rol do citado artigo é taxativo, não podemos esquecer que tais conceitos devem ser vistos segundo os princípios da dignidade da pessoa humana, da igualdade, da liberdade e da afetividade jurídica[31].

Nesse contexto, por meio da Ação Direta de Inconstitucionalidade (ADI) 4.277 e da Arguição de Descumprimento de Preceito Fundamental (ADPF) 132, ajuizada pela Procuradoria-Geral da República (PGR) e pelo governo do Rio de Janeiro, o Supremo Tribunal Federal, pondo fim à antiga controvérsia, reconheceu, com justiça, a união homoafetiva como um núcleo familiar.

O julgamento, relatado pelo Ministro Ayres Britto, foi no sentido de dar ao art. 1.723 do referido Código interpretação conforme a Constituição Federal, e para dele excluir "qualquer significado que impeça o reconhecimento da união contínua, pública e duradoura entre pessoas do mesmo sexo como 'entidade familiar', entendida esta como sinônimo perfeito de 'família'".

Portanto, toda e qualquer digressão feita a respeito da **doação entre companheiros** de sexos distintos aplica-se ao núcleo formado por pessoas do mesmo sexo, em perspectiva isonômica.

10.4. Doação feita ao nascituro e ao embrião

LIMONGI FRANÇA, citado por FRANCISCO AMARAL, define o nascituro como "o que está por nascer, mas já concebido no ventre materno"[32].

---

[31] ANDRADE, Diogo de Calasans Melo. Adoção entre pessoas do mesmo sexo e os princípios constitucionais. *Revista Brasileira de Direito de Família*, a. VII, n. 30, p. 101, jun./jul. 2005.

[32] AMARAL, Francisco. *Direito civil*: introdução. 10. ed. São Paulo: Saraiva, 2018, p. 323.

Trata-se de um dos mais apaixonantes temas do Direito Civil, com importantes repercussões criminais, inclusive.

Cuida-se, em outras palavras, do *ente concebido, embora ainda não nascido*, dotado de vida intrauterina.

Aliás, a doutrina evita utilizar a terminologia "nascituro" para identificar os embriões concebidos e mantidos em laboratório, exatamente porque não foram inseridos ainda no útero feminino[33].

A Lei Civil trata do nascituro, posto não o considere pessoa, ao colocar a salvo os seus direitos *desde a concepção* (art. 2º do CC/2002, art. 4º do CC-16).

Classicamente, adotou-se, no Brasil, a *teoria natalista*, segundo a qual a aquisição da personalidade opera-se a partir do nascimento com vida, de maneira que o nascituro gozaria de mera *expectativa de direito*.

Mas a questão não é pacífica na doutrina.

Os adeptos da *teoria da personalidade condicional* sufragam o entendimento de que o nascituro possui *direitos sob condição suspensiva*. Nesse sentido, preleciona ARNOLDO WALD: "A proteção do nascituro explica-se, pois há nele uma personalidade condicional que surge, na sua plenitude, com o nascimento com vida e se extingue no caso de não chegar o feto a viver"[34].

Para a *teoria concepcionista*, por sua vez, influenciada pelo Direito francês, e que conta com diversos adeptos, *o nascituro adquire personalidade jurídica desde a concepção, sendo, assim,*

---

[33] Nesse sentido, o Projeto n. 6.960, de 2002, alterando o art. 2º, destacava essa distinção: "A personalidade civil da pessoa começa do nascimento com vida; mas a lei põe a salvo, desde a concepção, *os direitos do embrião e os do nascituro*". (grifos nossos)

[34] WALD, Arnoldo. *Curso de direito civil brasileiro*: introdução e parte geral. 8. ed. São Paulo: Revista dos Tribunais, 1995, p. 120.

considerado pessoa. É a posição de TEIXEIRA DE FREITAS[35], seguido por BEVILÁQUA, LIMONGI FRANÇA e FRANCISCO AMARAL SANTOS. E SILMARA CHINELATO E ALMEIDA, respeitável defensora da tese concepcionista, preleciona que:

> Juridicamente, entram em perplexidade total aqueles que tentam afirmar a impossibilidade de atribuir capacidade ao nascituro "por este não ser pessoa". A legislação de todos os povos civilizados é a primeira a desmenti-lo. Não há nação que se preze (até a China) onde não se reconheça a necessidade de proteger os direitos do nascituro (Código chinês, art. 1º). Ora, quem diz direitos, afirma capacidade. Quem afirma capacidade, reconhece personalidade[36].

A impressão que temos é de que o legislador do Código Civil brasileiro, aparentemente, quis abraçar a teoria natalista, em seu art. 2º, mas fez diversas concessões à concepcionista, reconhecendo, ao nascituro, em inúmeros dispositivos legais, não apenas uma "expectativa", mas também "direitos" propriamente ditos (a exemplo dos direitos da personalidade).

A despeito de toda essa profunda controvérsia doutrinária, o fato é que, nos termos da legislação em vigor, inclusive do nosso Código Civil, *o nascituro, embora não seja considerado pessoa, tem a proteção legal dos seus direitos desde a concepção.*

Nesse sentido, pode-se apresentar a seguinte conclusão[37]:

---

[35] Concordamos com a posição da Professora SILMARA CHINELATO E ALMEIDA no sentido de que Teixeira de Freitas seria adepto da *teoria concepcionista, não da personalidade condicional*. Nesse sentido, o art. 221 do *Esboço*: "desde a concepção no ventre materno começa a existência visível das pessoas, e, antes de seu nascimento, elas podem adquirir direitos, como se já estivessem nascidas".

[36] ALMEIDA, Silmara J. A. Chinelato e. *Tutela civil do nascituro.* São Paulo: Saraiva, 2000, p. 160.

[37] GAGLIANO, Pablo Stolze; PAMPLONA FILHO, Rodolfo. *Novo curso de direito civil:* parte geral. 25. ed. São Paulo: SaraivaJur, 2023, v. 1, p. 98.

a) o nascituro é titular de direitos personalíssimos (como o direito à vida, o direito à proteção pré-natal etc.)[38];

b) pode ser beneficiado por legado e herança;

c) pode ser-lhe nomeado curador para a defesa dos seus interesses (art. 1.779 do CC);

d) o Código Penal tipifica o crime de aborto.

Além disso, poderá o curador do nascituro, atuando na defesa dos seus interesses, lançar mão de medidas conservatórias do direito do seu futuro filho, nos termos do art. 130 do Código Civil:

Art. 130. Ao titular do direito eventual, nos casos de condição suspensiva ou resolutiva, é permitido praticar os atos destinados a conservá-lo.

Ademais, o nascituro, por meio da sua genitora, também faz *jus* aos alimentos (Lei n. 11.804, de 5-11-2008 – Lei dos Alimentos Gravídicos), posição que defendíamos desde as primeiras edições das nossas obras.

Trazendo, agora, essa matéria para o objeto de nossa pesquisa, veremos que o nascituro poderá também ser beneficiário de doação, situação essa, em nosso sentir, extensiva ao embrião.

Pois bem.

Após passar em revista tais conceitos, enfrentemos então o problema referente às doações feitas ao nascituro e ao embrião.

Em linha de princípio, podemos traçar um paralelo com o Direito espanhol, invocando a doutrina de JOSÉ MANUEL MÁRQUEZ RUIZ:

---

[38] O art. 7º do Estatuto da Criança e do Adolescente dispõe que "a criança e o adolescente têm direito a proteção à vida e à saúde, mediante a efetivação de políticas públicas que permitam *o nascimento* e o desenvolvimento sadio e harmonioso, em condições dignas de existência". (grifo nosso)

En principio, parece que sólo los derechos, facultades e intereses legítimos son favorables a su titular; no lo serán, en cambio, los deberes, obligaciones, cargas o sujeciones. Pero ocurre que, en la práctica, las relaciones jurídicas son de carácter complejo, suponiendo para cada titular de las mismas derechos y deberes o cargas recíprocamente condicionadas o sinalagmáticamente vinculadas. Pues bien, en estos supuestos, habrá que sopesar el conjunto de la relación para determinar el favor o disfavor de la situación jurídica que se crea para el *nasciturus*. Nuestro Código, además de la regla general contenida en el art. 29 hace aplicación concreta de la misma en varias ocasiones, así a los concebidos: 1. Les permite recibir donaciones (art. 627)[39].

O Direito Positivo brasileiro anterior ao Código Civil de 2002 admitia a doação feita a nascituro.

O Código Civil de 1916, em seu art. 1.169, dispunha que *a doação feita ao nascituro valeria, sendo aceita pelos pais*.

O atual Código, por seu turno, considerando que nem sempre a curatela do nascituro seria exercida pelos pais, preferiu substituir a palavra "pais" por "representante legal" (art. 542). Veja a hipótese, por exemplo, de este *munus* estar sendo exercido pelo curador da genitora do nascituro (art. 1.179), pessoa que não será necessariamente pai do ente concebido.

Intrigante questionamento, a respeito do tema, é-nos apresentado por AGOSTINHO ALVIM: "Suposta a doação, como se pode saber se já havia nascituro?"[40].

Em outras palavras, efetuada a doação, como aferir a existência da concepção para o efeito de se reputar válido e eficaz o contrato celebrado?

---

[39] MÁRQUEZ RUIZ, José Manuel. *Comienzo y fin de la personalidad*, abr. 2004. Disponível em: <http://www.juridicas.com>. Acesso em: 29 jan. 2006.
[40] ALVIM, Agostinho. *Da doação*, cit., p. 85-86.

Responde-nos o ilustrado autor:

> A lei estabelece prazos máximo e mínimo da gestação, tendo em vista a legitimidade do filho.
>
> Mas nascida uma criança oito ou nove meses após a doação, tanto é possível que já estivesse concebida, como que não estivesse.
>
> Penso que se deve admitir o mais favorável, que é o prazo de trezentos dias, após a doação, havendo aí uma presunção *juris tantum*.

E também o Código em vigor contempla o prazo de trezentos dias para firmar presunção de paternidade (art. 1.597, II), visto que naturalmente relativa.

Em nosso sentir, a despeito de não mais haver espaço para a discussão pertinente à legitimidade da filiação, esse prazo sugerido afigura-se-nos interessante referência, especialmente considerando que corresponde ao período aproximado da gestação.

Dessarte, concordamos com o pensamento de AGOSTINHO ALVIM, no sentido de se reputar válida e eficaz a doação feita a nascituro, caso o nascimento ocorra nos trezentos dias seguintes à doação.

Note-se, aqui, que a proteção legal, aparentemente, dirige-se apenas ao nascituro.

Isso porque, consoante se depreende da *análise* dos arts. 2º e 542, vistos acima, o Código Civil apenas referiu a tutela do *nascituro*, deixando de fora o embrião.

Repassemos os referidos artigos do Código Civil:

> Art. 2º A personalidade civil da pessoa começa do nascimento com vida; mas a lei põe a salvo, desde a concepção, os direitos do *nascituro*.
>
> Art. 542. A doação feita ao *nascituro* valerá, sendo aceita pelo seu representante legal. (grifamos)

Discorrendo acerca da *representação do nascituro, e não do embrião*, na vigência do Código de Processo Civil anterior,

NELSON NERY JUNIOR e ROSA MARIA DE ANDRADE NERY, com a habitual precisão, já observavam que:

A representação do nascituro dá-se por intermédio dos pais, como decorrência do poder familiar (CC 1.630). Se a mulher é solteira, o nascituro permanece, salvo pretensão diversa do pai, representado pela mãe (CC 1.633). Se o pai falecer estando grávida a mulher, não tendo esta o poder familiar, dar-se-á curador ao nascituro (CC 1.779). Se a mulher tiver sido interditada, seu curador será também o do nascituro (CC 1.779, parágrafo único)[41].

Uma interpretação mais literal, portanto, poderia conduzir-nos à ideia de que *o embrião, carecendo de uma proteção legal específica – por ser um ente concebido em laboratório, e ainda não inserido no útero materno –, não poderia ser beneficiário de doação.*

De fato, alguns questionamentos, de alta complexidade jurídica, poderiam resultar no entendimento contrário ao reconhecimento do direito do embrião:

No atual estágio da medicina, um embrião poderá permanecer congelado durante anos a fio. Em tal caso, como ficará a doação realizada? Pendente de efetivação indefinidamente?

Como ficará o princípio da segurança jurídica?

E se o embrião não for implantado nunca?

A propriedade permaneceria em um indefinido estado de jacência?

Como ficará o direito de outros eventuais herdeiros necessários?

Uma reflexão que tome por base o princípio constitucional da isonomia e da dignidade da pessoa humana, todavia, orienta-nos

---

[41] NERY JUNIOR, Nelson; NERY, Rosa Maria de Andrade. *Novo Código Civil e legislação extravagante anotados.* São Paulo: Revista dos Tribunais, 2002, p. 212.

no sentido de contornar essas dificuldades considerando que, concebido no ventre materno ou não, não se afiguraria justo que o ordenamento jurídico negasse o benefício patrimonial dirigido a esse ente. Nascido por concepção natural ou artificial, pouco importa, o espírito de beneficência do doador não há quedar-se frustrado pela omissão legislativa.

Tomando de empréstimo a conclusão supraexpendida, calcada no pensamento de AGOSTINHO ALVIM, sustentamos a viabilidade da doação feita ao embrião se a inserção no útero materno se der nos trezentos dias seguintes à doação. Tal prazo contornaria o eventual perigo de se vulnerar o princípio da segurança jurídica.

Na mesma linha, nada impede que o agente estipule o benefício considerando a existência de material fecundante apto e aguardando o procedimento clínico conceptivo. Desde que realizada a fecundação nesse referido prazo, a doação será reputada válida e eficaz.

Aliás, se o benefício sucessório, que tem as sua regras próprias, é contemplado para o embrião, por que não o seria o benefício realizado em vida[42]?

---

[42] Cf. os arts. 1.798, 1.799, I, e 1.800, CC.

11

Extinção do Contrato de Doação

11.1. Meio natural de extinção

A forma natural de extinção do contrato de doação dá-se por meio de sua execução, vale dizer, no momento que o doador cumpre a obrigação a que se obrigou, o negócio jurídico se exaure.

Caso, porém, padeça de alguma invalidade, o contrato será extinto, pela declaração de sua nulidade, ou de sua desconstituição por anulabilidade, nos termos da teoria geral da invalidade do negócio jurídico.

11.2. Revogação da doação

Uma especial forma de extinção do contrato de doação, entretanto, opera-se por meio da denominada *revogação do doador*, cuja origem remonta ao Direito Romano, conforme a doutrina sempre erudita de CARVALHO DE MENDONÇA:

> Essa revogação, regulada por Justiniano, teve sua origem em uma disposição particular. O imperador Filipe estatuiu em uma Constituição que a doação feita por um patrono ao liberto seria sempre revogável à vontade. Percebe-se, porém, que tal faculdade só devia ser utilizada para suprimir a ingratidão do liberto. Esse intuito da lei, porém, era irrealizável, porque o

patrono era, afinal, o árbitro único da conduta do seu liberto e daí resultava a inconsciência da doação. A isto veio obviar, em 355, outra Constituição, que só tolerava a revogação, em tal caso, quando o doador fizesse a liberalidade sem ter filhos, vindo mais tarde a tê-los. Quase ao mesmo tempo, em 349, estendia-se ao pai e à mãe o direito de revogar doações e mais tarde, em 426, a todos os descendentes[1].

Trata-se, pois, a revogação, do exercício de um *direito potestativo, por meio do qual o doador, verificando a ocorrência de alguma das situações previstas expressamente em lei, manifesta vontade contrária à liberalidade conferida, tornando sem efeito o contrato celebrado, e despojando, consequentemente, o donatário do bem doado.*

Diferentemente da resolução, a revogação – até mesmo em respeito ao princípio da segurança nos negócios jurídicos – tem eficácia *ex nunc*, consoante bem observa MÁRIO JÚLIO DE ALMEIDA COSTA, citado por ARAKEN DE ASSIS: "A revogação consiste na destruição do vínculo contratual mediante uma declaração dos contraentes oposta à primitiva que lhe deu vida. Ainda quando se trate de revogação unilateral de uma das partes, não se confunde com a resolução, visto que opera *ex nunc*"[2].

Tal prerrogativa, exercida no bojo de uma ação judicial, culmina por excepcionar o caráter de perpetuidade do direito de propriedade, configurando-se, pois, como uma situação excepcional e peculiar[3].

---

[1] MENDONÇA, M. I. Carvalho de. *Contratos no direito civil brasileiro*, cit., p. 65-66.

[2] ASSIS, Araken de. *Resolução do contrato por inadimplemento*. 3. ed. São Paulo: Revista dos Tribunais, 1999, p. 80.

[3] Interessante mencionar, nesse ponto, que ORLANDO GOMES prefere não utilizar a expressão *propriedade resolúvel* para caracterizar a hipótese, pois, para o ilustre autor baiano, se assim fosse, *no próprio título constitutivo da liberalidade já estaria prevista a causa de sua extinção*. Ter-se-ia, assim, uma espécie de *propriedade temporária* sem que

Fique claro, entretanto, que a regra geral que deve nortear o intérprete é a da *irrevogabilidade*, ou seja, a doação é, em geral, irrevogável por ato de vontade do doador, salvo nas hipóteses legalmente previstas, que devem ser interpretadas restritivamente, por se tratar de situações limitativas do direito de propriedade do doador.

Também é assim no Direito espanhol, como demonstra MARÍA DEL CARMEN ROCA MERCHÁN:

> Este principio general de irrevocabilidad viene consagrado por la unanimidad de la doctrina y la jurisprudencia al tomar como punto de partida la imposibilidad de revocación de las donaciones *inter vivos* por la exclusiva voluntad del donante, por ello únicamente cuando exista alguno de los supuestos que el Código Civil prevé como excepciones al citado principio, podrá producirse el efecto revocatorio, debiendo quedar acreditada la concurrencia de la causa de revocación. Parece lógico pensar, por tanto, que deberemos interpretar las causas de revocación de forma restrictiva ya que suponen dejar sin efecto la atribución patrimonial creada con la donación, tal y como afirma DÍEZ-PICAZO no serán susceptibles de aplicación analógica, y ello por que de lo contrario, el donatario sufriría una situación de incertidumbre permanente al no tener un disfrute pacífico de los bienes donados por atender a la posible expectativa de una futura revocación.
>
> El supuesto de hecho apuntado como objeto del presente estudio, se basa en lo previsto en el artículo 644.1º CC que afirma: *Toda donación entre vivos, hecha por persona que no tenga hijos ni descendientes, será revocable por el mero hecho de ocurrir cualquiera de los casos siguientes: 1º Que el donante tenga, después de la donación, hijos aunque sean póstumos (...)*[4].

---

fosse considerada, tecnicamente, resolúvel (*Contratos*. 14. ed. Rio de Janeiro: Forense, 1994, p. 219; e *Direitos reais*. 18. ed. Rio de Janeiro: Forense, 2001, p. 235-237).

[4] ROCA MERCHÁN, María Del Carmen. La revocación de la donación por superveniencia de hijos: efectos favorables al concebido. *Noticias Jurídicas*, jul. 2002. Disponível em: <http://noticias.juridicas.com>.

11.2.1. Revogação por inexecução do encargo

Posto isso, cumpre-nos mencionar que o Código Civil brasileiro admite a revogação da doação por duas ordens de motivos (art. 555):

a) por inexecução do encargo, na doação modal;
b) por ingratidão do donatário.

A primeira hipótese é de intelecção cristalina.

Caso o donatário, a quem fora imposto o cumprimento de um encargo, não o realize, poderá o doador desfazer a liberalidade, revogando-a.

Tal situação já era objeto de análise de GEORGES RIPERT e JEAN BOULANGER, em clássica obra:

Si la donación es onerosa e impone al donatario ciertas cargas o prestaciones, el donatario está obligado a su cumplimiento como ha sido convenido. No podría librarse de esa obligación, si encontrara esos cargos demasiados pesados, ni renunciando al beneficio de la liberalidad.

El incumplimiento de los cargos da al donante una acción resolutoria análoga a la que corresponde al vendedor por falta de pago del precio. Pero el tribunal puede acordar al donatario un término de gracia para el cumplimiento de sus obligaciones[5].

Nada impede, outrossim, que o próprio beneficiário do encargo exija o seu cumprimento, adotando a medida judicial cabível.

Se, entretanto, o beneficiário for a própria coletividade (imaginemos que o ônus fosse a construção de um posto de saúde), o Ministério Público poderá ingressar com a referida demanda.

Mas, note-se: o direito de revogar, em primeiro plano, *cabe ao próprio doador*, e não à pessoa beneficiada pela estipulação

---

[5] RIPERT, Georges; BOULANGER, Jean. *Tratado de derecho civil*, cit., p. 226.

do encargo, devendo-se frisar ainda que o seu exercício não poderá ficar ao livre-arbítrio do disponente, exigindo-se, pois, a configuração de uma das duas ordens de causas revocatórias acima referidas.

Não cumprido o encargo, ou seja, verificada a mora do donatário, poderá o doador notificá-lo, assinando-lhe prazo para que cumpra a doação, consoante dispõe o art. 562 do Código Civil:

> Art. 562. A doação onerosa pode ser revogada por inexecução do encargo, se o donatário incorrer em mora. Não havendo prazo para o cumprimento, o doador poderá notificar judicialmente o donatário, assinando-lhe prazo razoável para que cumpra a obrigação assumida.

Interessante é a referência que o legislador fez a "prazo razoável", expressão de conteúdo fluídico ou indeterminado, não admitindo parâmetros doutrinários ou jurisprudenciais *apriorísticos*, por depender das circunstâncias ditadas pela natureza do encargo imposto.

Lembra-nos, a respeito dos conceitos indeterminados e das cláusulas gerais, verdadeiros *poros axiológicos* para a melhor aplicação da norma, JUDITH MARTINS-COSTA:

> Dotadas que são de grande abertura semântica, não pretendem as cláusulas gerais dar resposta, previamente, a todos os problemas da realidade, uma vez que estas respostas são progressivamente construídas pela jurisprudência. Na verdade, por nada regulamentarem de modo completo e exaustivo, atuam tecnicamente como metanormas, cujo objetivo é o de enviar o juiz para critérios aplicativos determináveis ou em outros espaços do sistema ou através de variáveis tipologias sociais, dos usos e costumes. Não se trata – é importante marcar desde logo esse ponto – de apelo à discricionariedade: as cláusulas gerais não contêm delegação de discricionariedade, pois remetem para valorações objetivamente válidas na ambiência social. Ao remeter o juiz a estes critérios aplicativos, a técnica das cláusulas gerais enseja a possibilidade de

circunscrever, em determinada hipótese legal (estatuição), uma ampla variedade de casos cujas características específicas serão formadas por via jurisprudencial, e não legal. Em outros casos, por não preverem, determinadamente, quais são os efeitos ligados à infringência do preceito, abrem a possibilidade de serem também estes determinados por via da jurisprudência[6].

Se, entretanto, o pedido de notificação do donatário em mora é genérico, não estipulando este prazo, entendemos que poderá o próprio magistrado fixá-lo, estabelecendo, assim, um termo *judicial ou de graça*, como mencionado, inclusive, por RIPERT e BOULANGER.

Merece, nesse ponto, referência, ao julgado do STJ em que se lê a possibilidade de a notificação se dar pela forma extrajudicial:

RECURSO ESPECIAL. DIREITO CIVIL. DOAÇÃO COM ENCARGO. REVOGAÇÃO.

CONSTITUIÇÃO EM MORA DO DONATÁRIO. NOTIFICAÇÃO EXTRAJUDICIAL.

SUFICIÊNCIA.

1. Controvérsia acerca da correta interpretação do art. 562 do Código Civil, notadamente a possibilidade da utilização da notificação extrajudicial para constituir em mora o donatário acerca do descumprimento do encargo no contrato de doação

---

[6] MARTINS-COSTA, Judith. *A boa-fé no direito privado*. São Paulo: Revista dos Tribunais, 1999, p. 299. Cumpre-nos registrar que essa ilustrada autora, após mencionar a existência de controvérsia doutrinária, traça diferença entre *cláusula geral* e *princípio jurídico* (p. 315 e s.) e, também, entre *cláusula geral* e *conceitos indeterminados* (p. 324 e s.). Não perfilhamos, *data venia*, inteiramente, tal entendimento, por reconhecermos a dificuldade científica em se traçar uma nítida diagnose diferencial entre tais noções de substrato muito próximo, mormente na perspectiva dogmática. Ademais, não haveria também, em nosso sentir, reflexos de monta em tal diferenciação no plano eficacial. Por essas razões utilizamos as referidas expressões no mesmo sentido, sem desconhecermos o respeitável posicionamento em contrário da festejada autora.

modal em que não há previsão de prazo para o cumprimento da obrigação.

2. A inexecução do encargo assumido pelo donatário em face do doador como condição para a celebração da doação onerosa poderá ensejar a sua revogação.

3. Não previsto prazo determinado para o cumprimento da contraprestação, o doador, mediante notificação judicial ou extrajudicial, na forma do art. 397 do CCB, pode constituir em mora o donatário, fixando-lhe prazo para a execução do encargo, e, restando este inerte, ter-se-á por revogada a doação.

4. Doutrina acerca do tema.

5. Recurso especial provido (REsp 1.622.377/MG, rel. Min. Paulo de Tarso Sanseverino, 3ª T., j. 11-12-2018, DJe 14-12-2018).

Questão interessante diz respeito ao prazo decadencial para revogar a doação, já tendo o Superior Tribunal de Justiça decidido, ainda na vigência do Código de 1916, que esse prazo seria o vintenário, na forma do art. 177 do Estatuto revogado:

Ementa: Doação com encargo. Revogação. Prescrição. Falta de motivação. Precedentes da Corte.

1. Já decidiu a Corte em vários precedentes que a revogação da doação por descumprimento do encargo prescreve em 20 anos, nos termos do art. 177 do Código Civil.

2. A decisão que afastou a prescrição está bem fundamentada, relevando a documentação existente nos autos, tal e qual posta na sentença e confirmada no Acórdão recorrido.

3. Recurso especial não conhecido.

Acórdão: Vistos, relatados e discutidos os autos em que são partes as acima indicadas, acordam os Ministros da Terceira Turma do Superior Tribunal de Justiça, por unanimidade, não conhecer do recurso especial. Os Srs. Ministros Nancy Andrighi, Castro Filho e Ari Pargendler votaram com o Sr. Ministro-Relator. Ausente, ocasionalmente, o Sr. Ministro Antônio de Pádua Ribeiro (STJ, 3ª T., REsp 54.720/RJ, rel. Min. Carlos Alberto Menezes Direito, j. 10-9-2002, DJ, 2-12-2002, p. 302).

Na linha desse acórdão, e considerando não mais existir, no Código de 2002, prazo vintenário de *prescrição extintiva*, é forçoso convir que este será, agora, de *dez anos, ex vi* do disposto no art. 205 do novo diploma (correspondente ao revogado art. 177): "Art. 205. A prescrição ocorre em dez anos, quando a lei não lhe haja fixado prazo menor"[7].

11.2.2. Revogação da doação por ingratidão

Sem sombra de dúvida, um dos piores defeitos que um homem pode cultivar é a *ingratidão*.

Segundo o clássico dicionarista CALDAS AULETE, o ingrato é aquele "que não mostra reconhecimento" ou, simplesmente, "que se esqueceu dos benefícios que recebeu"[8].

No caso de tal comportamento provir do donatário, a situação reveste-se de maior gravidade, na medida em que, beneficiado por um ato de liberalidade ou até mesmo altruísmo, volta-se traiçoeiramente contra aquele que o agraciou.

Podemos, até, afirmar que o cometimento de qualquer dos atos de ingratidão capitulados na lei civil (o rol é exaustivo) traduz quebra de *boa-fé objetiva pós-contratual*, ou seja, implica

---

[7] Embora se trate de prazo prescricional, lembremo-nos de que, em verdade, cuida-se do exercício de um direito potestativo (revogação), que, tecnicamente, submeter-se-ia a *prazo decadencial*. Estaríamos, então, caso mantido o posicionamento do STJ, diante de uma situação peculiar, em que o prazo aplicado à espécie seria o mesmo, geral, da prescrição extintiva, posto tecnicamente de natureza decadencial. Aliás, sobre a incidência do prazo geral, confira-se, no STJ: (...) 3. Na revogação de doação por inexecução de encargo, aplica-se o prazo prescricional geral do regramento civil, não sendo aplicável o prazo anual da revogação de doação por ingratidão. 4. Recurso especial a que se nega provimento (REsp 1.613.414/PR, rel. Min. Og Fernandes, 2ª T., j. 19-4-2018, *DJe* 25-4-2018).

[8] AULETE, Caldas. *Dicionário contemporâneo da língua portuguesa*. Rio de Janeiro: Delta, 1958, v. III, p. 2.738.

o cometimento de ato atentatório ao dever de respeito e lealdade, observável entre as próprias partes, mesmo após a conclusão do contrato.

Nesse diapasão, trazemos trecho do v. 4, do nosso *Curso*, dedicado à Teoria Geral dos Contratos:

> Exemplificando essa subsistência dos deveres anexos, mesmo após a execução do contrato, como desdobramento de eficácia da boa-fé objetiva, transcrevemos ainda as sábias palavras de COUTO E SILVA: "Entre os deveres que permanecem, mesmo depois de extinta a relação principal, pode ser mencionado o dever do sócio que se retira de uma sociedade, que tem, em consequência, extinto seu vínculo jurídico, de evitar prejudicar com a sua atividade o funcionamento da sociedade de que participou, revelando circunstância que só podia conhecer em razão de sua qualidade de sócio". Outro exemplo é o dever de empregado que, nessa qualidade, tomou conhecimento de alguma circunstância relevante, como um segredo de fabricação, de não levá-lo ao conhecimento, por exemplo, de uma firma concorrente, mesmo após ter sido despedido[9].

O descaso, a frieza e a indiferença, por mais desalentadores que sejam, são sentimentos que não se confundem com a ingratidão, não permitindo ao doador o desfazimento da doação nem mesmo por invalidade, como já decidiu o Superior Tribunal de Justiça:

> A conclusão é da Terceira Turma do Superior Tribunal de Justiça (STJ), ao julgar processo de casal de São Paulo que pretendia anular a doação de vários imóveis à filha, alegando que ela "nunca mais teve notícias de seus pais, não lhes dirigindo a palavra, ou mesmo telefonando para saber se estão passando bem, tendo, inclusive, após séria doença que acometeu o seu pai (...),

---

[9] GAGLIANO, Pablo Stolze; PAMPLONA FILHO, Rodolfo. *Novo curso de direito civil*: contratos. 6. ed. São Paulo: SaraivaJur, 2023, v. 4, p. 76. Exemplo também citado por MAURICIO JORGE MOTA (A pós-eficácia das obrigações. In: *Problemas de direito civil constitucional*. Rio de Janeiro: Renovar, 2000, p. 238).

deixado de comparecer ao hospital para visitá-lo (até mesmo depois desta operação), em total ignorância aos seus genitores". Os pais queixaram-se de ofensa ao artigo 1.183 do Código antigo, afirmando que os frutos e os rendimentos dos imóveis em questão cessaram, sendo-lhes negadas indiretamente fontes de alimento. Além de demonstração de abandono material e moral, devido à falta de visitação, carinho, respeito e atenção, ferindo, com isso, seus "mais frágeis sentimentos de filiação". Pleiteavam a revogação das doações feitas, restabelecendo os imóveis na propriedade dos doadores.

Com o seguimento negado na origem, o casal entrou no STJ. O relator do processo, ministro Humberto Gomes de Barros, esclareceu que a doação, conforme dispõe o artigo 1.181 do Código Civil de 1916, pode ser revogada por três modos: pelos casos comuns a todos os contratos (vícios do negócio jurídico, incapacidade absoluta, ilicitude ou impossibilidade do objeto), por ingratidão do donatário e por inexecução do encargo, no caso de doação onerosa.

De acordo com o relator, apesar de se tratar de um negócio jurídico proveniente da liberalidade do doador, a lei, principalmente em respeito à segurança jurídica, limita o arbítrio do doador em desfazer tal liberalidade. Assim, o ministro reconheceu a taxatividade das hipóteses previstas no artigo 1.183 do Código Civil de 1916 (Código Beviláqua), segundo o qual só se podem revogar por ingratidão nas seguintes situações: se o donatário atentou contra a vida do doador, se cometeu contra ele ofensa física, se o injuriou gravemente, ou o caluniou, ou se, podendo ministrar-lhos, recusou ao doador os alimentos de que este necessitava. "Não é, portanto, qualquer ingratidão suficiente para autorizar a revogação da doação. No caso dos autos, ainda que se considere desrespeitoso ou injusto o desapego afetivo da ora recorrida, não há como enquadrar sua conduta nas estreitas hipóteses previstas pelo Código Beviláqua", observou o ministro Gomes de Barros, ao negar conhecimento ao recurso[10].

---

[10] Superior Tribunal de Justiça, *Noticiário eletrônico*, informativo de 2 mar. 2006. Disponível em: <http://www.stj.gov.br>.

Seguindo essa linha, concluímos que, caso o donatário realize qualquer dos atos de ingratidão alinhados no art. 557 do Código Civil, estará atuando em detrimento da regra ética (e de exigibilidade jurídica) da *boa-fé objetiva pós-contratual*.

Art. 557. Podem ser revogadas por ingratidão as doações:

I – se o donatário atentou contra a vida do doador ou cometeu crime de homicídio doloso contra ele;

II – se cometeu contra ele ofensa física;

III – se o injuriou gravemente ou o caluniou;

IV – se, podendo ministrá-los, recusou ao doador os alimentos de que este necessitava.

Nesse diapasão, cabe-nos indagar qual seria o *fundamento* da revogação da doação por ingratidão do donatário.

AGOSTINHO ALVIM sustenta que o exercício da faculdade revocatória não poderia traduzir uma pena, por considerar que o direito civil não teria função punitiva. Vejamos seus ensinamentos:

Quando, p. ex., alguém deve ressarcir, nada influirá na indenização o fato de ter havido dolo ou mesmo crime, em vez de simples culpa. O ressarcimento mede-se pelo dano.

A cláusula penal é pena, segundo o nome que a distingue. Mas na realidade ela não tem finalidade punitiva, senão que desempenha o papel precípuo de reforçar a obrigação, e o papel secundário de ressarcimento de danos.

E assim, via de regra, com referência a outras sanções civis.

A revogação da doação vista como pena não teria nenhum objetivo de educar, ou recuperar o indivíduo decaído, nem qualquer outra finalidade das que os criminalistas assinalam à pena.

Só poderia ser interpretada como vingança, uma vez que lhe demos o caráter de pena da injúria *vindictam inspirans*[11].

---

[11] ALVIM, Agostinho. *Da doação*, cit., p. 278.

E arremata:

Quer-nos parecer, porém, que o fundamento mais exato vem a ser a imprevisão, desenvolvida pelos canonistas, e cuja fórmula é: *contractus qui habent tractum successivum et dependentiam de futuro rebus sic stantibus intellingutur*[12].

Nesse particular, não concordamos com o culto Professor Catedrático da Pontifícia Universidade Católica de São Paulo.

O Direito Civil, especialmente após a década de 30, no Brasil, tem passado por um inegável processo de revitalização axiológica[13].

---

[12] ALVIM, Agostinho. *Da doação*, cit., p. 279.

[13] Em pesquisa preparatória de exposição oral no Curso de Mestrado da PUCSP, na disciplina Filosofia do Direito, dirigida pelo Prof. Dr. WILLIS SANTIAGO GUERRA FILHO, realizamos estudo do pensamento filosófico de CLÓVIS BEVILÁQUA, observando, em sua doutrina positivista, acentuados traços cientificistas, senão darwinianos, com inequívoca aversão à metafísica. Alguns trechos do livro estudado merecem referência, como este em que afirma (injustificadamente, em nosso sentir) que nosso povo, pelas próprias condições étnicas, climáticas, geográficas e econômicas, é vocacionado à moleza e à inaptidão científica: "As condições étnicas fazem com que nós só possamos valer alguma coisa pela pujança de nossa lírica; as condições econômicas mal nos permitem esse respiradouro. Consequência – nulidade científica" (p. 36). E adiante, comentando a necessidade de se valorizar a investigação científica, adverte: "e não é pequeno serviço esse, para um povo a que o clima prodigalizou indolência e moleza" (p. 42). Finalmente, antes que o nosso leitor se decepcione de vez com o renomado autor, observamos que não perdeu de vez a esperança em nossa força, quando profetiza: "Alicerce para uma grande nação nós possuímos, vê-se, o que nos falta, é energia no povo para arredar de seu caminho os homens que tudo sacrificam a seus interesses pessoais, e ao governo perspicácia para compreender as necessidades do país e seus elementos de vida" (p. 33) (BEVILÁQUA, Clóvis. *Filosofia geral*. São Paulo: EDUSP/Grijalbo, 1975, p. 112). Hoje, a despeito da atualidade desta última observação do clássico jurista, a realidade tem imposto ao legislador uma mentalidade menos positivista no âmbito do Direito Privado, o que é comprovado pela consagração do sistema de cláusulas gerais em nossa codificação atual.

Os valores cultivados até então pela legislação brasileira, inspirados pela mentalidade capitalista típica dos países ocidentais, passaram a sofrer a interferência de acontecimentos sociais, refletindo-se na própria dinâmica do sistema: *o foco da norma civil deixou de ser o patrimônio e passou a ser a pessoa*. Fala-se em *repersonalização do Direito Civil*.

Tal mudança – que não poderia dar-se sem certa turbulência –, especialmente após o movimento constitucional que resultou na Lei Fundamental de 1988, refletiu-se acentuadamente na seara contratual, imprimindo um novo colorido às relações negociais, fisiologicamente viciadas pelo tecnicismo burocrata da jurisprudência tradicional e por uma teoria clássica que não mais atendia aos nossos anseios: *passou-se a viver o império do solidarismo contratual, sem que isso significasse o fim da livre-iniciativa ou da autonomia privada*.

Buscou-se, por meio de diplomas como o Código de Defesa do Consumidor, imprimir igualdade jurídica onde até então somente existia desigualdade econômica, visando a atingir um ponto de equilíbrio entre a livre-iniciativa e a justiça social.

O que a doutrina moderna sustenta hoje é um redimensionamento dos valores encartados na relação contratual, sob o salutar influxo dos princípios da função social e da boa-fé objetiva (arts. 421 e 422 do CC).

Nessa mesma linha de intelecção é o pensamento de EDUARDO SENS DOS SANTOS:

(...) o contrato não pode mais ser entendido como mera relação individual. É preciso atentar para os seus efeitos sociais, econômicos, ambientais e até mesmo culturais. Em outras palavras, tutelar o contrato unicamente para garantir a equidade das relações negociais em nada se aproxima da ideia de função social. O contrato somente terá uma função social – uma função pela sociedade – quando for dever dos contratantes atentar para as exigências do bem comum, para o bem geral. Acima do interesse em que o contrato seja respeitado, acima do interesse em que a declaração seja cumprida fielmente e acima da noção de equilíbrio meramente contratual, há interesse de que o contrato seja socialmente benéfico, ou, pelo menos, que não traga prejuízos à sociedade – em suma, que o contrato seja socialmente justo[14].

E em nosso volume dedicado ao estudo dos contratos, observamos:

Com isso, repita-se, não se está pretendendo aniquilar os princípios da *autonomia da vontade (ou autonomia privada)* ou do *pacta sunt servanda*, mas, apenas, temperá-lo, tornando-o mais vocacionado ao bem-estar comum, sem prejuízo do progresso patrimonial pretendido pelos contratantes.

Como já diziam os antigos, em conhecido ditado, *"nem tanto ao mar, nem tanto à terra"*, ou seja, não pode ser considerado justo o modelo de contrato que só contemple a manifestação de vontade da parte declarante, seguindo diretriz tipicamente liberal, impondo-se a consideração dos limites traçados pela própria ordem social, a fim de que a perseguição dos interesses das partes contratantes não esbarrem em valores constitucionais superiores, condensados sinteticamente no princípio da dignidade da pessoa humana.

Para nós, a *função social do contrato* é, antes de tudo, um princípio jurídico de conceito indeterminado, que se compreende na medida em que lhe reconhecemos o precípuo efeito de impor limites à liberdade de contratar, em prol do bem comum. E essa socialização traduz, em nosso sentir, um importante marco na história do Direito, uma vez que, com ela, abandonaríamos de vez o modelo clássico-individualista típico do século XIX.

"A autonomia da vontade", pontifica JOSÉ REINALDO DE LIMA LOPES, *"marca registrada da teoria contratual do século XIX, gera ou é gerada por uma concepção de direito como expressão de*

---

[14] SANTOS, Eduardo Sens. O novo Código Civil e as cláusulas gerais: exame da função social do contrato. *Revista Brasileira de Direito Privado*, São Paulo: Revista dos Tribunais, n. 10, p. 29, abr./jun. 2002.

faculdades individuais, entre elas a vontade de um soberano, e à noção de poder como capacidade de imposição da própria vontade, vontade que obriga"[15].

Essa correção de rumos, portanto, humaniza a ideia de contrato, rendendo ensejo a que se banisse de vez de nosso sistema o péssimo hábito de se encarar o contrato como uma rede de caça, em que o forte subjuga o fraco, utilizando, sobretudo, a técnica covarde da imposição de *cláusulas leoninas*[16].

De tudo o que dissemos até aqui, já se pode verificar que o Direito Contratual brasileiro passou, mormente após a edição de nossa Constituição de 1988, por um inegável processo de socialização, ou, por que não dizer, de democratização jurídica[17].

Desse modo, analisando a revogação da doação nesse novo contexto, somos forçados a concluir que, *quando configurada qualquer das hipóteses previstas no art.* 557, abre a lei civil a oportunidade de o doador, sem prejuízo da sua autonomia (pois a legitimidade que lhe é conferida é personalíssima), *poder desconstituir os efeitos do contrato, em face do qual uma das partes atentou contra valores fundamentais* (a vida, a honra, a família), exercendo, portanto, uma prerrogativa inegavelmente punitiva, que lhe fora conferida pelo próprio Direito Civil.

Assim, conciliando o interesse particular do doador (que poderá ou não ajuizar a revocatória) e o interesse social albergado pelo legislador (contido na severidade da medida resolutória do direito conferido ao donatário), chega-se a um justo ponto de equilíbrio, amparando-se a autonomia privada sem vulnerar o solidarismo social e o princípio da confiança.

---

[15] LOPES, José Reinaldo de Lima. *O direito na história*: lições introdutórias. São Paulo: Max Limonad, 2000, p. 400.
[16] Exemplo de lei que traduz essa nova mentalidade é o Código de Defesa do Consumidor (Lei n. 8.078/90).
[17] GAGLIANO, Pablo Stolze; PAMPLONA FILHO, Rodolfo. *Novo curso de direito civil*: contratos. 6. ed. São Paulo: Saraivajur, 2023, v. 4, p. 44.

Com efeito, sem menoscabar o caráter compensatório da sanção civil, o seu matiz pedagógico ou punitivo, nos dias de hoje, encontra-se ainda mais acentuado.

Por tudo isso, com a devida vênia, entendemos que a faculdade revocatória tem inegável escopo punitivo, especialmente se considerado o atual contexto do sistema civil em vigor.

Outro interessante aspecto a ser considerado diz respeito ao fato de que o nosso direito positivo deixa claro que a revogação da doação por ingratidão exige a ocorrência de uma das hipóteses constantes no já mencionado art. 557.

Vale dizer, a revogação por ingratidão, tal como posto em nosso sistema, consiste em um direito potestativo vinculado às hipóteses legais.

Mas se trata de uma diretriz não uniforme na perspectiva do Direito comparado.

A Corte infraconstitucional – Bundesgerichtshof (BGH) alemã, por exemplo, pronunciou-se no sentido de que o ato revocatório, por ingratidão, não exige uma fundamentação vinculada.

Sobre o assunto, escreve KARINA FRITZ, em interessante artigo:

> Recentemente, a Corte infraconstitucional alemã, Bundesgerichtshof (BGH), proferiu interessante decisão acerca do direito do doador de revogar a doação em decorrência de ingratidão do donatário. A decisão veio solucionar controvérsia existente na doutrina alemã e devido à sua significação fundamental (*grundsätzliche Bedeutung*) subiu à Corte em Karlsruhe.
> (...)
> O caso girava em torno de doação de quatorze imóveis feita a título de antecipação da legítima pela mãe a seus três filhos. A doação foi feita com reserva de usufruto gratuito e vitalício para a genitora. Um outro imóvel, localizado em Frankfurt am Main, foi doado exclusivamente ao filho.

Anos depois, após ficar internada longo período em um hospital, a mãe resolveu extinguir o direito de usufruto instituído a seu favor em documento com firma reconhecida em cartório. O documento deveria ficar guardado em um cofre na sede da administração do condomínio até que eles decidissem o que fazer. O filho, porém, se apossou do documento e tentou convencer a mãe e suas duas irmãs a decidir logo o que fazer com a declaração.

Embora as partes não tenham chegado a consenso, ele se recusou a devolver o documento e levou-o ao cartório, solicitando o registro do cancelamento do usufruto no cartório de registro de imóveis (*Grundbuchamt*).

Esse fato azedou ainda mais a relação entre mãe e filho, que já estava abalada pelo fato da empresa do rapaz ter suspendido o pagamento da renda de outro imóvel da genitora, arrendado pela sociedade, o que levou a mãe a pleitear em juízo um débito de mais de um milhão de euros.

Assim que a genitora foi informada pelo cartório acerca da averbação da extinção do usufruto, ela cancelou uma antiga procuração dada ao filho e requereu judicialmente o cancelamento da mencionada averbação.

In continenti, escreveu ao filho comunicando a revogação da doação e entrou com ação na justiça pedindo a devolução do domínio dos imóveis transferido ao filho. Como a genitora faleceu durante o processo, as filhas deram prosseguimento à ação.

No curso do processo, a genitora alegou ter revogado a doação por ingratidão do filho, tendo em vista o comportamento dele em registrar contra sua vontade, de forma sorrateira, o cancelamento do usufruto, além de suspender o pagamento do aluguel do imóvel comercial locado, forçando-a a levar o caso ao Judiciário. Além disso, o filho teria chantageado as irmãs no imbróglio envolvendo o cancelamento do usufruto.

(...)

Em apertada síntese, o Tribunal de Justiça declarou a nulidade do ato, porque a doadora não indicou na notificação os motivos (fundamento) para a revogação da doação. Ademais, a Corte entendeu que a conduta do donatário, de requerer o averbamento do cancelamento do usufruto, não poderia ser classificada como ingratidão.

O processo subiu a Karlsruhe, cidade sede dos tribunais superiores na Alemanha. O Bundesgerichtshof deu provimento ao recurso de Revision interposto, afirmando, em suma, que a declaração de revogação da doação não precisa de fundamentação.

(...)

Com efeito, o Tribunal entendeu que o comunicado feito pela mãe ao filho, informando que estava revogando a doação dos imóveis e requerendo a devolução do domínio sobre os mesmos, era suficiente para atender à exigência do § 531 BGB, que requer apenas que a revogação seja feita por meio de declaração de vontade endereçada ao donatário na qual conste claramente a decisão de desfazer a doação.

Uma interpretação literal da norma revela que o legislador não impôs ao doador o dever de mencionar a causa da revogação (*Widerrufsgrund*) na declaração de revogação (*Widerrufserklärung*). Em outras palavras: a norma não cria um dever de fundamentação (*Begründungspflicht*) para o doador[18].

De fato, a par de a revogação da doação, em nosso sistema, traduzir-se em um ato vinculado às hipóteses legais, a experiência alemã é um excelente convite para a reflexão.

Passemos, então, a analisar uma a uma as hipóteses de revogação previstas na lei.

---

[18] FRITZ, Karina. *Revogação da doação por ingratidão não precisa ser fundamentada*. Disponível em: https://www.migalhas.com.br/coluna/german-report/384570/revogacao-da-doacao-por-ingratidao-nao-precisa-ser-fundamentada. Acesso em: 26 maio 2023.

11.2.2.1. Homicídio doloso consumado ou tentado

Caso o donatário cometa crime de homicídio doloso (o culposo está fora da previsão legal) consumado ou tentado contra o doador, poderá ter a liberalidade revogada.

No caso da tentativa de morte, fica claro que o doador, diante do pior dos atos de ingratidão (o atentado contra a sua própria vida), poderá exercer o seu direito potestativo revocatório, desconstituindo a liberalidade. Dada a gravidade do fato, entendemos que, ainda que inexistisse previsão legal, a sua admissibilidade decorreria da própria principiologia do sistema.

Trata-se, pois, de uma medida com perceptível conteúdo sancionatório, sem prejuízo da responsabilização criminal do agente criminoso.

Interessante mencionar, ainda, a questão referente ao *homicídio doloso consumado*, uma vez que, consoante já registramos linhas acima, a revogação é um direito personalíssimo conferido ao doador.

Em tal caso, em face da sua morte, causada por ato do donatário, *a quem caberia o exercício desta prerrogativa?*

O Código Civil de 1916 era silente a respeito, não havendo permissivo no sentido de poderem os herdeiros do doador falecido – vítima do homicídio – ingressar com a ação revocatória, posto não se afigurasse ético que o homicida/donatário permanecesse beneficiado pela liberalidade conferida.

O Código Civil italiano contempla expressamente a legitimidade dos herdeiros do doador, vítima do homicídio doloso, assim como o português.

Vejamos:

Art. 802. La domanda di revocazione per causa d'ingratitudine deve essere proposta dal donante o dai suoi eredi, entro l'anno dal giorno in cui il donante è venuto a conoscenza del fatto che consente la revocazione.

Se il donatario si è reso responsabile di omicidio volontario in persona del donante o gli ha dolosamente impedito di revocare la donazione, il termine per proporre l'azione è di un anno dal giorno in cui gli eredi hanno avuto notizia della causa di revocazione.

Art. 976º 3. Se o donatário tiver cometido contra o doador o crime de homicídio, ou por qualquer causa o tiver impedido de revogar a doação, a acção pode ser proposta pelos herdeiros do doador dentro de um ano a contar da morte deste.

A falta dessa previsibilidade no Código Civil de 1916 é comentada por AGOSTINHO ALVIM:

> Grave erro da nossa lei é não admitir que, sucumbindo o doador ao atentado, não possam os herdeiros revogar a doação, neste caso de ingratidão máxima e irreparável, podendo, apenas, prosseguir na ação intentada pelo doador.
>
> Os herdeiros são os continuadores da pessoa do falecido. Não só recolhem os seus bens, mas respondem por suas obrigações, e, presumidamente, lamentam a perda daquele a quem, ordinariamente, se achavam ligados por vínculo de sangue.
>
> Não obstante, são obrigados a manter a doação, a favor de quem os prejudicou em suas afeições e sentimentos, sem falar no desfalque do patrimônio, que vão receber diminuído por força da liberalidade.
>
> Não é justo que os sucessores do doador fiquem reduzidos à impotência[19].

O Código de 2002, por sua vez, cuidou de contornar a omissão:

Art. 561. No caso de homicídio doloso do doador, a ação caberá aos seus herdeiros, exceto se aquele houver perdoado[20].

---

[19] ALVIM, Agostinho. *Da doação*, cit., p. 293.

[20] Dispositivo semelhante pode ser encontrado no Anteprojeto do Código de Obrigações, de autoria do Prof. CAIO MÁRIO DA SILVA PEREIRA (Rio de Janeiro, 1964): "Art. 442. É privativo do doador o direito de revogar a doação, salvo se morrer ele em consequência de ofensa física praticada pelo donatário, caso em que a revogação poderá ser promo-

A primeira parte do artigo é de intelecção imediata.

A ação de revogação (estudada com minúcia logo abaixo) caberá aos herdeiros do doador (legitimidade ativa), em caso de cometimento de homicídio doloso consumado. Note-se que, em caso de tentativa, a legitimidade continuará sendo, em caráter personalíssimo, do doador.

No entanto, a segunda parte da regra legal causa-nos certa perplexidade: a revogação poderá ser evitada, *se o doador houver perdoado o seu homicida.*

Como entender essa ressalva, partindo da premissa de que a norma cuidou da prática de homicídio doloso? O doador não estava morto? Como haveria então de perdoar?

Descartada a hipótese de o legislador haver previsto uma reaparição espiritual do falecido, talvez se houvesse pretendido considerar que, *na eventualidade de a morte não ser instantânea,* o doador, antes do seu passamento, houvesse relevado a agressão e perdoado o donatário. Exemplo: o donatário atira no doador; este é internado, e, no hospital, pouco antes de morrer, perdoa o seu agressor.

Outra hipótese é aventada por CARLOS ROBERTO GONÇALVES, ao sugerir a possibilidade de se operar uma forma de *perdão tácito,* no caso de o doador não exercer o seu direito de revogação dentro do prazo previsto em lei (analisado abaixo):

> O (...) art. 561 veio suprir omissão existente no diploma de 1916 sobre essa questão, ao determinar a aplicação do critério adotado em países como a França, a Espanha, a Itália etc., cujos códigos permitem aos herdeiros propor a revogação da doação em caso de morte do doador, provocada pelo donatário, *salvo se aquele, não tendo morrido instantaneamente, teve*

---

vida por seus herdeiros. Proposta a ação contra o donatário, poderá em qualquer caso, continuar contra os seus herdeiros, bem como com os herdeiros do autor".

oportunidade de promovê-la e não o fez, perdoando tacitamente o ingrato[21]. (grifamos)

De nossa parte, conforme um juízo de razoabilidade interpretativa, consideramos a segunda parte do referido artigo de redação extremamente infeliz.

Em linha de princípio, e com a devida vênia, não perfilhamos a tese do perdão tácito, esposada pelo culto civilista CARLOS ROBERTO GONÇALVES.

Isso porque, em se tratando de situação tão grave (homicídio doloso do doador), afigurar-se-ia extremamente perigoso admitir uma forma tácita ou indireta de perdão, mormente considerando que o doador talvez não houvesse podido intentar a revocatória por se encontrar internado, na UTI de um hospital, em estado de coma, em virtude da agressão sofrida. E mesmo que *tivesse a oportunidade de perdoar*, dada a natureza da agressão que sofreu, deveria fazê-lo expressamente, e não firmar uma simples presunção. Vale dizer, em nosso sentir, admitida pelo legislador uma forma de perdão, este deverá ser sempre *expresso, manifesto, inequívoco*, e não simplesmente tácito.

Afastada, pois, essa hipótese, resta-nos considerar o perdão expresso, realizado pelo doador antes da sua morte.

O que levaria uma pessoa a perdoar o seu algoz, sabendo da morte iminente?

Piedade cristã, desespero, altruísmo, coerção religiosa por medo do inferno? Enfim, deveria o Direito Positivo chancelar um perdão em termos tais? Poderíamos considerar inteiramente livre a vontade da pessoa, ferida e moribunda, que perdoa o seu agressor? Seria justa essa forma de beneficência patrimonial? Como repercutiria tal ato na sociedade? Alimentaria no donatário/homicida a sensação de impunidade, ainda que no plano civil?

---

[21] GONÇALVES, Carlos Roberto. *Direito civil brasileiro*, cit., v. 3, p. 325.

Todas essas indagações, profundamente inquietantes, levam-nos a nutrir certa preocupação quanto a essa forma de perdão, muito embora reconheçamos – especialmente por não ser possível investigar com precisão a vontade íntima da vítima – que, segundo o dispositivo hoje em vigor, é juridicamente possível que o doador releve a agressão, chancelando, assim, a liberalidade conferida.

Na dúvida, pois, e desde que demonstre discernimento ao perdoar (o que pode ser comprovado por testemunhas ou até mesmo por laudo médico), deverá prevalecer a vontade do doador.

Finalmente, observe-se, com SÍLVIO LUIS FERREIRA DA ROCHA, Professor da PUCSP, que "o Código Civil não exige a prévia condenação criminal do donatário, contentando-se com o fato, mas a sentença criminal absolutória impede a revogação da doação"[22].

Isso demonstra a relativa independência entre os juízos cível e criminal, de modo que poderá o magistrado conduzir e julgar a demanda revocatória, muito embora eventual absolvição penal possa repercutir em seu julgamento (como na hipótese de se negar com êxito a materialidade ou a autoria), nada impedindo, pois, que possa o juiz sustar o primeiro processo, invocando a regra da prejudicialidade.

11.2.2.2. Ofensa física

Menos grave do que a situação anterior, mas não menos revoltante, a doação poderá ser revogada se o donatário ofender fisicamente o doador, ou, em linguagem penalmente mais apropriada, cometer contra ele qualquer crime que viole a sua integridade corporal ou a sua saúde física, especialmente a *lesão corporal*.

---

[22] ROCHA, Sílvio Luis Ferreira da. *Curso avançado de direito civil*: contratos. São Paulo: Revista dos Tribunais, 2002, v. 3, p. 185.

Na mesma linha do inciso anterior, dispensa-se a condenação criminal, e *não será considerada ingratidão se a lesão for culposa ou praticada em legítima defesa*[23]. Outra não era, aliás, a lição de CLÓVIS BEVILÁQUA: "A offensa physica também não necessita de ser reconhecida por acção penal, e ficará desclassificada de entre as modalidades de ingratidão, se resultar de repulsa a uma agressão, ou se não for intencional"[24].

Assim, imaginemos que, tempos depois da doação, as partes se encontrem, discutam e o donatário desfira um soco no doador. Em tal caso, poderá a doação ser revogada, independentemente do desfecho da ação penal, valendo notar que as ofensas de cunho moral ou psicológico enquadram-se no inciso seguinte.

11.2.2.3. Delitos contra a honra (calúnia, injúria e difamação)

Preferimos utilizar, na descrição desse título, uma expressão mais genérica – delitos contra a honra –, em vez de simplesmente mencionar "a injúria grave e a calúnia", consoante vem consignado no dispositivo legal sob análise.

Isso porque entendemos que o codificador, na redação desse enunciado, incorreu em um equívoco muito comum, enfrentado pelos doutrinadores dedicados ao fantástico estudo da *hermenêutica jurídica: disse menos do que deveria.*

Trata-se, pois, da denominada interpretação extensiva, muitas vezes necessária para fixar o exato sentido da norma jurídica, consoante exemplifica ORLANDO DE ALMEIDA SECCO:

> Se, finalmente, a interpretação der à lei um sentido mais amplo do que aquele expresso pelo legislador no texto, será, então, declarativa extensiva. Exemplo: quando, no Código Penal, art. 235, se define o crime de bigamia como contrair, sendo casado,

---

[23] ROCHA, Sílvio Luis Ferreira da. *Curso avançado,* cit., p. 185.
[24] BEVILÁQUA, Clóvis. *Código Civil dos Estados Unidos do Brasil.* 9. ed. Rio de Janeiro: Francisco Alves, 1953, v. IV, p. 350-351.

novo casamento, se quer punir não só o duplo casamento, como também o triplo, quádruplo e assim sucessivamente. A lei fala em "bigamia", mas quer referir-se a dois ou mais casamentos, o que, em última análise, seria a bigamia e poligamia[25].

E assim pensamos porque não haveria lógica nem coerência considerar causas revocatórias da doação apenas a *injúria* e a *calúnia*, colocando de lado a *difamação*, visto que os três tipos penais tratam de delitos do mesmo gênero, vale dizer, de *crimes contra a honra*, geradores de *dano moral*. Ademais, a difamação pode ser tão ou mais grave que a injúria.

Como se sabe, e a título apenas de revisão, a *calúnia* é o delito de imputação (intencional) falsa de fato criminoso; a *injúria*, por sua vez, traduz a agressão por meio de palavras de baixo calão, xingamentos, gestos desrespeitosos; finalmente, na *difamação*, o agente imputa à vítima fatos (não criminosos), posto desabonadores de sua conduta.

As três situações, portanto, poderão justificar, *per se*, a revogação da doação, independentemente de ter havido condenação criminal, nos termos esposados linhas acima.

Corretamente, nesse particular, o Projeto de Reforma do Código Civil (n. 6.960/2002), se houvesse sido aprovado, contornaria a omissão legislativa, para prever ser possível a revogação se o donatário *difamou ou injuriou gravemente ou caluniou o doador*.

Outro ponto interessante a destacar é o emprego do advérbio modal "gravemente", no inciso legal sob estudo (*sic*: "III – se o injuriou *gravemente*").

O que teria querido o legislador dizer quando empregou essa expressão para caracterizar a injúria? Por acaso seria admissível um "juízo de gradação" no apreciar a injúria? Poderia ser leve, média ou grave, a critério do julgador?

---

[25] SECCO, Orlando de Almeida. *Introdução ao estudo do direito*. 4. ed. Rio de Janeiro: Lumen Juris, 1998, p. 199-200.

Em nosso sentir, por reputarmos a *injúria* um acontecimento de definição categorial técnica, qual seja, *um crime contra a honra*, somos forçados a convir que a expressão adverbial utilizada ressoa um tanto pleonástica, para reforçar uma natural e ínsita gravidade, existente em todo o delito contra a honra, especialmente a injúria.

Nessa linha, pensamos que, uma vez reconhecida pelo magistrado – ainda que incidentalmente no processo civil – a injúria sofrida pelo doador, esse reconhecimento já traz em si a gravidade do fato, simplesmente por se tratar de um ilícito penal contra a honra.

Afirmamos, por isso, ser desnecessária a colocação dessa expressão no mencionado dispositivo, restando ao magistrado apenas admitir a existência ou não da injúria, para o efeito de revogar a doação.

Mas, uma vez a tendo admitido, *a sua gravidade é imanente*.

Pensamento contrário revestir-se-ia de um imenso e injustificável subjetivismo, aumentando em demasia o poder discricionário do julgador, que assumiria uma hercúlea – senão impossível – missão de graduar ou dimensionar o espectro danoso (psicológico) da lesão sofrida.

Finalmente, cumpre lembrar que todas essas hipóteses de revogação (por violação à vida, ao corpo ou à honra) visam, em verdade, a tutelar a dignidade da pessoa do doador, encartando-se, tal proteção, no âmbito das normas regentes dos direitos da personalidade.

11.2.2.4. Recusa de alimentos

A obrigação de pagar alimentos, em nosso sistema, poderá derivar das seguintes causas: *do direito de família (casamento, parentesco, união estável), do direito das obrigações (decorrente do cometimento de ato ilícito, com cunho indenizatório) ou do próprio direito sucessório (legado de alimentos).*

No âmbito do *Direito de Família*, os alimentos radicam-se no *princípio de solidariedade familiar* que deve existir entre os parentes, cônjuges ou conviventes, valendo transcrever o dispositivo que abre o Subtítulo III, Título II – Do Direito Patrimonial, no Código Civil brasileiro:

> Dos Alimentos
>
> Art. 1.694. Podem os parentes, os cônjuges ou companheiros pedir uns aos outros os alimentos de que necessitem para viver de modo compatível com a sua condição social, inclusive para atender às necessidades de sua educação.
>
> § 1º Os alimentos devem ser fixados na proporção das necessidades do reclamante e dos recursos da pessoa obrigada.
>
> § 2º Os alimentos serão apenas os indispensáveis à subsistência, quando a situação de necessidade resultar de culpa de quem os pleiteia.

A respeito desse instituto e do tratamento que lhe dispensa o atual Código, observa com propriedade FRANCISCO CAHALI:

> Na sistemática proposta, em um só subtítulo, entre os artigos 1.694 e 1.710, trata-se promiscuamente dos alimentos, quer tenham eles origem na relação de parentesco, quer sejam consequentes do rompimento do casamento ou da convivência.
>
> Esta modificação estrutural, sem dúvida, repercute na interpretação das regras e princípios sobre a matéria, indicando venha a prevalecer o tratamento estritamente idêntico da pensão, independentemente da origem da obrigação[26].

Não nos cabendo, neste trabalho, a análise desses dispositivos, salientamos apenas o teor do seu *caput*, que nos indica a *reciprocidade do direito aos alimentos*, exatamente em razão do supramencionado *princípio de solidariedade*:

---

[26] CAHALI, Francisco José. Dos alimentos. In: *Direito de família e o novo Código Civil*. 2. ed. Belo Horizonte: Del Rey, 2002, p. 194.

Os alimentos, como referidos no *caput* da presente norma, são alimentos *necessarium personae*, civis ou côngruos, adequados à garantia da necessidade do alimentando, porque compatibilizados à condição social preexistente de quem apresenta-se detentor. A natureza jurídica dos alimentos assume, desse modo, maior nobreza, porque destina-se à verba alimentícia assegurar todos os bens jurídicos aos quais vinculou-se o beneficiário, e sobre cujo modo compatível de viver de acordo com a condição social adquirida reinam todas as necessidades que ditam os alimentos requeridos[27].

E essa "nobreza" da verba alimentar encontra, em nosso sentir, eco em um dever maior, moral – senão espiritual –, de amparar materialmente pessoas a que nos vinculamos por laços de afetividade.

E que abjeta demonstração de ingratidão a do donatário que, podendo ministrar alimentos ao doador, simplesmente o despreza, virando-lhe as costas em momento de grave adversidade.

Pois bem.

Previu o legislador a possibilidade de o doador *revogar a doação* na hipótese de o donatário, podendo conceder-lhe alimentos, os houver negado.

Dada a situação, e pelo específico espectro de atuação das normas impositivas da obrigação alimentar, somos levados a crer que tal faculdade revocatória restringir-se-á, obviamente, às pessoas unidas por vínculo matrimonial, concubinário ou parental. Isso por não se admitir que pessoas estranhas (isto é, sem tais vínculos familiares) tenham entre si a obrigação de prestar alimentos.

Assim, e a título exemplificativo, imaginemos que Caio houvesse doado vultosa quantia a Tício, seu irmão. Posteriormente,

---

[27] ALVES, Jones Figueirêdo; DELGADO, Mário Luiz. *Código Civil anotado*: inovações comentadas artigo por artigo. São Paulo: Método, 2005, p. 864.

atingido por um revés, Caio passa por uma grave crise financeira, faltando-lhe, até mesmo, o necessário para a sua subsistência. Chocado, verifica ainda que o seu único irmão, Tício, dono de uma próspera empresa, negou-lhe a prestação de alimentos. Poderá, pois, *revogar* a doação, com fundamento no dispositivo sob análise.

Tal faculdade revocatória, por seu turno, não encontra amparo apenas no vínculo de sangue, pois, como vimos acima, outros núcleos familiares, matrimonializados ou não, podem dar, hoje, espaço à tutela do Direito de Família, e, consequentemente, ao reconhecimento dos efeitos patrimoniais daí decorrentes, como sabiamente observa GISELDA HIRONAKA:

> Biológica ou não, oriunda do casamento ou não, matrilinear ou patrilinear, monogâmica ou poligâmica, monoparental ou poliparental, não importa. Nem importa o lugar que o indivíduo ocupe no seu âmago, se o de pai, se o de mãe, se o de filho; o que importa é pertencer ao seu âmago, é estar naquele idealizado lugar onde é possível integrar sentimentos, esperanças, valores, e se sentir, por isso, a caminho da realização de seu *projeto de felicidade pessoal*.
>
> Parece não restar dúvida, afinal, em cultura como a nossa, de que o núcleo familiar que se descortina contemporaneamente, mostra-se "desintoxicado" do rigor – quase obrigatório – da legitimidade. O modelo que era oferecido pelo legislador do século passado já não se oferta mais como "*único*" ou "*melhor*", mesmo porque o descompasso gravado entre ele e a multiplicidade de modelos apresentados na "*vida como ela é*", de tão enorme, já não admite a sobrevivência de outra saída que não esta, adotada, enfim, pelo legislador contemporâneo, de constitucionalizar relevantes inovações, entre elas, e principalmente, a desmistificação de que a família só se constitui a partir do casamento civilmente celebrado; a elevação da união livre, dita estável pelo constituinte, à categoria de entidade familiar; a consequência lógica de que, por isso, a união estável passou a realizar, definitivamente, o papel de geratriz de relações familiares, ela também; a verificação de que efeitos distintos, além

dos meramente patrimoniais, estão plasmados nestas outras – e constitucionalmente regulamentadas – formas de constituição da família, hoje[28].

Constituído o núcleo familiar, enfim, de toda a sorte e qualquer que seja a sua base estrutural, o fato é que efeitos patrimoniais derivarão dessa união de pessoas à volta do ideal comum de se associarem, perpetrando a espécie e buscando a efetivação de seus valores, sonhos e verdades[29].

Observe-se, entretanto, que a presente causa revocatória pressupõe a conjugação de três requisitos[30]:

a) *a possibilidade de pagamento por parte do donatário* – pois não poderá sacrificar a sua família ou a si mesmo, à luz do próprio princípio da proporcionalidade, que determina a observância da *capacidade econômica de quem paga e a necessidade de quem pede,* para a justa fixação da pensão devida;

b) *a legitimidade passiva do donatário* – ou seja, o donatário deve, na forma da lei, ser devedor dos alimentos solicitados;

c) *a injustificada recusa do donatário* – a penalidade (revogação da doação) pressupõe a solicitação por parte do doador e a consequente negativa do donatário.

Uma importante observação, entretanto, deve ser feita.

---

[28] Para aprofundar esse assunto, *v.* SILVANA MARIA CARBONERA, O papel jurídico do afeto nas relações de família. In: *Repensando fundamentos do direito civil brasileiro contemporâneo.* Luiz Edson Fachin (Coord.). Rio de Janeiro: Renovar, 1998, p. 273.

[29] HIRONAKA, Giselda. *Casamento e regime de bens.* O presente texto corresponde, com certas alterações, a palestra proferida em 21 de março de 2001, na ESA/OAB/SP, no Curso de Direito de Família desenvolvido entre os dias 12 de março e 21 de maio daquele ano, sob a coordenação dos Professores Dr. Antonio Carlos Malheiros, Dr. Marcial Barreto Casabona e Dr. Silvânio Covas, tendo sido gentilmente cedido pela autora, pela via eletrônica.

[30] PEREIRA, Caio Mário da Silva. *Instituições,* cit., v. III, p. 167.

O direito (potestativo) de revogar a doação, em caso da negativa injustificada do donatário, não impede a execução do título constitutivo da obrigação alimentar, nem, muito menos, a eventual decretação da prisão civil do devedor.

Em nosso pensar, a revogação fundamenta-se na quebra de lealdade, na traição, traduzida no "virar as costas" para aquela pessoa que, em determinado momento da vida do donatário, cuidou de beneficiá-lo, movido por simples liberalidade, ou outro nobre sentimento de altruísmo. Poderíamos, talvez, falar aqui em quebra de *boa-fé objetiva pós-contratual*, tema já enfrentado no decorrer desta obra.

E, nessa linha, mesmo que o donatário, demandado, pague com atraso a prestação devida, reputamos possível a revogação, que, segundo a norma legal, decorre da simples recusa de pagamento.

Ademais, caso se admita tese em sentido contrário, poderia o donatário lançar mão de malabarismos ou chicanas processuais para retardar o pagamento, e apenas efetuá-lo quando estivesse na iminência de ser preso ou de ter a doação revogada.

Por tudo isso, concluímos que a revogação é possível desde que consumada a negativa do donatário em prestar os alimentos devidos.

11.2.2.5. Ingratidão cometida contra pessoa próxima do doador

Prevê o art. 558 que poderá ocorrer também a revogação quando o ofendido, nos casos do artigo anterior, for *o cônjuge, ascendente, descendente, ainda que adotivo, ou irmão do doador*.

Em tais casos, embora o doador seja a vítima reflexa ou indireta do comportamento danoso, a agressão (ou violação a direito) é dirigida a pessoa próxima dele, razão por que se justifica seja a doação revogada.

Não referiu, todavia, o codificador a hipótese de a agressão ser dirigida à *companheira* do doador, situação indiscutivelmente possível, e que também autorizaria, numa interpretação constitucional, o desfazimento do benefício. Isso porque o fato de a família constituída pelo doador não estar sob o pálio ("religiosamente legitimador") do casamento, mas sim no âmbito da *união estável*, não poderá impedir seja o donatário igualmente apenado pelo seu comportamento lesivo ou desabonador.

Finalmente, registre-se que a referência feita ao descendente "ainda que adotivo", a nosso sentir, é totalmente desnecessária, por reputarmos o adotado descendente para todos os fins de direito, apenas compreendendo-se tal excesso pela preocupação que o legislador teve de escoimar qualquer dúvida a respeito da natureza e dos efeitos da adoção.

11.2.3. Ação revocatória: características, condições, prazos, efeitos

O direito de revogar a doação é exercido por meio de uma ação judicial (revocatória), com prazo decadencial de um ano, a contar de quando chegue ao conhecimento do doador o fato que a autorizar, e de ter sido o donatário o seu autor (art. 559).

Note-se, portanto, que o *termo inicial* para a contagem do referido prazo não será o da consumação ou ocorrência do ato de ingratidão, mas sim o da *ciência do fato e de sua autoria*.

Assim, caso o doador houvesse sido vítima de um atentado, que culminou com o seu internamento hospitalar durante dois meses, a contagem do prazo iniciar-se-ia a partir do momento que tomou conhecimento de que o donatário fora o autor do delito.

Por se tratar de *prazo decadencial ou de caducidade*, não se submete a causas impeditivas, suspensivas ou interruptivas.

Outro ponto importante a destacar é que o direito de revogar a doação (por ato de ingratidão do donatário) é *irrenunciável*, *ex vi* do disposto no art. 556 do Código Civil: *Art. 556. Não se pode renunciar antecipadamente o direito de revogar a liberalidade por ingratidão do donatário.*

Essa proibição legal refere-se à *renúncia antecipada*, nada impedindo, portanto, que o doador permita o escoamento do prazo para a propositura da demanda, operando-se, por conseguinte, os efeitos de uma renúncia tácita.

Mas apenas *após a consumação* do referido prazo. CLÓVIS BEVILÁQUA, discorrendo a respeito da renúncia, preleciona que:

> O Código Civil, como outras legislações, considera de ordem pública o direito de revogar doações por ingratidão do donatário. Não pode, porém, a lei obrigar o doador a exercê-lo. Proíbe a renúncia, mas deixa ao interessado a liberdade de usar do seu direito de revogar, quando lhe parecer conveniente[31].

No *polo ativo* da ação de revogação figurará o doador, dado o caráter *intuitu personae* do direito sob estudo, podendo, no entanto, conforme vimos acima, em caráter excepcional, a ação ser iniciada pelos herdeiros do doador, se este fora vítima de crime de homicídio doloso consumado.

No *polo passivo*, por seu turno, estará o donatário, autor do ato de ingratidão a ser devidamente apontado e comprovado pelo demandante, na forma da legislação em vigor.

Admite o legislador, ainda, que, em caso de falecimento do doador ou donatário, possam seus herdeiros *prosseguir* na demanda, uma vez que, considerando tratar-se de pedido com reflexos patrimoniais no espólio, terão eles interesse nessa sucessão processual:

> Art. 560. O direito de revogar a doação não se transmite aos herdeiros do doador, nem prejudica os do donatário. Mas aqueles podem prosseguir na ação iniciada pelo doador, continuando-a contra os herdeiros do donatário, se este falecer depois de ajuizada a lide.

---

[31] BEVILÁQUA, Clóvis. *Código Civil dos Estados Unidos do Brasil*, cit., p. 349.

Finalmente, cumpre-nos salientar que a revogação da doação surtirá efeitos *ex nunc*, preservando-se, portanto, direitos adquiridos por terceiros anteriormente (art. 563, 1ª parte), segundo o *princípio constitucional que resguarda o direito adquirido*. Assim, imaginemos que, antes da revogação, houvesse o donatário firmado contrato de locação da coisa doada pelo prazo de doze meses. Deverá, pois, o doador respeitar o direito do inquilino, terceiro de boa-fé.

Nessa mesma linha, a teor da segunda parte do mesmo art. 563, o donatário não estará obrigado a restituir os *frutos colhidos ou percebidos* (provenientes da coisa doada), antes da *citação válida* na ação revocatória.

A citação, no caso, foi o referencial utilizado pelo legislador para marcar o momento processual que o donatário se converte em possuidor de má-fé, por estar (formal e processualmente) ciente de que poderá vir a perder aquilo que recebeu do doador. Após esse ato de comunicação processual, portanto, deverá restituir tudo aquilo que perceber – até mesmo, em nosso sentir, os *produtos*, embora a lei seja silente a respeito –, e, caso não possa proceder à restituição *in natura*, deverá fazê-lo em espécie, indenizando o doador conforme o valor médio da coisa.

12

Doações não Sujeitas à Revogação

Em alguns tipos de doação, na forma do art. 564 do Código Civil, não se admite a revogação por ingratidão:

Art. 564. Não se revogam por ingratidão:
I – as doações puramente remuneratórias;
II – as oneradas com encargo já cumprido;
III – as que se fizerem em cumprimento de obrigação natural;
IV – as feitas para determinado casamento.

Trata-se de enumeração *numerus clausus*, que apresentamos abaixo.

12.1. Doações puramente remuneratórias

Vimos que a doação remuneratória é aquela feita em retribuição a serviços prestados pelo donatário. É o caso do médico da família, que serviu ao doador, com dedicação, durante toda a vida, sem cobrar nada por isso.

Observe-se que, por se tratar de uma doação feita em reconhecimento ao comportamento do donatário, ela não poderá ser revogada, por já se considerar o doador recompensado.

Segundo RENAN LOTUFO, ao utilizar a expressão "puramente remuneratória", o legislador deixou claro que a irrevogabilidade não alcançaria eventual parcela que ultrapassasse os limites da retribuição pelo serviço prestado[1].

Em algumas situações, entretanto, a norma parece-nos injusta, como no exemplo de o doador ser vítima de tentativa de homicídio e não poder revogar a doação, ainda que tenha ela natureza remuneratória.

12.2. Doações oneradas com encargo já cumprido

Cumprido o encargo que grava a doação, não mais poderá, segundo a norma legal sob análise, o doador revogar a doação, por considerar que o donatário já sofreu um decréscimo patrimonial em troca do benefício patrimonial pretendido.

Saliente-se, contudo, que a irrevogabilidade somente ocorrerá se o encargo já houver sido realizado.

12.3. Doações feitas em cumprimento a obrigação natural

Como sabemos, a *obrigação natural ou imperfeita* é aquela *de cunho moral, desprovida de coercibilidade (ou exigibilidade) jurídica* (ex.: dívida de jogo, dívida prescrita).

Ora, por se tratar de uma dívida de honra, o legislador considera que a doação feita em seu cumprimento, embora não tenha, tecnicamente, a natureza de *pagamento,* não poderá ser revogada pelo doador que cumpriu a sua palavra.

12.4. Doações feitas para determinado casamento

A lei proíbe a revogação da doação nessa circunstância por considerar que o desfazimento do ato de liberalidade poderá

---

[1] LOTUFO, Renan. *Código Civil comentado. Contratos em geral até doação (arts. 421 a 564).* São Paulo: Saraiva, 2016, p. 342. v. 3, t. I.

repercutir na entidade familiar, atingindo pessoas inocentes, que não participaram do ato de ingratidão. Preserva, assim, a própria boa-fé e a estabilidade nas relações jurídicas.

Discorrendo a respeito de idêntica regra do Código Civil anterior, o imortal CARVALHO SANTOS arremata:

> A razão pela qual as doações feitas para determinado casamento não poderão ser revogadas por ingratidão do donatário é a seguinte: só se tornando efetiva com a realização do casamento (art. 1.173)[2], bem é de se ver que beneficia não somente o cônjuge, a quem é feita, mas também ao outro e aos filhos que nascerem do casamento. A revogação, portanto, iria prejudicar também o cônjuge inocente e os filhos do casal (art. 314)[3], em contrário ao princípio geral de que a pena deve ser pessoal, não devendo atingir, em seus efeitos, senão o culpado[4].

12.5. A peculiar situação da revogação da doação por superveniência de filho

Um peculiar aspecto deve ser enfrentado, ao final deste capítulo: a possibilidade de revogação da doação por superveniência de filho, hipótese não contemplada pelo Direito brasileiro.

A esse respeito, é explícito o Código Civil da Espanha:

> Art. 644. Toda donación entre vivos, hecha por persona que no tenga hijos ni descendientes, será revocable por el mero hecho de ocurrir cualquiera de los casos siguientes:
> 1. Que el donante tenga, después de la donación, hijos, aunque sejam póstumos.

---

[2] Correspondente ao nosso art. 546.
[3] Sem correspondente no Código Civil de 2002.
[4] SANTOS, J. M. de Carvalho. *Código Civil brasileiro interpretado*: direito das obrigações. 13. ed. Rio de Janeiro: Freitas Bastos, 1991, v. XVI, p. 462-463.

2. Que resulte vivo el hijo del donante que este reputaba muerto cuando hizo la donación.

Tais dispositivos, amparados, em nosso sentir, na teoria da pressuposição de WINDSCHEID, admitem a neutralização dos efeitos do contrato caso o doador se depare com o surgimento de filho, supostamente falecido, ou que não sabia existir.

Comentando-os, pontifica MARÍA DEL CARMEN ROCA MERCHÁN:

> La primera conclusión que podemos extraer nos viene dada por el primer inciso del art. 644 CC, de tal forma que los hijos que impedirán la revocación son los que hayan nacido antes de realizar la donación, por lo que si el padre dona teniendo hijos o descendientes, la donación devendrá irrevocable; de lo que deducimos que el progenitor cuando la realiza, deja a salvo, al menos, las legítimas de sus descendientes porque conoce la repercusión futura de la donación presente. Algunos autores incluso apuntan a la necesidad del conocimiento de la existencia de estos hijos o descendientes, como elemento clave para sancionar la donación con la irrevocabilidad, así si el donante creía tener hijos y no los tenía, la donación será revocable. Evidentemente nos estamos refiriendo a cualquier clase de filiación, sin discriminación, como antes apuntábamos, en virtud de lo dispuesto en el art. 39.2 C.E. en relación con el 14 C.E. Partimos entonces de la premisa contraria, es decir, será *condictio sine qua non* para que se posibilite la revocación de la donación, que el donante la realice sin tener hijos o descendientes.
>
> De esa forma entramos en la segunda de las conclusiones, así la donación será revocable cuando los hijos del donante nazcan después de realizada la donación. De nuevo nos referimos a cualquier clase de filiación del donante, incluso la adoptiva, de tal forma que si el padre efectúa la donación y posteriormente adopta un hijo, aquella será revocable, no así en caso contrario – es decir, será irrevocable cuando habiendo adoptado, realiza la donación con posterioridad. Es más, incluso algunos autores afirman que la determinación legal de filiación no matrimonial después de la donación permite la revocación de la misma aún en el caso de que se impugne y se destruya la filiación aparente.

Desde luego que las anteriores afirmaciones nos llevan a plantearnos la razón de la existencia de la facultad de invalidar la donación, así mientras unos la apoyan en una presunción de voluntad, afirmando que de haber conocido las circunstancias posteriores el donante no hubiera realizado la donación, resultando evidente que si el progenitor hubiera conocido de la existencia de hijos, no habría dispuesto de su patrimonio; otros entienden que actúa a modo de cláusula *rebus sic stantibus*, puesto que se produce una modificación de las circunstancias que se tuvieron en cuenta para hacer la donación. Otros, como DÍAZ ALABART, incluso opinan que la *ratio* de la existencia de tal posibilidad redunda en beneficio tanto del progenitor-donante como de los hijos del mismo posteriores a la donación, del primero porque la revocación permite que los bienes donados vuelvan al patrimonio del disponente; y de los segundos porque si bien no nace en su patrimonio ningún derecho – o beneficio – directo, sí que se crea un derecho expectante – o indirecto – del mismo con respecto al patrimonio de su padre, ya que al incrementarse el de su progenitor deberá ser mayor el que perciban sus hijos a la muerte de aquel; incluso algún autor se atreve a decir que los hijos saldrán beneficiados por mor de la revocación por cuanto el nivel de vida del padre se incrementará. También están los que valoran el conjunto de la familia como unitariamente protegido con la posibilidad de invalidar la donación, así la sentencia del Tribunal Supremo de 6 de febrero de 1.997. Pero incluso algunos optan por enfatizar como beneficiados a los hijos, aunque otros defienden que el hijo no resulta protegido pues la legítima concedida a los mismos basta para protegerlos de las liberalidades realizadas con anterioridad a su nacimiento, hasta tal punto que afirman que no es a ellos a quienes aprovecha la revocación puesto que los bienes vuelven al padre, quien puede disponer de nuevo de ellos y esta vez de modo irrevocable al hacerlo con hijos o descendientes vivos.

Nosotros, en este último sentido, opinamos que el realmente beneficiado por la revocación es el donante, y ello precisamente porque ésta opera directamente en el patrimonio del mismo incrementándolo al volver los bienes donados a manos del progenitor donante, que de nuevo podrá disponer de ellos como desee, así sólo de forma tangencial o indirecta resultarán favorecidos los hijos del bienhechor y únicamente cuando mantenga los bienes en su haber pues, como ya hemos dicho puede volver a disponer de ellos o consumirlos él mismo, etc. Pero es que incluso creemos, al igual que LALAGUNA que la cuestión que debemos plantearnos es otra, es decir, ¿quién deberá valorar si resulta beneficioso o perjudicial instar la revocación? Indudablemente la respuesta debemos encontrarla en el donante y no sólo por una cuestión económica – aumento del patrimonio por recuperación de bienes – sino también por otro tipo de consideraciones que puede tener en cuenta el progenitor a la hora de invalidar la liberalidad, así puede decidir no instar la revocación por razones morales, amistosas o sociales, y sólo él que con su voluntad ha hecho nacer la donación podrá decidir si la mantiene o no. Diferente sería el caso de los hijos póstumos a quien directamente colocará en situación más ventajosa la revocación por incrementarse la masa hereditaria, pero será un beneficio compartido con el resto de herederos[5].

Note-se que, no penúltimo parágrafo do texto transcrito ("Desde luego que las anteriores afirmaciones nos llevan a plantearnos la razón de la existencia de la facultad de invalidar la donación, así mientras unos la apoyan en una presunción de voluntad, afirmando que de haber conocido las circunstancias posteriores el donante no hubiera realizado la donación, resultando evidente que si el progenitor hubiera conocido de la existencia de hijos, no habría dispuesto de su patrimônio"), a autora demonstra interferência da teoria da pressuposição de WINDSCHEID.

Este, em nosso sentir, é o melhor fundamento para a revogação da doação por superveniência de filho.

O Direito brasileiro, por seu turno, não contempla essa modalidade de revogação.

---

[5] ROCA MERCHÁN, María del Carmen. Texto eletrônico já citado. Disponível em <http://www.noticias.juridicas.com>.

Instituto semelhante de que dispomos é o rompimento, ruptura ou rupção de testamento, contemplado no art. 1.973 do Código Civil:

Art. 1.973. Sobrevindo descendente sucessível ao testador, que não o tinha ou não o conhecia quando testou, rompe-se o testamento em todas as suas disposições, se esse descendente sobreviver ao testador.

Sobre esse fascinante tema, inserido no estudo da Sucessão Testamentária, escrevemos[6]:

Trata-se de uma forma peculiar de extinção do testamento: o surgimento de um descendente sucessível ou outro herdeiro necessário – que o testador não tinha ou desconhecia quando testou – faz cessar os efeitos do testamento.

Segundo Beviláqua, trata-se de uma forma presumida ou legal de revogação, "porque se funda na presunção de que o testador não teria disposto de seus bens, se tivesse descendente, ou se não ignorasse a existência do que tinha"[7].

No Código Civil de 2002:

Art. 1.973. Sobrevindo descendente sucessível ao testador, que não o tinha ou não o conhecia quando testou, rompe-se o testamento em todas as suas disposições, se esse descendente sobreviver ao testador.
Art. 1.974. Rompe-se também o testamento feito na ignorância de existirem outros herdeiros necessários.

Se, ao elaborar o testamento, o testador desconhecia a existência de herdeiro sucessível (um filho, por exemplo), não have-

---

[6] GAGLIANO, Pablo Stolze. Redução, Revogação e rompimento de testamentos, *Tratado de Direito das Sucessões*, coord.: Rodrigo da Cunha Pereira, Giselda Maria Fernandes Novaes Hironaka e Flavio Tartuce, IBDFAM (texto inédito).

[7] BEVILÁQUA, Clóvis. *Código Civil dos Estados Unidos do Brasil comentado*. 3. ed. Rio de Janeiro: Francisco Alves, 1935, p. 228.

ria, por consequência, como lhe direcionar o patrimônio, em franca violação ao princípio da autonomia privada.

O mesmo raciocínio seria aplicável se ainda não existisse o referido herdeiro ao tempo da feitura do testamento.

Por certo, o rompimento de um testamento somente alcança disposições patrimoniais, excluindo-se cláusulas existenciais:

> Enunciado 643, VIII Jornada de Direito Civil – O rompimento do testamento (art. 1.973 do Código Civil) se refere exclusivamente às disposições de caráter patrimonial, mantendo-se válidas e eficazes as de caráter extrapatrimonial, como o reconhecimento de filho e o perdão ao indigno.
>
> Importante ainda considerar que a posterior adoção ou o reconhecimento da filiação socioafetiva de um filho pode, sem dúvida, operar a ruptura (extinção) de testamento anterior que não o contemplava.
>
> (...)
>
> Merece também atenção a delicada questão atinente à ruptura do testamento e a reprodução humana assistida *post mortem*.
>
> Como se sabe, o avanço da ciência nos permitiu reconhecer, com todos os direitos e obrigações daí decorrentes, a existência da denominada **família ectogenética,** ou seja, aquele núcleo familiar decorrente da utilização de técnicas de reprodução assistida.

No dizer de RODRIGO DA CUNHA PEREIRA:

> FAMÍLIA ECTOGENÉTICA (...) É a família com filhos decorrentes das técnicas de reprodução assistida. A biotecnologia abriu a possibilidade de inseminações artificiais homólogas e heterólogas.
>
> Todas essas tecnologias, associadas ao discurso psicanalítico, filosófico e jurídico, proporcionaram caminhos e possibilidades para a constituição de novas relações de parentesco. As formas podem variar entre inseminações artificiais homólogas, heterólogas, útero de substituição (barriga de aluguel). A partir daí, surgiram as parcerias de paternidade/maternidade, isto é, pes-

soas que estabelecem contratos de geração de filhos, sem vínculo conjugal ou sexual, estabelecendo se aí apenas uma família parental[8].

Suponha, pois, que um casal haja congelado material genético, e, após a morte do marido, que havia deixado testamento, a viúva resolva proceder com inseminação, resultando em gravidez. O testamento seria considerado rompido?

Em meu pensar, a resposta é positiva, segundo a vontade presumível do autor da herança, que desconhecia a existência do filho, quando da elaboração do testamento.

Conforme ensina, com precisão, FLÁVIO TARTUCE[9]:

> Opino que a mera cessão do material genético para a reprodução assistida não pode gerar a conclusão de que o testador sabia efetivamente da existência do filho, pois a técnica pode não ser efetivada na prática.

E acrescenta:

> Maior complexidade pode surgir se já houver a fecundação no caso descrito, mas o embrião não tiver sido implantado.

De fato, se o casal procedeu com o congelamento de material **já fecundado**, seria razoável defender-se a ruptura do testamento que não contemplou um filho posteriormente nascido de um desses embriões?

Seria possível afirmar que o testador ignorava a existência desse filho, quando da feitura do testamento?

A questão não é simples.

---

[8] PEREIRA, Rodrigo da Cunha. *Saiba o que é família ectogenética*. Disponível em: https://www.rodrigodacunha.adv.br/saiba-o-que-e-familia-ectogenetica/. Acesso em: 7 maio 2023.

[9] TARTUCE, Flávio. *Direito das Sucessões*. 16. ed. Rio de Janeiro: Forense, 2023, p. 484.

Segundo MÁRIO LUIZ DELGADO:

> Especificamente no que toca à reprodução assistida *post mortem*, o testamento não será rompido se demonstrado que o testador já sabia – ou que deveria saber – da existência do filho, ainda que na condição de embrião *in vitro*. O rompimento, nesses casos, tem o fito de proteger herdeiros necessários que não existiam ou eram completamente desconhecidos do testador no momento da feitura da disposição de última vontade. (...)[10]

Não se trata de uma solução simples e definitiva.

Casais que enfrentaram a dolorosa dificuldade para a concepção de filhos, durante meses ou anos, ao vivenciarem tal situação, por certo, conviveram com a absoluta imprevisibilidade na obtenção do resultado almejado: mesmo havendo sucesso na fecundação, o êxito na implantação e crescimento uterino do feto jamais é uma certeza.

Com efeito, o simples fato da existência do embrião, posto nos conduza, aparentemente, à solução proposta pelo jurista MÁRIO DELGADO, no sentido de não operar a ruptura do testamento, não é, como dito, imune a críticas.

A existência de um embrião não é garantia de existência de um filho.

Afinal, a vontade presumível de um testador, até então sem filhos, que, somente após o seu falecimento, tem um descendente gerado, seria, com segurança, no sentido da manutenção do testamento, ignorando a existência de um filho afinal existente?

Trata-se de questões complexas e delicadas e que estão a exigir um norte jurisprudencial.

---

[10] DELGADO, Mário Luiz. *A reprodução assistida "post mortem" e o rompimento do testamento*. Disponível em: https://www.conjur.com.br/2022-set-18/processo-familiar-reproducao-assistida-post-mortem--rompimento-testamento. Acesso em: 7 maio 2023.

Observe-se, entretanto, que a ineficácia superveniente decorrente do surgimento de descendente ou de outro herdeiro necessário sucessível (art. 1.974) refere-se ao *testamento*, e não à doação, negócio jurídico contratual *inter vivos* com características próprias.

Já no que tange especificamente à doação, o fato de surgir, após a estipulação do ato, um descendente sucessível ou outro herdeiro necessário (cônjuge ou ascendente), que o doador julgava morto ou desconhecia, não desnatura a liberalidade conferida, desde que, é claro, respeitada a legítima. Em caso contrário, é defensável a redução do benefício, segundo as regras já expostas no estudo da colação.

13

Doação por Procuração

A doutrina e a jurisprudência brasileiras têm admitido a *doação por procuração*, desde que o doador cuide de especificar o objeto da doação e o beneficiário do ato (donatário).

Tal situação, aliás, *não proibida por lei*, já era prevista no Anteprojeto de Código de Obrigações, elaborado pelo grande CAIO MÁRIO DA SILVA PEREIRA[1]:

> Art. 432. Não vale a doação que se faça por procurador, salvo investido de poderes especiais, com indicação expressa do donatário, ou de um dentre vários que o doador nominalmente mencionar.

Ora, desde que a referida procuração contenha poderes especiais, indicando, por conseguinte, o beneficiário da liberalidade e o bem doado, não vemos óbice a que se reconheça validade e eficácia ao ato, consoante anotam NELSON NERY JUNIOR e ROSA MARIA DE ANDRADE NERY: "Para a validade de escritura de doação realizada por procurador não bastam poderes para a liberalidade, de modo genérico. É indispensável a menção

---

[1] PEREIRA, Caio Mário da Silva. Anteprojeto do Código de Obrigações, ob. cit.

do donatário, bem como o objeto respectivo. No mesmo sentido: RT 495/44 (RT 472/95)"[2].

Respeita-se, assim, a autonomia da vontade do doador representado, sem risco à segurança jurídica.

Na jurisprudência do Superior Tribunal de Justiça, confira--se o seguinte julgado:

> RECURSO ESPECIAL – AÇÃO DECLARATÓRIA DE NULIDADE DE ATO E NEGÓCIOS JURÍDICOS – DOAÇÃO DE IMÓVEL POR INTERMÉDIO DE PROCURADOR – TRIBUNAL A QUO QUE REPUTOU INVÁLIDA A PRIMEIRA PROCURAÇÃO OUTORGADA EM RAZÃO DA FALSIDADE DO CONTEÚDO A DESPEITO DA AUTENTICIDADE DA ASSINATURA, MANTENDO A HIGIDEZ DOS DEMAIS INSTRUMENTOS DE MANDATO ANTE A AUSÊNCIA DE PROVAS QUANTO À SUA FALSIFICAÇÃO – ALEGAÇÃO DE QUE O INSTRUMENTO CARECE DOS ELEMENTOS MÍNIMOS PARA A SUA VALIDADE, NOTADAMENTE A PARTICULARIZAÇÃO DO DONATÁRIO – RECURSO ESPECIAL PROVIDO.

Hipótese: A controvérsia dos autos reside na análise acerca da aventada nulidade da doação por procuração quando descumpridos requisitos essenciais determinados na lei.

1. A validade da declaração de vontade não dependerá de forma especial, senão quando a lei a exigir expressamente. A doação, no entanto, é negócio jurídico contratual essencialmente formal, porquanto a própria lei especifica que ocorrerá por escritura pública ou instrumento particular, notadamente quando perfectibilizado por intermédio de mandato, cuja outorga está sujeita à forma exigida por lei para o ato a ser praticado.

2. Para a validade de escritura de doação realizada por procurador não bastam poderes para a liberalidade, de modo genérico, é indispensável a menção do respectivo objeto e do donatário, o que não ocorreu na espécie.

---

[2] NERY JUNIOR, Nelson e NERY, Rosa Maria de Andrade. *Código Civil anotado*, cit., p. 211.

3. Ademais, no caso, é incontroverso o fato de que não houve a indicação do donatário do imóvel, bem ainda que a primeira procuração é falsa, a sugerir, a partir da cronologia dos fatos, que o negócio jurídico fora entabulado com a figura do *falsus procurator*.
4. Recurso especial provido para julgar parcialmente procedente os pedidos a fim de declarar a nulidade da escritura de doação lavrada com base nas procurações de fls. 106-109. (REsp n. 1.575.048/SP, relator Ministro Marco Buzzi, Quarta Turma, julgado em 23-2-2016, *DJe* de 26-2-2016.)

Destacamos o seguinte trecho do julgado: "para a validade de escritura de doação realizada por procurador não bastam poderes para a liberalidade, de modo genérico, é indispensável a menção do respectivo objeto e do donatário, o que não ocorreu na espécie".

Exige-se, pois, por imperativo de segurança jurídica, que a procuração contenha poderes específicos, com a indicação do objeto do doador e do beneficiário da liberalidade, sob pena de nulidade.

Concordamos com esse rigor, na medida em que a doação é, em essência, na perspectiva patrimonial, um ato negocial benéfico exclusivamente ao donatário.

Ademais, o mandato que tenha por objeto a alienação de um bem exige a previsão de poderes específicos:

Art. 661. O mandato em termos gerais só confere poderes de administração.

§ 1º Para **alienar**, hipotecar, transigir, ou praticar outros quaisquer atos que exorbitem da administração ordinária, depende a procuração de poderes especiais e expressos. (grifamos)

No Tribunal de Justiça do Estado de São Paulo, confira-se a Apelação Cível n. 1002943-94.2021.8.26.0047 (j. em 14-9-2022):

Nesse passo, muito embora faça referência à doação, de forma genérica, para ter validade a doação realizada por procuração é imprescindível mencione expressamente o bem que será doado e a pessoa que será beneficiada. Isso porque, o art. 661, § 1º do CC, prevê que, em se tratando de mandato para doação, os poderes gerais só valem para a administração, sendo necessária outorga de poderes especiais e expressos, para permitir a doação ou qualquer ato que exorbite da administração ordinária.

No Superior Tribunal de Justiça:

RECURSO ESPECIAL – AÇÃO DECLARATÓRIA DE NULIDADE DE ATO E NEGÓCIOS JURÍDICOS – DOAÇÃO DE IMÓVEL POR INTERMÉDIO DE PROCURADOR – TRIBUNAL *A QUO* QUE REPUTOU INVÁLIDA A PRIMEIRA PROCURAÇÃO OUTORGADA EM RAZÃO DA FALSIDADE DO CONTEÚDO A DESPEITO DA AUTENTICIDADE DA ASSINATURA, MANTENDO A HIGIDEZ DOS DEMAIS INSTRUMENTOS DE MANDATO ANTE A AUSÊNCIA DE PROVAS QUANTO À SUA FALSIFICAÇÃO – ALEGAÇÃO DE QUE O INSTRUMENTO CARECE DOS ELEMENTOS MÍNIMOS PARA A SUA VALIDADE, NOTADAMENTE A PARTICULARIZAÇÃO DO DONATÁRIO – RECURSO ESPECIAL PROVIDO.

Hipótese: A controvérsia dos autos reside na análise acerca da aventada nulidade da doação por procuração quando descumpridos requisitos essenciais determinados na lei.

1. A validade da declaração de vontade não dependerá de forma especial, senão quando a lei a exigir expressamente. A doação, no entanto, é negócio jurídico contratual essencialmente formal, porquanto a própria lei especifica que ocorrerá por escritura pública ou instrumento particular, notadamente quando do perfectibilizado por intermédio de mandato, cuja outorga está sujeita à forma exigida por lei para o ato a ser praticado.

2. Para a validade de escritura de doação realizada por procurador não bastam poderes para a liberalidade, de modo genérico, é indispensável a menção do respectivo objeto e do donatário, o que não ocorreu na espécie.

3. Ademais, no caso, é incontroverso o fato de que não houve a indicação do donatário do imóvel, bem ainda que a primeira procuração é falsa, a sugerir, a partir da cronologia dos fatos, que o negócio jurídico fora entabulado com a figura do *falsus procurator*.

4. Recurso especial provido para julgar parcialmente procedente os pedidos a fim de declarar a nulidade da escritura de doação lavrada com base nas procurações de fls. 106-109. (REsp n. 1.575.048/SP, relator Ministro Marco Buzzi, Quarta Turma, julgado em 23-2-2016, *DJe* de 26-2-2016.) (grifamos)

As cautelas exigidas, portanto, resguardam o titular do patrimônio que será reduzido por meio da alienação gratuita do bem (doador) por meio de um ato realizado por terceiro (mandatário/procurador).

14

O Contrato de Doação e o Estatuto da Pessoa com Deficiência

Tendo em vista a verdadeira reconstrução jurídica que se operou no âmbito da teoria da capacidade civil, a partir da Convenção de Nova York e do Estatuto da Pessoa com Deficiência (Lei n. 13.146, de 2015), reputamos recomendável tecer algumas considerações acerca da **doação realizada por pessoa deficiente**.

Claro está que a utilidade dessa investigação científica é muito mais nítida quando a pessoa com deficiência atua como doador, sofrendo um prejuízo, e não como donatário, eis que, nesta última condição, experimenta, em essência, um benefício ou incremento patrimonial.

Vamos partir, então, da seguinte hipótese: **pessoa com Síndrome de Down ou inserida no espectro autista, por exemplo, realiza doação de um bem significativo do seu patrimônio, resultando em sério prejuízo.**

O ato negocial é válido[1]?

---

[1] Serviu de base para este tópico: STOLZE, Pablo. A invalidade do negócio jurídico em face do novo conceito de capacidade civil. *Revista Jus Navigandi*, ISSN 1518-4862, Teresina, ano 23, n. 5.538, 30 ago. 2018. Disponível em: <https://jus.com.br/artigos/68666>. Acesso em: 24 fev. 2020.

Para respondermos a essa indagação é fundamental uma breve (mas necessária) análise do panorama atual da capacidade civil.

Como se sabe, a Convenção Internacional sobre os Direitos das Pessoas com Deficiência e o seu Protocolo Facultativo, assinados em Nova York, em 30 de março de 2007, foram ratificados pelo Congresso Nacional por meio do Decreto Legislativo n. 186, de 9 de julho de 2008.

Trata-se de uma Convenção dotada de natureza jurídica diferenciada, na medida em que tem força de emenda constitucional.

Pois bem.

Esta Convenção, em seu art. 12, item 2, expressamente dispôs:

Artigo 12[2]

Reconhecimento igual perante a lei

2. Os Estados Partes reconhecerão que **as pessoas com deficiência gozam de capacidade legal em igualdade de**

---

[2] Convenção de Nova York: Artigo 12. Reconhecimento igual perante a lei 1. Os Estados Partes reafirmam que as pessoas com deficiência têm o direito de ser reconhecidas em qualquer lugar como pessoas perante a lei. 2. Os Estados Partes reconhecerão que as pessoas com deficiência gozam de capacidade legal em igualdade de condições com as demais pessoas em todos os aspectos da vida. 3. Os Estados Partes tomarão medidas apropriadas para prover o acesso de pessoas com deficiência ao apoio que necessitarem no exercício de sua capacidade legal. 4. Os Estados Partes assegurarão que todas as medidas relativas ao exercício da capacidade legal incluam salvaguardas apropriadas e efetivas para prevenir abusos, em conformidade com o direito internacional dos direitos humanos. Essas salvaguardas assegurarão que as medidas relativas ao exercício da capacidade legal respeitem os direitos, a vontade e as preferências da pessoa, sejam isentas de conflito de interesses e de influência indevida, sejam proporcionais e apropriadas às circunstâncias da pessoa, se apliquem pelo período mais curto possível e sejam submetidas à revisão regular por uma autoridade ou órgão judiciário competente, independente e imparcial. As salvaguardas serão proporcionais ao grau em que tais medidas afetarem os direitos e interesses da pessoa.

condições com as demais pessoas em todos os aspectos da vida. (grifei)

Friso: capacidade legal em igualdade de condições.

É de clareza meridiana, portanto, que a nova concepção da "capacidade", em uma perspectiva inclusiva e não discriminatória, não é fruto do Estatuto da Pessoa com Deficiência – que atuou apenas em nível legal regulamentar, conforme lembra FLÁVIO TARTUCE[3] – mas da própria Convenção – inserida no ordenamento pátrio com matiz de norma constitucional.

Vale dizer, foi a própria Convenção de Nova York que estabeleceu o novo paradigma da capacidade, para, nesse novo conceito – rompendo com a antiga dualidade capacidade de direito x de fato – contemplar todas as pessoas, mesmo aquelas que, para atuar, se valham de um instituto assistencial ou protetivo[4].

---

5. Os Estados Partes, sujeitos ao disposto neste Artigo, tomarão todas as medidas apropriadas e efetivas para assegurar às pessoas com deficiência o igual direito de possuir ou herdar bens, de controlar as próprias finanças e de ter igual acesso a empréstimos bancários, hipotecas e outras formas de crédito financeiro, e assegurarão que as pessoas com deficiência não sejam arbitrariamente destituídas de seus bens.

[3] "A propósito, cabe lembrar que o Estatuto da Pessoa com Deficiência regulamenta a Convenção de Nova York, tratado de direitos humanos do qual o Brasil é signatário, e que gera efeitos como emenda constitucional (art. 5º, § 3º, da CF/88 e Decreto 6.949/2009)" – TARTUCE, Flávio. *Alterações do Código Civil pela Lei 13.146/2015 (estatuto da pessoa com deficiência). Repercussões para o direito de família e confrontações com o novo CPC.* Parte II. Disponível em: <http://www.migalhas.com.br/FamiliaeSucessoes/104,MI225871,51045-Alteracoes+-do+Codigo+Civil+pela+lei+131462015+Estatuto+da+Pessoa+com>. Acesso em: 13 ago. 2016.

[4] O insuperável civilista LUIZ EDSON FACHIN, por ocasião do julgamento da medida liminar da ADI 5.357, afirmou que "a Convenção de Internacional sobre os Direitos da Pessoa com Deficiência concretiza o princípio da igualdade como fundamento de uma sociedade democrática que respeita da dignidade humana".

Por isso, é fácil perceber que o novo conceito de capacidade fora moldado, não no simples cadinho da regra civil, mas na poderosa forja da norma constitucional.

Tal aspecto, inclusive, já havia sido observado pelo grande jurista PAULO LÔBO, quando, discorrendo sobre o tema, afirmou:

A Convenção, nessa matéria, já tinha derrogado o Código Civil[5].

Resta, pois, fixada a premissa de que o art. 12 da Convenção de Nova York, vigorando em todo o território brasileiro com força de norma constitucional, explicitamente reconstruiu o paradigma da capacidade, em uma perspectiva inclusiva e afinada com o princípio da dignidade da pessoa humana.

Com isso, o Estatuto da Pessoa com Deficiência (Lei n. 13.146, de 6-7-2015) nada mais fez do que dar aplicabilidade específica às normas internacionais.

E, por óbvio, sob pena de manifesta inconstitucionalidade, não poderia, o Estatuto, ir de encontro à Convenção.

Com a entrada em vigor do Estatuto, vale salientar, a pessoa com deficiência não seria mais tecnicamente considerada civilmente incapaz, na medida em que, respeitando a diretriz da Convenção de Nova York, os arts. 6º e 84, do mesmo diploma legal, deixam claro que a deficiência não afeta a plena capacidade civil da pessoa:

> Art. 6º A deficiência **não afeta a plena capacidade civil da pessoa**, inclusive[6] para:
>
> I – casar-se e constituir união estável;
>
> II – exercer direitos sexuais e reprodutivos;

---

[5] LÔBO. Paulo. Com avanço legal pessoas com deficiência mental não são mais incapazes. Disponível em: <http://www.conjur.com.br/2015-ago-16/processo-familiar-avancos-pessoas-deficiencia-mental-nao-sao-incapazes>. Acesso em: 13 ago. 2016.

[6] Note-se que o emprego da expressão "inclusive" é proposital, para afastar qualquer dúvida acerca da capacidade de pessoa com deficiência, até mesmo para a prática dos atos mencionados nesses incisos.

III – exercer o direito de decidir sobre o número de filhos e de ter acesso a informações adequadas sobre reprodução e planejamento familiar;

IV – conservar sua fertilidade, sendo vedada a esterilização compulsória;

V – exercer o direito à família e à convivência familiar e comunitária; e

VI – exercer o direito à guarda, à tutela, à curatela e à adoção, como adotante ou adotando, em igualdade de oportunidades com as demais pessoas. (grifei)

Art. 84. A pessoa com deficiência tem assegurado **o direito ao exercício de sua capacidade legal em igualdade de condições com as demais pessoas.** (grifei)

Esse último dispositivo é claro: a pessoa com deficiência é legalmente capaz, ainda que pessoalmente não exerça os direitos postos à sua disposição.

Poder-se-ia afirmar, então, que o Estatuto inaugura um novo conceito de capacidade, paralelo àquele previsto no art. 2º do Código Civil[7]?

Em meu sentir, não há um novo conceito, voltado às pessoas com deficiência, paralelo ao conceito geral do Código Civil.

Se assim o fosse, haveria um viés discriminatório e inconstitucional.

Em verdade, o conceito de capacidade civil foi reconstruído e ampliado.

E já se notam reflexos na jurisprudência:

APELAÇÃO CÍVEL. AÇÃO DE INTERDIÇÃO. LEI N. 13.146/2015. DEFICIENTES. PLENA CAPACIDADE CIVIL. NOMEAÇÃO DE CURADOR. POSSIBILIDADE. ASSISTÊNCIA NOS ATOS DE NATUREZA PATRIMONIAL E NEGOCIAL. PROCEDÊNCIA PARCIAL.

---

[7] "Art. 2º A personalidade civil da pessoa começa do nascimento com vida; mas a lei põe a salvo, desde a concepção, os direitos do nascituro."

– Nos termos da Lei n. 13.146/2015, a deficiência, seja de natureza física, mental, intelectual ou sensorial, não afeta a plena capacidade civil da pessoa, que mantem o direito de exercê-la, em igualdade de condições com as demais.

– Os deficientes poderão ser submetidos a curatela, desde que o caso efetivamente exija a proteção extraordinária, porém o curatelado somente será assistido nos atos relativos às questões patrimoniais e negociais, mantida sua capacidade e sua autonomia para todos os demais atos da vida civil (TJMG. Apelação Cível 1.0003.14.004025-8/001, rel. Des. Amauri Pinto Ferreira, 3ª Câmara Cível, j. 16-2-2017, publicação da súmula em 14-3-2017).

Com a derrocada do conceito tradicional de capacidade, para contemplar a pessoa com deficiência, dois artigos matriciais do Código Civil foram reestruturados pelo Estatuto.

Isso porque, por imperativo lógico, as previsões de incapacidade civil derivadas da deficiência deixaram de existir.

O art. 3º do Código Civil, que dispõe sobre os absolutamente incapazes, teve todos os seus incisos revogados, mantendo-se, como única hipótese de incapacidade absoluta, a do menor impúbere (menor de 16 anos).

O art. 4º, por sua vez, que cuida da incapacidade relativa, também sofreu modificação. No inciso I, permaneceu a previsão dos menores púberes (entre 16 anos completos e 18 anos incompletos); o inciso II, por sua vez, suprimiu a menção à deficiência mental, referindo, apenas, "os ébrios habituais e os viciados em tóxico"; o inciso III, que albergava "o excepcional sem desenvolvimento mental completo", passou a tratar, apenas, das pessoas que, "por causa transitória ou permanente, não possam exprimir a sua vontade"[8]; por fim, permaneceu a previsão da incapacidade do pródigo.

---

[8] Refleti, criticamente, acerca da errônea localização desta norma, no seguinte texto: Deficiência não é causa de incapacidade relativa: a brecha autofágica. STOLZE, Pablo. *Revista Jus Navigandi*, ISSN 1518-4862, Teresina, ano 21, n. 4.794, 16 ago. 2016. Disponível em: <https://jus.com.br/artigos/51407>. Acesso em: 26 ago. 2018.

Ora, se a deficiência não é mais causa de incapacidade civil, a invalidade (nulidade ou anulabilidade) do negócio jurídico por incapacidade derivada de deficiência não existe mais[9].

Nesse ponto, há de se reconhecer, a Convenção de Nova York e a Lei Brasileira de Inclusão poderiam nos conduzir ao reconhecimento de uma indesejável "desproteção".

Tal preocupação não passou despercebida ao atento olhar de JOSÉ FERNANDO SIMÃO:

> Isso significa que hoje, se alguém com deficiência leve, mas com déficit cognitivo, e considerado relativamente incapaz por sentença, assinar um contrato que lhe é desvantajoso (curso por correspondência de inglês ofertado na porta do metrô) esse contrato é anulável, pois não foi o incapaz assistido. Com a vigência do Estatuto esse contrato passa a ser, em tese, válido, pois celebrado por pessoa capaz[10].

É compreensível que a entrada em vigor de um microssistema tão amplo e poderoso, como o Estatuto da Pessoa com Deficiência, a despeito do seu viés inclusivo e isonômico, deflagre certos efeitos colaterais indesejados.

Mas é tarefa da doutrina e da jurisprudência, cientes da matriz constitucional do Estatuto, imprimir-lhe uma interpretação justa, razoável e harmônica, que preserve os seus próprios fins.

É preciso ter em mente que o legislador, seguindo as normas do Direito Internacional, optou por tratar a pessoa com deficiência em uma perspectiva que priorizasse a sua autonomia e capacidade de autodeterminação.

Até porque, na multifária escala da deficiência, coexistem diversos matizes, graus e especificidades.

---

[9] Ver arts. 166, I, e 171, I, do Código Civil.
[10] SIMÃO, José Fernando. *EPD causa perplexidade*. Disponível em: <https://www.conjur.com.br/2015-ago-06/jose-simao-estatuto-pessoa-deficiencia-causa-perplexidade>. Acesso em: 29 ago. 2018.

Nesse mosaico, preferiu-se abolir o rótulo da incapacidade – mesmo em favor dos que se valem da curatela para atuar na vida social –, o que pode não parecer muito para certos intérpretes, mas, para aqueles que vivem a realidade da deficiência, em diferentes escalas, é uma imensa conquista.

Vale dizer, no sistema anterior, sob o argumento da "proteção estatal", impunha-se ao deficiente o rótulo da incapacidade, oficializado em sua interdição, alijando-o, na prática, das suas potencialidades; no sistema atual, prestigia-se a sua autonomia, reconhecendo-o legalmente capaz, ainda que, excepcionalmente, dependa de certos instrumentos oficiais de proteção.

Voltemos, então, à hipótese formulada no início deste tópico: **uma pessoa com Síndrome de Down ou inserida no espectro autista, por exemplo, realiza doação de bem significativo do seu patrimônio, o que resultou em prejuízo. O que fazer?**

Nesse ponto, algumas situações devem ser consideradas.

a) **o doador (com deficiência) tem curador nomeado**

A curatela, restrita a atos relacionados aos direitos de natureza patrimonial e negocial, passou a ser uma medida extraordinária (art. 85):

Art. 85. A curatela afetará tão somente os atos relacionados aos direitos de natureza patrimonial e negocial.

§ 1º A definição da curatela não alcança o direito ao próprio corpo, à sexualidade, ao matrimônio, à privacidade, à educação, à saúde, ao trabalho e ao voto.

§ 2º A curatela constitui **medida extraordinária**, devendo constar da sentença as razões e motivações de sua definição, preservados os interesses do curatelado.

§ 3º No caso de pessoa em situação de institucionalização, ao nomear curador, o juiz deve dar preferência a pessoa que tenha vínculo de natureza familiar, afetiva ou comunitária com o curatelado. (grifei)

Note-se que a lei não diz que se trata de uma medida "especial", mas sim, "extraordinária", o que reforça a sua excepcionalidade.

Pois bem.

Nessa linha, temos que a prática de ato negocial sem a presença do curador – e note-se que estamos diante de uma modalidade nova e especial de curatela, protetiva de uma pessoa capaz – resulta na inexistência ou nulidade absoluta do ato negocial[11].

A hipótese em que, por exemplo, consegue-se apor a digital de uma pessoa, com grave paralisia (não alfabetizada), em um documento, sem a intervenção do seu curador, poderia nos conduzir a uma hipótese de inexistência do negócio por ausência de manifestação da vontade.

Todavia, a depender da Escola filosófica que se siga, caso não se admita o plano existencial do negócio jurídico, pode-se concluir que o ato praticado nessas circunstâncias é nulo por vício em sua própria forma, dada a indispensável participação do curador na realização do ato negocial (art. 166, IV, CC).

b) **o doador (com deficiência) tem apoiadores nomeados**

Se a curatela é uma medida extraordinária, é porque existe uma outra via assistencial de que pode se valer a pessoa com deficiência – livre do estigma da incapacidade – para que possa atuar na vida social: a "tomada de decisão apoiada", processo pelo qual a pessoa com deficiência elege pelo menos 2 (duas) pessoas idôneas, com as quais mantenha vínculos e que gozem de sua confiança, para prestar-lhe apoio na tomada de decisão sobre atos da vida civil, fornecendo-lhe os elementos e informações necessários para que possa exercer sua capacidade[12].

---

[11] Caso não exista curador nomeado, as soluções propostas, com mais razão ainda, se justificam.

[12] Cf. art. 1.783-A, CC.

Pessoas com deficiência e que sejam dotadas de grau de discernimento que permita a indicação dos seus apoiadores, até então sujeitas a uma inafastável interdição e curatela geral, poderão se valer de um instituto menos invasivo em sua esfera existencial.

Note-se que, com isso, a autonomia privada projeta as suas luzes em recantos até então inacessíveis.

Imagine-se, por exemplo, para além da hipótese da doação, que uma pessoa com síndrome de Down, após amealhar recursos provenientes do seu trabalho, pretenda comprar um apartamento.

Pode ser que tenha dificuldade no ato de lavratura da escritura pública[13].

Dada a desnecessidade da nomeação de um curador para atuar em espectro amplo no campo negocial, a própria pessoa interessada indicará os apoiadores que irão assisti-lo (apoiá-lo), especificamente, na compra do bem.

Em tal contexto, designados os apoiadores, judicialmente chancelados para a prática do ato negocial de aquisição do imóvel pretendido pela pessoa com síndrome de Down, a ausência de manifestação deles na lavratura e registro da escritura, a despeito da presença do interessado, resultará na nulidade absoluta do ato negocial, por inobservância de aspecto formal (art. 166, IV, CC).

Isso porque a participação dos apoiadores integra o revestimento formal da própria declaração de vontade negocial.

---

[13] O próprio vendedor pode solicitar a presença dos apoiadores: Art. 1.783-A. (...) § 5º, CC: "Terceiro com quem a pessoa apoiada mantenha relação negocial pode solicitar que os apoiadores contra-assinem o contrato ou acordo, especificando, por escrito, sua função em relação ao apoiado".

c) **o doador (com deficiência) sem curador ou apoiador**

Imagine a hipótese de uma pessoa, inserida em um espectro autista[14] moderado, celebrar negócio que lhe seja prejudicial (doação de bem que desfalca parcela significativa do seu patrimônio).

Se, por um lado, não se pode reconhecer invalidade diretamente com fulcro na deficiência (que varia consideravelmente em cada caso), pensamos que a aplicação da teoria dos defeitos do negócio jurídico deve lhe ser mais vantajosa.

Tendo sido, por exemplo, vítima de dolo ou lesão, defendo a inversão do ônus da prova em favor da pessoa deficiente, visando a imprimir paridade de armas, tal como já se dá no âmbito das relações de consumo.

Em resumo: não se invalida mais negócio por deficiência, mas nada impede que a deficiência comprovada conduza ao reconhecimento mais facilitado de um defeito invalidante do negócio jurídico.

Talvez se possa, até mesmo, em tese mais arrojada, havendo evidente prejuízo e diante da violação manifesta à cláusula geral de boa-fé, falar-se em "nulidade virtual".

Por certo, a resolução deste problema não será fácil, como bem destacou SIMÃO[15].

Mas, certamente, na perspectiva do Princípio da Vedação ao Retrocesso, lembrando CANOTILHO, a melhor solução haverá

---

[14] É preciso que haja respeito e atenção em torno do autismo, inclusive em se levando em conta os dados estatísticos atuais: "About 1 in 59 children has been identified with autism spectrum disorder (ASD) according to estimates from CDC's" (Fonte: Centers for Disease Control and Prevention. Disponível em: <https://www.cdc.gov/ncbddd/autism/data.html>. Acesso em: 26 ago. 2018).

[15] Estatuto da Pessoa com Deficiência Causa Perplexidade – Parte 01. Disponível em: <http://www.conjur.com.br/2015-ago-06/jose-simao-estatuto-pessoa-deficiencia-causa-perplexidade>. Acesso em: 29 ago. 2018.

de ser alcançada, em respeito à pessoa com deficiência e a toda a sociedade.

Sustento, pois, com toda firmeza, a necessidade de uma reflexão cuidadosa, por parte dos operadores do Direito, acerca do significado social do Estatuto da Pessoa com Deficiência, evitando-se repetições de fórmulas superadas, frases de efeito e conceitos ultrapassados, até porque, como adverte HANNAH ARENDT, na célebre obra *A condição humana*, a repetição complacente de "verdades" que se tornaram triviais e vazias, parece ser "uma das mais notáveis características do nosso tempo"[16].

---

[16] ARENDT, Hannah. *A condição humana*. 13. ed. Rio de Janeiro: Forense Universitária, 2018, p. 6.

15

Conclusões

1. A doação, a despeito da polêmica existente quanto a sua natureza jurídica, é um contrato unilateral, animado pelo *animus donandi*, e, em geral, caracteriza-se ainda por seu formalismo e gratuidade.

2. A liberalidade, diferentemente do que se pode imaginar, não se confunde com o motivo (elemento psicológico) que anima o doador, traduzindo-se, em verdade, como a *causa* da doação.

3. A doação *mortis causa* não é admitida em nosso sistema, especialmente considerando que, para o atendimento desse tipo de desiderato, o legislador previu um instituto jurídico específico: o *testamento*.

4. Forma vedada de doação, reputada inválida, é a inoficiosa, aquela feita em detrimento da legítima dos herdeiros necessários.

5. A doação inoficiosa pode dar-se no bojo da partilha de uma separação judicial ou até mesmo de uma doação antenupcial, com prejuízo ao descendente, cônjuge ou ascendente (herdeiros necessários).

6. Não reputamos justa a reserva legal da legítima, a qual, na grande maioria das vezes, acaba por incentivar intermináveis contendas judiciais, quando não a própria discórdia entre parentes ou até mesmo a indolência. Poderia, talvez, o legislador resguardar a necessidade da preservação da legítima apenas enquanto os herdeiros fossem menores, ou caso fossem vulneráveis, situações que justificariam a restrição à faculdade de disposição do autor da herança.

7. Fundamentalmente, duas correntes tratam da invalidade da doação inoficiosa: a) a que considera a doação inoficiosa um *negócio jurídico anulável*, e cujo prazo decadencial para a ação correspondente seria de dois anos (art. 179); b) a que considera a doação inoficiosa *negócio jurídico nulo*, sendo *imprescritível* o pedido declaratório da nulidade em si, e *prescritível em dez anos* a pretensão real de reivindicação do bem doado ou a pretensão pessoal de perdas e danos. Posicionamo-nos em favor da segunda.

8. A ação de invalidade da doação inoficiosa deverá ser proposta por qualquer dos herdeiros necessários (cônjuge, ascendente ou descendente) que se sinta prejudicado com o ato de disposição patrimonial, violador da legítima.

9. Há polêmica quanto ao fato de a companheira ou companheiro ser ou não considerado herdeiro necessário. Em nosso sentir, a norma do Código Civil que prevê os herdeiros necessários (art. 1.845) não pode ser interpretada extensivamente. Caso a tese afirmativa prevaleça, o que parece ser uma tendência em nosso sistema, o(a) companheiro(a) poderá figurar no polo ativo da demanda que visa a impugnar a doação inoficiosa.

10. A colação visa a preservar também o cônjuge sobrevivente, que foi alçado à categoria de herdeiro necessário no Código Civil de 2002 (art. 1.845).

11. Quando da colação, para efeito de verificar se houve ou não violação da legítima, há entendimento no sentido de se considerar, após a entrada em vigor do CPC-2015 (18-3-2016), o valor do bem ao tempo da abertura da sucessão.

12. Em nosso sentir, o valor a ser considerado, para efeito de preservação da legítima, deveria sempre ser o do tempo da liberalidade, nos termos do Código Civil, pois é neste momento que o doador se põe diante de um quadro patrimonial concreto em face do que pode ou não ser objeto de doação. Pensamento diverso resultaria em se submeter um ato jurídico perfeito a um novo crivo futuro de validade. Parece ser essa a tendência no STJ.

13. A lei brasileira dispõe que o *renunciante* ou *excluído da sucessão* deverá conferir os bens recebidos, para efeito de repor o acervo, restaurando a legítima, se necessário, impondo a tais pessoas, portanto, as regras gerais da colação, para impedir a subsistência de efeitos de uma doação inoficiosa. Deveria também, nesse particular, o legislador ter contemplado expressamente o *deserdado*, pois, sendo um herdeiro necessário, também está sujeito à colação.

14. A compra e venda de ascendente a descendente (não apenas do pai ao filho, mas também do avô ao neto etc.) é *anulável*, e não simplesmente nula, caso falte o consentimento dos herdeiros necessários referidos no art. 496 do Código Civil, não se exigindo tal providência para as doações, já que, tratando-se de uma norma restritiva do direito de propriedade do alienante (art. 496), não poderá ser analisada de forma extensiva, nada impedindo que se possa eventualmente impugnar o ato, com fulcro em outros defeitos do negócio, previstos em lei.

15. A proibição da doação universal encontra assento no princípio da dignidade da pessoa humana e explicação teórica na *teoria do estatuto jurídico do patrimônio mínimo*, desenvolvida por LUIZ EDSON FACHIN.

16. Em se tratando de uma verdadeira regra de valorização da pessoa, notadamente indisponível, afigura-se-nos mais razoável e consentâneo com a própria linguagem legislativa defender a nulidade absoluta da doação universal, com a natural contenção, no âmbito patrimonial, do prazo prescricional necessário para formular eventual pretensão em juízo (art. 205 do Código Civil).

17. É inadmissível a execução coativa da promessa de doação pura, como regra geral, dada a especial causa desse contrato (liberalidade), muito embora não neguemos a possibilidade de o promitente-donatário, privado da legítima expectativa de concretização do contrato definitivo, e desde que demonstrado o seu prejuízo, poder responsabilizar o promitente-doador pela via da ação ordinária de perdas e danos.

18. Em caráter excepcional, e por razões superiores, no âmbito do Direito de Família, escapando desse sistema geral, a promessa poderá comportar execução específica, na estrita forma da lei processual civil, em virtude das especiais circunstâncias da contratação.

19. No *negotium mixtum cum donatione*, para o intérprete poder dar o adequado enquadramento a esta figura, terá de investigar a *causa do negócio*, a fim de concluir se prepondera o espírito de liberalidade ou apenas a especulação econômica.

20. Regra geral, admitimos a doação entre cônjuges, desde que a liberalidade não traduza afronta ao regime de bens, por ocorrência de simulação ou fraude à lei.

21. O Código Civil, ao tratar do contrato de doação, *proíbe a doação entre concubinos* e *não entre companheiros* (partes em uma união estável).

22. Nada impede que mesmo *durante a vigência da sociedade conjugal* possa o cônjuge prejudicado intentar a ação anulatória, ou até outra medida de natureza cautelar, para evitar a consumação do ato de doação realizado pelo cônjuge adúltero. Nesse caso, não reconhecemos legitimidade aos demais herdeiros necessários, pois estariam interferindo em aspectos íntimos da vida do casal (fidelidade recíproca), muito embora pudessem impugnar o negócio por outra via, caso houvesse violação da legítima, *ex vi* do disposto no art. 549 do Código Civil.

23. As regras jurídicas atinentes aos companheiros são aplicáveis, em perspectiva constitucional, ao núcleo afetivo formado por pessoas do mesmo sexo, para admitir a liberalidade, respeitada sempre a legítima dos herdeiros necessários.

24. A mesma proteção patrimonial conferida ao nascituro, que pode figurar como beneficiário da doação, deverá ser estendida ao embrião, à luz do princípio constitucional da isonomia e da igualdade da pessoa humana, especialmente por considerarmos que, concebido no ventre materno ou não, não se afiguraria justo que o ordenamento jurídico negasse o benefício patrimonial dirigido ao ente em formação laboratorial. Nascido por concepção natural ou artificial, pouco importa, o espírito de beneficência do doador não há quedar-se frustrado pela omissão legislativa.

25. A revogação da doação, meio peculiar de extinção desse contrato, traduz o exercício de um direito potestativo, mediante o qual o doador, verificando a ocorrência de alguma das situações previstas expressamente em lei, manifesta vontade contrária à liberalidade conferida, tornando sem efeito o contrato celebrado, e despojando, consequentemente, o donatário do bem doado.

26. Regra geral, a doação é irrevogável, salvo nas hipóteses legalmente previstas, que devem ser interpretadas restritivamente, por se tratar de situações limitativas do direito de propriedade do doador.

27. Em se mantendo o entendimento até então esposado pelo Superior Tribunal de Justiça, e considerando não mais existir, no Código de 2002, prazo vintenário de *prescrição extintiva*, é forçoso convir que o prazo para a revogação da doação por inexecução do encargo será, agora, de *dez anos, ex vi* do disposto no art. 205 do novo diploma. Mais técnico será, entretanto, o legislador contornar a omissão, estabelecendo esse prazo, mormente por se tratar de *prazo decadencial para o exercício de direito potestativo*, e não prescricional, como vem entendendo esse respeitável Tribunal.

28. O cometimento de qualquer dos atos de ingratidão capitulados na lei civil traduz quebra de *boa-fé objetiva pós-contratual*, ou seja, implica o cometimento de ato atentatório ao dever de respeito e lealdade, observável entre as próprias partes, mesmo após a conclusão do contrato.

29. Configurada qualquer das hipóteses previstas no art. 557, abre a lei civil a oportunidade de o doador, sem prejuízo da sua autonomia (pois a legitimidade que lhe é conferida é personalíssima), poder desconstituir os efeitos do contrato, em face do qual uma das partes atentou contra valores fundamentais (a vida, a honra, a família), exercendo, portanto, uma *prerrogativa inegavelmente punitiva*, que lhe foi conferida pelo próprio Direito Civil.

30. A despeito da omissão do art. 558, que não referiu a hipótese de a agressão ser dirigida à *companheira* do doador, tal situação é indiscutivelmente possível e também autorizaria, numa interpretação constitucional, o desfazimento do benefício. Isso porque o fato de a família constituída pelo doador não estar sob o pálio ("religiosamente legitimador") do casamento, mas sim no âmbito da *união estável*, não poderá impedir seja o donatário igualmente apenado pelo seu comportamento lesivo ou desabonador.

31. A revogação por superveniência de filho, hipótese contemplada no art. 644 do Código espanhol, calcada, em nosso sentir, na *teoria da pressuposição de* WINDSCHEID, não tem espaço no sistema brasileiro, devendo-se registrar a existência de instituto jurídico semelhante: *o rompimento, ruptura ou rupção de testamento*, contemplado no art. 1.973 do Código Civil.

32. A doação por procuração é admissível, desde que o instrumento do mandato contenha poderes especiais, indicando, por conseguinte, o beneficiário da liberalidade e o bem doado.

33. À luz da Convenção de Nova York e do Estatuto da Pessoa com Deficiência (Lei n. 13.146/2015), diante do novo conceito de capacidade civil, não se invalida mais negócio jurídico por deficiência, a exemplo de uma doação, mas nada impede que a deficiência comprovada conduza ao reconhecimento mais facilitado de um defeito invalidante do negócio.

Referências

AHRONS, Constance R.; RODGERS, Roy H. *Divorced families – a multidisciplinary development view*. EUA: W. W. Norton e Company, 1987.

ALMEIDA, Silmara J. A. Chinelato e. *Tutela civil do nascituro*. São Paulo: Saraiva, 2000.

ALVES, Jones Figueirêdo; DELGADO, Mário Luiz. *Código Civil anotado*: inovações comentadas artigo por artigo. São Paulo: Método, 2005.

ALVIM, Agostinho. *Da doação*. 3. ed. São Paulo: Saraiva, 1980.

ALVIM NETTO, J. Manoel de Arruda. *Manual de direito processual civil*: parte geral. 7. ed. São Paulo: Revista dos Tribunais, 2001. v. I.

_____. *A função social dos contratos no novo Código Civil*. Disponível em: <http://www.novodireitocivil.com.br>. Acesso em: 26 mar. 2006.

AMARAL, Francisco. *Direito civil*: introdução. 10. ed. São Paulo: Saraiva, 2018.

AMORIM, Sebastião; OLIVEIRA, Euclides de. *Inventários e partilhas*: direito das sucessões – teoria e prática. 19. ed. São Paulo: CEUD, 2005.

ANDRADE, Diogo de Calasans Melo. Adoção entre pessoas do mesmo sexo e os princípios constitucionais. *Revista Brasileira de Direito de Família*, ano VII, n. 30, jun./jul. 2005.

ANTUNES, Ana Filipa Morais. *A causa do negócio jurídico no direito civil*. Lisboa: Universidade Católica Editora, 2016.

ARENDT, Hannah. *A condição humana*. 13. ed. Rio de Janeiro: Forense Universitária, 2018.

ASCENSÃO, José de Oliveira. *Direito civil*: teoria geral. 2. ed. Coimbra: Coimbra Ed., 2000. v. 1.

_____. *Direito civil*: sucessões. 5. ed. Coimbra: Coimbra Ed., 2000.

ASSIS, Araken de. *Resolução do contrato por inadimplemento*. 3. ed. São Paulo: Revista dos Tribunais, 1999.

AULETE, Caldas. *Dicionário contemporâneo da língua portuguesa*. Rio de Janeiro: Delta, 1958. v. III.

AZEVEDO, Álvaro Villaça. *Estatuto da família de fato*. São Paulo: Ed. Jurídica Brasileira, 2001.

AZEVEDO, Antonio Junqueira de. *Negócio jurídico*: existência, validade e eficácia. 3. ed. São Paulo: Saraiva, 2000.

_____. A conversão do negócio jurídico: seu interesse teórico e prático, USP (E-disciplinas – edisciplinas.usp.br). Disponível em: https://edisciplinas.usp.br/pluginfile.php/4420286/mod_resource/content/0/PROFESSOR%20JUNQUEIRA%20-%20A%20CONVERS%C3%83O%20DOS%20NEG%C3%93CIOS%20JUR%C3%8DDICOS.pdf. Acesso em: 26 jun. 2023.

BARRETO, Wanderlei de Paula. Enunciados das Jornadas de Direito Civil da Justiça Federal. Disponível em: <http://www.cjf.gov.br>; <http://www.novodireitocivil.com.br>.

BESSONE, Darcy. *Do contrato*: teoria geral. São Paulo: Saraiva, 1997.

BEVILÁQUA, Clóvis. *Código Civil dos Estados Unidos do Brasil*. 9. ed. Rio de Janeiro: Francisco Alves, 1953. v. IV.

_____. *Código Civil dos Estados Unidos do Brasil comentado*. 3. ed. Rio de Janeiro: Francisco Alves, 1935.

_____. *Direito de família*. Campinas: RED, 2001.

_____. *Direito das obrigações*. Campinas: RED, 2000.

_____. *Filosofia geral*. São Paulo: EDUSP/Grijalbo, 1975.

BITTAR, Carlos Alberto. *Contratos civis*. 2. ed. Rio de Janeiro: Forense Universitária, 1991.

BORDA, Guillermo. *Manual de contratos*. 19. ed. Buenos Aires: Abeledo-Perrot, 2000.

BRANDÃO, Débora Vanessa Caús. *Parcerias homossexuais*: aspectos jurídicos. São Paulo: Revista dos Tribunais, 2002.

BUNAZAR, Maurício. *A invalidade do negócio jurídico*. 2. ed. São Paulo: Revista dos Tribunais, 2022.

_____. Interpretação das regras do Código Civil brasileiro sobre a doação para incapazes. In: *Direito civil – estudos em homenagem a José de Oliveira Ascensão*. Direito Privado. José Fernando Simão e Silvio Romero Beltrão (Coords.). São Paulo: Atlas, 2015, v. 2, p. 119-130

CAHALI, Francisco José. *Contrato de convivência na união estável.* São Paulo: Saraiva, 2002.

_____. Dos alimentos. In: *Direito de família e o novo Código Civil.* 2. ed. Belo Horizonte: Del Rey, 2002.

_____. *Família e sucessões no Código Civil de 2002.* São Paulo: Revista dos Tribunais, 2005 (Col. Orientações Pioneiras, 2).

CAHALI, Francisco; HIRONAKA, Giselda Maria Fernandes Novaes. *Curso avançado de direito civil:* direito das sucessões. 2. ed. São Paulo: Revista dos Tribunais, 2003. v. 6.

CAHALI, Yussef Said. *Fraude contra credores.* 2. ed. São Paulo: Revista dos Tribunais, 1999.

CANOTILHO, J. J. Gomes. *Direito constitucional e teoria da Constituição.* 2. ed. Coimbra: Almedina, 1998.

CARBONERA, Silvana Maria. O papel jurídico do afeto nas relações de família. In: *Repensando fundamentos do direito civil brasileiro contemporâneo.* Luiz Edson Fachin (Coord.). Rio de Janeiro: Renovar, 1998.

CARNAÚBA, Daniel Amaral; REINIG, Guilherme Henrique Lima. Nulidade da doação e conversão substancial do negócio jurídico: comentários ao acórdão do REsp 1.225.861/RS, *Revista de Direito Civil Contemporâneo,* 2014, *RDCC* 1, coord.: Otávio Luiz Rodrigues Jr., RT-Thomson Reuters.

CARVALHO, Mário Tavernard Martins de. *Empresa familiar:* estudos jurídicos. Fábio Ulhoa Coelho e Marcelo Andrade Féres (Coords.). São Paulo: Saraiva, 2014.

CARVALHO MARTINS, Antônio. *Responsabilidade pré-contratual.* Coimbra: Coimbra Ed., 2002.

CASTÁN TOBEÑAS, J. *Derecho civil español común y foral:* derecho de obligaciones. 10. ed. Madrid: Ed. Reus, 1977. t. 4.

CATALAN, Marcos. Reflexões acerca da eficácia da promessa de doação no direito brasileiro. *Revista Trimestral de Direito Civil,* v. 34, 2008.

CHAVES, Sérgio Fernando de Vasconcellos. A família e a união estável no novo Código Civil e na Constituição Federal. In: *Direitos fundamentais do direito de família.* Belmiro Pedro Welter e Rolf Madaleno (Coords.). Porto Alegre: Livr. do Advogado Ed., 2004.

COLTRO, Antônio Carlos Mathias. Um valor imprescindível. *Revista Jurídica Del Rey,* Del Rey/IBDFAM, ano IV, n. 8, maio 2002.

CUNHA, Alexandre dos Santos. Dignidade da pessoa humana: o conceito fundamental do direito civil. In: *A reconstrução do direito privado*. Organização de Judith Martins-Costa. São Paulo: Revista dos Tribunais, 2002.

CUNHA, Leandro Reinaldo. *Para além dos sonegados, o lucro da intervenção em caso de não colação*. Migalhas de Responsabilidade Civil., Disponível em: <https://migalhas.uol.com.br/coluna/migalhas-de-responsabilidade-civil/334014/para-alem-dos-sonegados-o-lucro-da-intervencao-em-caso-de-nao-colacao>. Acesso em: 21 dez. 2020.

DANTAS JR., Aldemiro Rezende. Concorrência sucessória do companheiro sobrevivo. *Revista Brasileira de Direito de Família*, ano VII, n. 29, abr./maio 2005.

DELGADO, Mário Luiz. *A reprodução assistida "post mortem" e o rompimento do testamento*. Disponível em: https://www.conjur.com.br/2022-set-18/processo-familiar-reproducao-assistida-post-mortem-rompimento-testamento. Acesso em: 7 maio 2023.

_____. *Razões pelas quais companheiro não é herdeiro necessário*. Disponível em: <https://www.conjur.com.br/2018-jul-29/processo-familiar-razoes-pelas-quais-companheiro-nao-tornou-herdeiro-necessario>.

DIAS, Maria Berenice. *União homossexual*: o preconceito e a Justiça. 2. ed. Porto Alegre: Livr. do Advogado Ed., 2001.

DINIZ, Maria Helena. *Tratado teórico e prático dos contratos*. 5. ed. São Paulo: Saraiva, 2003. 5 v.

_____. *Curso de direito civil brasileiro*: teoria geral das obrigações. 35. ed. São Paulo: Saraiva, 2020. v. 2.

_____. *Curso de direito civil brasileiro*: direito das sucessões. 34. ed. São Paulo: Saraiva, 2020. v. 6.

DUALDE, Joaquín. *Concepto de la causa de los contratos* (la causa es la causa). Barcelona: Bosch Casa Editorial, 1949.

ERPEN, Décio Antonio. Da promessa de doar nas separações judiciais. In: *Nova realidade do direito de família*. Sérgio Couto (Coord.). Rio de Janeiro: COAD, 1999. t. 2.

FACHIN, Luiz Edson. *Estatuto Jurídico do Patrimônio Mínimo*. Rio de Janeiro: Renovar, 2001.

_____; PIANOVSKI, Carlos Eduardo. Uma contribuição crítica que se traz à colação. In: *Questões controversas – no direito de família e das sucessões*. São Paulo: Método, 2005. v. 3.

FIGUEIREDO, Luciano Lima. A (in) exigibilidade do contrato promessa de doação, *Revista Brasileira de Direito Contratual* n. 2, jan.-mar. 2020, Ed. Lex/Magister.

FRITZ, Karina. *Revogação da doação por ingratidão não precisa ser fundamentada*. Disponível em: https://www.migalhas.com.br/coluna/german-report/384570/revogacao-da-doacao-por-ingratidao-nao-precisa-ser-fundamentada. Acesso em: 26 maio 2023.

GAGLIANO, Pablo Stolze. *Código Civil comentado*: direito das coisas, superfície, servidões, usufruto, uso, habitação, direito do promitente comprador (obra escrita em homenagem ao Dr. José Manoel de Arruda Alvim Netto). São Paulo: Atlas, 2004. v. XIII.

_____. *Contrato de namoro*. Disponível em: <http://www.novodireito civil.com.br>. Acesso em: 26 dez. 2005.

_____. *O impacto do novo Código Civil no regime de bens do casamento*. Disponível em: <http://www.novodireitocivil.com.br>. Acesso em: 1º mar. 2006.

_____. *Questões controvertidas de direito de família* (inédito).

_____. *Sociedade formada por cônjuges e o novo Código Civil*. Disponível em: <http://www.novodireitocivil.com.br>. Acesso em: 1º mar. 2006.

_____. A invalidade do negócio jurídico em face do novo conceito de capacidade civil. *Revista Jus Navigandi*, ISSN 1518-4862, Teresina, ano 23, n. 5.538, 30 ago. 2018. Disponível em: <https://jus.com.br/artigos/68666>. Acesso em: 24 fev. 2020.

GAGLIANO, Pablo Stolze; PAMPLONA FILHO, Rodolfo. *Novo curso de direito civil*: parte geral. 25. ed. São Paulo: SaraivaJur, 2023, v. 1.

_____. *Novo curso de direito civil*: obrigações. 24. ed. São Paulo: SaraivaJur, 2023, v. 2.

_____. *Novo curso de direito civil*: responsabilidade civil. 21. ed. São Paulo: SaraivaJur, 2023. v. 3.

_____. *Novo curso de direito civil*: contratos. 6. ed. São Paulo: SaraivaJur, 2023. v. 44.

_____. Redução, revogação e rompimento de testamentos, *Tratado de Direito das Sucessões*, coord.: Rodrigo da Cunha Pereira, Giselda Maria Fernandes Novaes Hironaka e Flavio Tartuce, IBDFAM (texto inédito).

GAGLIANO, Pablo Stolze; MAZZEI, Rodrigo. *Nomeação plúrima de inventariantes*. Disponível em: https://www.migalhas.com.br/depeso/386921/nomeacao-plurima-de-inventariantes. Acesso em: 26 maio 2023.

GALVÃO TELLES, Inocêncio. *Manual dos contratos em geral*. 4. ed. Coimbra: Coimbra Ed., 2002.

GOMES, Orlando. *Contratos*. 14. ed. Rio de Janeiro: Forense, 1994.

_____. *Direitos reais*. 18. ed. Rio de Janeiro: Forense, 2001.

_____. *Introdução ao direito civil*. 18. ed. Rio de Janeiro: Forense, 2001.

_____. *Sucessões*. 7. ed. Rio de Janeiro: Forense, 1998.

GONÇALVES, Carlos Roberto. *Direito civil brasileiro*: contratos e atos unilaterais. 17. ed. São Paulo: Saraiva, 2020. v. 3.

GOZZO, Débora. *Comentários ao Código Civil brasileiro*: do direito das sucessões (arts. 1.784 a 1.856). Arruda Alvim e Thereza Alvim (Coords.). Rio de Janeiro: Forense/FADISP, 2004. v. XVI.

GRINOVER, Ada Pellegrini; CINTRA, Antônio Carlos de Araújo; DINAMARCO, Cândido Rangel. *Teoria geral do processo*. 15. ed. São Paulo: Malheiros, 1999.

HENTZ, André Soares. O sistema das cláusulas gerais no Código Civil de 2002 e o princípio da função social do contrato. *Jus Navigandi*, Teresina, a. 8, n. 317, 20 maio 2004. Disponível em: <http://jus2.uol.com.br/doutrina/texto.asp?id=5219>.

HIRONAKA, Giselda Maria Fernandes Novaes. *Casamento e regime de bens*. Texto, com alterações, de palestra proferida em 21 de março de 2001, na ESA/OAB/SP, no Curso de Direito de Família desenvolvido entre os dias 12 de março e 21 de maio de 2001, Professores Dr. Antonio Carlos Malheiros, Dr. Marcial Barreto Casabona e Dr. Silvânio Covas (Coords.).

_____. *Comentários ao Código Civil*: parte especial – do direito das sucessões (arts. 1.784 a 1.856). Antonio Junqueira de Azevedo (Coord.). São Paulo: Saraiva, 2003. v. 20.

_____. SEMINÁRIO Internacional de Direito Civil. NAP – Núcleo Acadêmico de Pesquisa da Faculdade Mineira de Direito da PUCMG. Conferência de encerramento – 21-9-2001. Palestra proferida na Faculdade de Direito da Universidade do Vale do Itajaí – UNIVALI (SC), 25-10-2002.

_____; AGUIRRE, João Ricardo Brandão. Quais os parâmetros vigentes para a realização das colações das doações realizadas em adiantamento da legítima?, *Revista de Direito Civil Contemporâneo*. v. 17.

HORA NETO, João. O princípio da função social do contrato no Código Civil de 2002. *Revista de Direito Privado*, São Paulo: Revista dos Tribunais, n. 14, p. 44, abr./jun. 2002.

KUSTER, Percy José Cleve. *Considerações a respeito da promessa de doação*. Dissertação apresentada no Curso de Pós-Graduação da PUCSP em 2000, sob a orientação do Prof. Dr. Arruda Alvim.

LEME, Lino de Morais. *A causa nos contratos*. Disponível em: https://edisciplinas.usp.br/pluginfile.php/5601472/mod_resource/content/1/causa%20e%20contrato.pdf. Acesso em: 8 jun. 2023.

LÔBO, Paulo Luiz Netto. *Comentários ao Código Civil*: parte especial – das várias espécies de contratos. Antonio Junqueira de Azevedo (Coord.). São Paulo: Saraiva, 2003. v. 6.

_____. *Com avanço legal pessoas com deficiência mental não são mais incapazes*. Disponível em: <http://www.conjur.com.br/2015-ago-16/processo-familiar-avancos-pessoas-deficiencia-mental-nao-sao-incapazes>.

LOPES, José Reinaldo de Lima. *O direito na história:* lições introdutórias. São Paulo: Max Limonad, 2000.

LOTUFO, Renan. *Código civil comentado. Contratos em geral até doação* (arts. 421 a 564). São Paulo: Saraiva, 2016. v. 3, t. I.

MADALENO, Rolf. A retroatividade restritiva do contrato de convivência. *Revista Brasileira de Direito de Família*, ano VII, n. 33, dez. 2005/jan. 2006.

_____. Do regime de bens entre os cônjuges. In: *Direito de família e o novo Código Civil*. 2. ed. Belo Horizonte: Del Rey, 2002.

MAIA JR., Mairan Gonçalves. *A família e a questão patrimonial*. 3. ed. São Paulo: Revista dos Tribunais, 2015.

MÁRQUEZ RUIZ, José Manuel. *Comienzo y fin de la personalidad*, abril de 2004. Disponível em <http://www.juridicas.com>. Acesso em: 29 jan. 2006.

MARMITT, Arnaldo. *Doação*. Rio de Janeiro: AIDE, 1994, p. 42.

MARTINS-COSTA, Judith. *A boa-fé no direito privado*. São Paulo: Revista dos Tribunais, 1999.

MAZZEI, Rodrigo Reis. *Comentários ao Código de Processo Civil – XII – Do Inventário e da Partilha – Arts. 610 a 673*, coordenadores José R. F. Gouvêa, Luis Guilherme A. Bondioli, João Francisco N. da Fonseca. São Paulo: Saraivajur, 2023

MAZZEI, Rodrigo; GAGLIANO, Pablo Stolze. *Nomeação plúrima de inventariantes.* Disponível em: https://www.migalhas.com.br/depeso/386921/nomeacao-plurima-de-inventariantes. Acesso em: 26 maio 2023.

MENDONÇA, M. I. Carvalho de. *Contratos no direito civil brasileiro.* 4. ed. Rio de Janeiro: Forense, 1957. t. I.

MIRANDA, Andréa Paula Matos R. de. *A boa-fé objetiva nas relações de consumo.* Dissertação apresentada no Curso de Mestrado em Direito da UFBa, 2003.

MONTEIRO, Washington de Barros. *Curso de direito civil:* direito de família. 3. ed. São Paulo: Saraiva, 1957. v. II.

_____. *Curso de direito civil:* direito das obrigações – 2ª parte. São Paulo: Saraiva, 2005. v. V.; 3. ed. 1959.

_____. *Curso de direito civil:* parte geral. 37. ed. São Paulo: Saraiva, 2000. v. I.

_____. *Curso de direito civil:* direito das sucessões. 3. ed. São Paulo: Saraiva, 1959.

_____. *Curso de direito civil:* direito das sucessões. 33. ed. São Paulo: Saraiva, 1999. v. 6.

MOTA, Maurício Jorge. Pós-eficácia das obrigações. In: *Problemas de direito civil constitucional.* Rio de Janeiro: Renovar, 2000.

NERY JUNIOR, Nelson. Contratos no Código Civil. In: *Estudos em homenagem ao Prof. Miguel Reale.* Domingos Franciulli Neto; Gilmar Ferreira Mendes; Ives Gandra da Silva Martins Filho (Coords.). São Paulo: LTr, 2003.

_____; NERY, Rosa Maria de Andrade. *Novo Código Civil e legislação extravagante anotados.* São Paulo: Revista dos Tribunais, 2002.

NEUER, Jörg. O Código Civil da Alemanha – BGB – e a Lei Fundamental. *Juris Plenam,* Caxias do Sul, ano I, n. 5, set. 2005.

OLIVEIRA, Carlos Eduardo Elias de. *O princípio da proteção simplificada do luxo, o princípio da proteção simplificada do agraciado e a responsabilidade civil do generoso.* Brasília: Núcleos de Estudos e Pesquisas/CONLEGG/Senado, dez/18 (Texto para Discussão n. 254). Disponível em: <www.senado.leg.br/estudos>.

OLIVEIRA, Carlos E. Elias; COSTA-NETO, João. *Direito civil* – volume único, 2. ed. Rio de Janeiro: Gen-Método, 2023.

OLIVEIRA, Euclides Benedito de. Colação e sonegados. In: *Direito das sucessões e o novo Código Civil.* Giselda Hironaka e Rodrigo da Cunha Pereira (Coords.). Belo Horizonte: Del Rey, 2004.

_____. Direito de família no novo Código Civil. *Revista Brasileira de Direito de Família,* ano V, n. 18, jun./jul. 2003.

OLIVEIRA, Guilherme de. *Temas de direito de família.* Coimbra: Coimbra Ed., 2001.

ORSELLI, Helena de Azeredo; SPIESS, Stephanie. Análise da doação inoficiosa e de seus reflexos no direito sucessório. *Revista Jurídica,* Blumenau, v. 20, n. 41, jan.-abr./2016.

PACHECO, José da Silva. *Do ato formal da doação e da diferença da colação em face do novo Código Civil.* Disponível em: <http://www.gontijo-familia.adv.br/tex182.htm>.

PENTEADO, Luciano de Camargo. *Doação com encargo e causa contratual.* Campinas: Millenium, 2004.

PEREIRA, Caio Mário da Silva. Anteprojeto do Código de Obrigações. Rio de Janeiro: 1964.

_____. *Direito civil:* alguns aspectos de sua evolução. Rio de Janeiro: Forense, 2001.

_____. *Instituições de direito civil.* 10. ed. Rio de Janeiro: Forense, 2001. v. III; 19. ed. v. II.

PEREIRA COELHO, Francisco Manoel de Brito. A renúncia abdicativa no direito civil. *Boletim da Faculdade de Direito – Stvdia Ivridica 8.* Coimbra: Coimbra Ed., 1995.

PEREIRA, Régis Fichtner. *A responsabilidade civil pré-contratual.* Rio de Janeiro: Renovar, 2001.

PEREIRA, Rodrigo da Cunha. *Direito de família e o novo Código Civil.* Rodrigo da Cunha Pereira e Marcia Berenice Dias (Coords.). Belo Horizonte: Del Rey/IBDFAM, 2002.

_____. *Saiba o que é família ectogenética.* Disponível em: https://www.rodrigodacunha.adv.br/saiba-o-que-e-familia-ectogenetica/. Acesso em: 7 maio 2023.

PESSOA, Cláudia Grieco Tabora. *Efeitos patrimoniais do concubinato.* São Paulo: Saraiva, 1997.

QUEIROZ, Paulo Mayerle. *Tutela "inter vivos" da herança necessária: a invalidade das doações inoficiosas e sua disciplina.* Dissertação apresentada ao curso de Pós-Graduação em Direito, Setor de Ciências Jurídicas da UFPR, Curitiba, 2023, sob a orientação do Prof. Eroulths Courtiano Jr.

PINA, Rafael de. *Elementos de derecho civil mexicano (contratos en particular)*. 4. ed. México: Porrúa, 1982. v. 4.

PRATA, Ana. *O contrato-promessa e o seu regime civil*. Coimbra: Almedina, 2001.

RABELLO, Fernanda de Souza. O instituto da colação no Código Civil de 2002. *Jus Navigandi*, Teresina, ano 9, n. 660, 27 abr. 2005.

RAMOS, André Luiz Arnt; ALTHEIM, Roberto. Colação hereditária e legislação irresponsável: descaminhos da segurança jurídica no âmbito sucessório. *Revista Eletrônica Direito e Sociedade, REDES*, v. 6, n. 1, Canoas, 2018.

RAMOS, André Luiz Arnt; CATALAN, Marcos Jorge. O eterno retorno: a quem serve o modelo brasileiro de direito sucessório? publicado em civilistica.com, ano 8, n. 2, 2019.

RÁO, Vicente. *Ato jurídico*. 4. ed. São Paulo: Revista dos Tribunais, 1999.

REALE, Miguel. *O projeto do novo Código Civil*. 2. ed. São Paulo: Saraiva, 1999.

RIPERT, Georges; BOULANGER, Jean. *Tratado de derecho civil – según el Tratado de Planiol*: liberalidades. Buenos Aires: La Ley, 1988. v. XI.

ROCA MERCHÁN, María Del Carmen. La revocación de la donación por superveniencia de hijos: efectos favorables al concebido. *Noticias jurídicas*, julho de 2002. Disponível em: <http://www.noticias.juridicas.com>.

ROCHA, Sílvio Luis Ferreira da. *Curso avançado de direito civil*: contratos. São Paulo: Revista dos Tribunais, 2002. v. 3.

RUGGIERO, Roberto de. *Instituições de direito civil*. São Paulo: Bookseller, 1999. v. 1.

SANSEVERINO, Paulo de Tarso Vieira Sanseverino. *Contratos nominados II – Contrato estimatório, doação, locação de coisas, empréstimo (comodato-mútuo)*. Estudos em homenagem ao Prof. Miguel Reale. Miguel Reale e Judith Martins-Costa (Coords.). 2. ed. São Paulo: Revista dos Tribunais, 2011.

SANTIAGO, Mariana Ribeiro. *A repercussão da causa na teoria do negócio jurídico*: um paralelo com a função social dos contratos. Disponível em: https://revistas.ufpr.br/direito/article/download/34869/21637. Acesso em: 16 jun. 2023.

SANTOS, Eduardo Sens. O novo Código Civil e as cláusulas gerais: exame da função social do contrato. *Revista Brasileira de Direito Privado*, São Paulo: Revista dos Tribunais, n. 10, p. 29, abr./jun. 2002.

SANTOS, J. M. de Carvalho. *Código Civil brasileiro interpretado*: direito das obrigações. 13. ed. Rio de Janeiro: Freitas Bastos, 1991. v. XVI.

SCHMIDT, Jan Peter. Forced Heirship and Family Provision in Latin America. *Comparative Succession Law*, v. 3, p. 175-232, Oxford University Press, 2020, p. 209.

SECCO, Orlando de Almeida. *Introdução ao estudo do direito*. 4. ed. Rio de Janeiro: Lumen Juris, 1998.

SIMÃO, José Fernando. *Novo Código Civil:* questões controvertidas no direito das obrigações e dos contratos. São Paulo: Método, 2005 (Série Grandes Temas de Direito Privado, 4).

_____. EPD causa perplexidade. Disponível em: <https://www.conjur.com.br/2015-ago-06/jose-simao-estatuto-pessoa-deficiencia-causa-perplexidade>.

TARTUCE, Flávio. *Manual de direito civil* – volume único. 13 ed. São Paulo: Gen-Método, 2023.

_____. *Manual de direito civil*. 7. ed. São Paulo: Gen, 2017.

_____. *Direito civil – teoria geral dos contratos e contratos em espécie*. 15. ed. São Paulo: Gen/Forense, 2020, v. 3.

_____. *Direito das Sucessões*. 16. ed. Rio de Janeiro: Forense, 2023.

_____. Alterações do Código Civil pela Lei 13.146/2015 (estatuto da pessoa com deficiência). Repercussões para o direito de família e confrontações com o novo CPC. Parte II. Disponível em: <http://www.migalhas.com.br/FamiliaeSucessoes/104,MI225871,51045-Alteracoes+do+Codigo+Civil+pela+lei+131462015+Estatuto+da+Pessoa+com> Acesso em: 13 ago. 2016.

_____. *Doação entre cônjuges no regime da separação obrigatória de bens*. Disponível em: https://www.migalhas.com.br/coluna/familia-e-sucessoes/366691/doacao-entre-conjuges-no-regime-da-separacao-obrigatoria-de-bens, Acesso em: 24 maio 2023.

_____. *Da controversa categoria dos alimentos intuitu familae ou globais*. Disponível em: https://www.migalhas.com.br/coluna/familia--e-sucessoes/231517/da-controversa-categoria-dos-alimentos-intuitu--familiae-ou-globais. Acesso em: 26 jun. 2023.

TEIXEIRA DE FREITAS, Augusto. *Consolidação das leis civis*. Ed. fac-similar. Brasília: Senado Federal, 2003. v. 2.

TEPEDINO, Gustavo. *A parte geral do novo Código Civil*: estudos na perspectiva civil constitucional. Rio de Janeiro: Renovar, 2002.

_____. *Temas de direito civil*. 2. ed. Rio de Janeiro: Renovar, 2001.

_____; BARBOZA, Heloisa; MORAES, Maria Celina Bodin. *Código Civil interpretado conforme a Constituição da República*: parte geral das obrigações (arts. 1º a 420). Rio de Janeiro: Renovar, 2004. v. I.

VALIM, Thalles Ricardo Alciati. *Análise tipológica do contrato de doação*, dissertação apresentada ao Programa de Pós-Graduação da Faculdade de Direito da USP, sob a orientação, do Prof. Otávio Luiz Rodrigues Jr., São Paulo, 2019. Disponível em: https://www.teses.usp.br/teses/disponiveis/2/2131/tde-16072020-161038/publico/6811808_Dissertacao_Original.pdf. Acesso em: 16 jun. 2023.

VARGAS, Pedro Paulo de Siqueira. *O contrato de doação como instrumento de planejamento sucessório no direito civil brasileiro*, disrtação apresentada à Faculdade de Direito da USP, 2014, disponível na Biblioteca de Tese da USP: https://www.teses.usp.br/teses/disponiveis/2/2131/tde-04102017-093200/publico/Dissertacao_versao_completa_Pedro-Paulo_de_Siqueira_Vargas.pdf. Acesso em: 3 jun. 2023.

VELOSO, Zeno. *Comentários ao Código Civil*: parte especial – do direito das sucessões, da sucessão testamentária, do inventário e da partilha (arts. 1.857 a 2.027). São Paulo: Saraiva, 2003. v. 21.

_____. Venda de ascendente a descendente. Jornal *O Liberal*, 27-9-2003. Disponível em: <http://www.soleis.adv.br/artigovendadeascendente.htm>.

VENOSA, Sílvio de Salvo. *Direito civil*: contratos em espécie e responsabilidade civil. São Paulo: Atlas, 2001.

_____. *Direito civil*: contratos em espécie. 3. ed. São Paulo: Atlas, 2003.

_____. *Direito civil*: direito de família. 3. ed. São Paulo: Atlas, 2003.

_____. *Direito civil*: direito das sucessões. 4. ed. São Paulo: Atlas, 2004.

VERECHIA, Helena. *Fraude contra credores através da doação com reserva de usufruto.* Dissertação de Mestrado apresentada no Curso de Pós-Graduação da UNAERP, 1992.

VIDAL MARTÍNEZ, Jaime. *Las nuevas formas de reproducción humana:* estudio desde la perspectiva del derecho civil español. Universidad de Valencia: Ed. Civitas, 1988.

WALD, Arnoldo. *Curso de direito civil brasileiro*: direito de família. 11. ed. São Paulo: Revista dos Tribunais, 2003.

_____. *Curso de direito civil brasileiro*: introdução e parte geral. 8. ed. São Paulo: Revista dos Tribunais, 1995.

_____. *Obrigações e contratos.* 12. ed. São Paulo: Revista dos Tribunais, 1995.